Über Theorien des Politischen in der europäischen Neuzeit

Johann Dvořák

Über Theorien des Politischen in der europäischen Neuzeit

facultas.wuv

Bibliografische Information Der Deutschen Nationalbibliothek

Die Deutsche Nationalbibliothek verzeichnet diese Publikation in der Deutschen Nationalbibliografie; detaillierte bibliografische Daten sind im Internet über http://d-nb.de abrufbar.

facultas.wuv, Stolberggasse 26, 1050 Wien

Gestaltung und Satz: SOLTÉSZ. Die Medienagentur
Druck: Facultas AG
Printed in the EU

ISBN 978-3-7089-1232-5

Inhalt

Einleitung

"Concerning Government, it is a part of knowledge secret and retired, in both these respects in which things are deemed secret; for some things are secret because they are hard to know, and some because they are not fit to utter. We see all governments are obscure and invisible."
"But contrariwise, in the governors toward the governed, all things ought, as far as the frailty of man permitteth, to be manifest and revealed. ... the natures and dispositions of the people, their conditions and necessities, their factions and combinations, their animosities and discontents, ought to be ... clear and transparent."[1]

Francis Bacon

„Es gibt ... keine andere Prüfung und Bestätigung von Wahrheiten als durch Beobachtung und Erfahrungswissenschaft."[2]

Moritz Schlick

„Wer heute philosophische Arbeit als Beruf wählt, muß von Anbeginn auf die Illusion verzichten, daß es möglich sei, in Kraft des Denkens die Totalität des Wirklichen zu ergreifen."[3]

Theodor W. Adorno

"That academic division of labour which once ... split the social sciences into the discrete study of the state (political science), economy (economics) and society (sociology) is breaking down. Of course, such a division was never watertight. It is absent from most classical political theory and from the founding texts of both classical political economy and the sociological tradition."[4]

Christopher Pierson

"If we haven't anything to teach, why are we teaching?"[5]

Amanda Cross

1 Francis Bacon: The Advancement of Learning. London: Dent 1965, 205 f.
2 Moritz Schlick: Die Wende der Philosophie [1930]. In: Moritz Schlick: Gesammelte Aufsätze. Wien: Gerold 1938, 36.
3 Theodor W. Adorno: Die Aktualität der Philosophie [1931]. Gesammelte Schriften. Band 1. Frankfurt/M.: Suhrkamp 1997, 325.
4 Christopher Pierson: The Modern State. London: Routledge 2007, 1.
5 Amanda Cross: The Theban Mysteries. New York: Avon Books 1979, 23.

Es ist nicht selbstverständlich und keineswegs ein gleichsam natürliches Geschehen, dass Menschen sich mit gesellschaftlichen Vorgängen – erst recht solchen in der Politik – theoretisch (wissenschaftlich) auseinandersetzen. In der europäischen Neuzeit ist dies im Zusammenhang mit sozialen Bewegungen geschehen; in der Erwartung, die je individuelle Lebenslage zusammen mit den sozialen Verhältnissen insgesamt verbessern zu können. Und nicht zu allen Zeiten und in allen Gesellschaften konnten Überlegungen zur Untersuchung und zur Gestaltung der politischen Sphäre der Gesellschaft überhaupt angestellt und gar öffentlich kundgetan und diskutiert werden. (Republiken waren schon in der Antike eher die Ausnahme als die Regel und selten waren sie einigermaßen demokratisch organisiert.)

Nur wenn eine größere Zahl von Individuen an der politischen Gestaltung der Gesellschaft beteiligt (oder an dieser Gestaltung interessiert) ist, werden eventuell Theorien über Politik entwickelt. Das heißt aber auch, dass die Entfaltung von Theorien des Politischen verbunden ist mit der Entwicklung demokratischer Organisation. Dazu sind noch keine ausgeformten demokratischen Strukturen erforderlich, wie allgemeines und gleiches Wahlrecht, Vertretungskörperschaften, Rechtsstaatlichkeit ... Wichtig ist zunächst, ob Individuen, die bis dahin ihre Interessen innerhalb politischer Organisation (auf lokaler oder zentraler „staatlicher“ Ebene) nicht wahrnehmen konnten, beginnen, sich zu organisieren, über die eigene Lebenslage nachzudenken und ein Verständnis für gemeinsame Interessen zu entwickeln.

Das vorliegende Buch versucht anhand ausgewählter Beispiele zu zeigen, wie in der europäischen Neuzeit Theorien des Politischen in fragmentarischer Weise entstanden sind: Im Zusammenhang mit religiösen Reformbestrebungen, mit der Überwindung der Leibeigenschaft, im Zusammenhang mit vielfältigen neuen Möglichkeiten der individuellen Lebensgestaltung und der gesteigerten Hoffnung auf eine allgemeine Verbesserung der Lebensverhältnisse im Diesseits.

Dabei wird auch deutlich, in welchem Ausmaß moderne Wissenschaft selbst von Anfang an eminent politisch gewesen ist und wie sehr sie selbst in enger Verknüpfung mit sozialen Bewegungen entstanden ist: die moderne Wissenschaft bietet keine absoluten Wahrheiten und Werte; aber sie bietet Werkzeuge zur Erkenntnis und zur Orientierung in der Welt. Damit trägt sie bei zur Gestaltung der Welt; moderne wissenschaftliche Erkenntnis ist wesentlich Arbeit, Verbindung von Kopf- und Handarbeit. Die Vorstellung von moderner Wissenschaft als Überwindung scholastischer Gelehrsamkeit durch tätige Gestaltung der Welt mochte im Bereich der Naturwissenschaften für die Herrschenden noch nützlich und politisch harmlos erscheinen; im Bereich der Sozialwissenschaften jedoch wurde jede tätige Auseinandersetzung mit gesellschaftlichen Vorgängen und jeder Versuch der öffentlichen Verbreitung und Diskussion von Erkenntnissen sowie jeder Versuch der damit verbundenen Gestaltung der Gesellschaft zunächst als herrschaftsgefährdend angesehen. (Zeitgenossen bezeichneten den „Leviathan" von *Thomas Hobbes* als „Bibel des Aufruhrs".)

Die „Theorien des Politischen" widmen sich zwei unterschiedlichen Traditionssträngen sozialwissenschaftlichen Denkens und politischer Theorien. Diese unterscheiden sich weniger in ihren Inhalten (sie stimmen darin überein und stehen in einer gemeinsamen Denktradition), als vielmehr in den gesellschaftlichen Rahmenbedingungen ihres Entstehens.

Im einen exemplarischen Fall, England, handelt es sich um das Land, in dem Reformation, Parlamentarismus, die Überwindung der Leibeigenschaft und der Kapitalismus durchgesetzt wurden. Im anderen Fall, Österreich (bzw. der Habsburgermonarchie) haben sich Gegenreformation, Wiedereinführung der Leibeigenschaft, fürstlicher Absolutismus, und eine politische Kultur der Untertänigkeit und Unterdrückung durchgesetzt. Daher finden wir in England Reformation und Revolution und eine lange Tradition eigenständigen und widerständigen (individuellen und kollektiven) Denkens und Handelns; und beobachten in Österreich mühselige Versuche eigenständigen Denkens, das in kurzen Phasen (wie etwa in der Zeit der maria-theresianisch-josephinischen Reformen) auch praxisrelevant war, sonst aber stets von Neuem den herrschenden Verhältnissen abgetrotzt und abgerungen werden musste.

Beide Traditionsstränge politischen Denkens sind in der österreichischen (aber auch in der deutschen) Politikwissenschaft wenig beachtet; umso wichtiger ist ihre Darstellung in exemplarischen Fragmenten im vorliegenden Buch.

Ich danke dem Verlag facultas.wuv für die beständige verlegerische Betreuung. Mein besonderer Dank gilt Mag. Sabine Kruse für Umsicht, Geduld und Anregung sowie DI Kristin Harrich und Mag. Katharina Schindl für ihre sorgfältigen Korrekturarbeiten.

1 Zu einigen Schlüsselbegriffen des Politischen: Gesellschaft, Staat, Verfassung

"**politics**. As a general concept, the practice of the art or science of directing and administrating states or other political units. ..."[1]

1.1 Zum Begriff Gesellschaft

Noch gegen 1900 wird der Begriff Gesellschaft im Deutschen zunächst in seiner rechtlichen und kaufmännischen Bedeutung beschrieben.

Als die allgemeine Bezeichnung für die Gesamtheit der Einrichtungen und Beziehungen des menschlichen Zusammenlebens ist das Wort Gesellschaft schon im 17. und 18. Jahrhundert in England und in Frankreich, aber erst im 19. und 20. Jahrhundert im deutschsprachigen Raum gebräuchlich geworden.

Zwar bezeichnete schon im Altertum der Gelehrte *Aristoteles* den Menschen als gesellschaftliches Wesen, als Zoon politikon; aber die griechische Bezeichnung kann ebenso gut mit politisch, staatlich oder städtisch übersetzt werden. In den griechischen Stadtstaaten (deren Wirtschaft auf massenhafter Sklavenhaltung beruhte) waren Staat, Politik und Gesellschaft nicht ohne Weiteres als getrennte, unterscheidbare Bereiche zu erfahren, sondern eher als eine Einheit.

Allerdings galt selbst für jene griechischen Stadtstaaten, die – wie etwa Athen – Demokratien waren, dass die Volksherrschaft die Angelegenheit einer Minderheit von Besitzenden war, von städtischen Vollbürgern, denen es durch Besitz und Wohlstand möglich war, über Freizeit und Muße zu verfügen; und so konnten sie sich auf öffentlichen Plätzen versammeln, ihre Interessen artikulieren und gemeinsam diskutieren und beschließen, auf welche Weise ihre Interessen auch tatsächlich durchgesetzt werden könnten; denn aus ihrer Mitte wurden jene politischen Funktionäre, jene Inhaber von Staatsämtern (bis hin zu den militärischen Befehlshabern) gewählt, die in der Folge dafür zu sorgen hatten, dass der Staat all jene den Geschäften und sonstigen Interessen der Vollbürger förderlichen Maßnahmen setzte.

Die Sklaven galten nicht als Menschen, sondern wurden wie Vieh oder wie Werkzeuge eingestuft und die ärmeren Stadtbewohner verfügten nicht über die vollen politischen Rechte, galten nicht als vollwertige Bürger.

1 Iain McLean and Alistair McMillan (eds.): The Concise Oxford Dictionary of Politics. Oxford: Oxford University Press 2009, 417.

In der Folge wird das Wort Gesellschaft viele Jahrhunderte lang in einer Reihe von europäischen Sprachen im Sinne von „geselligem Beisammensein“ verwendet, um dann etwa vom 16. bis zum 18. Jahrhundert, im Übergang vom Feudalismus zur kapitalistischen Produktionsweise, zunehmend in unserem heutigen Sinn verstanden zu werden. Sehr schön lässt sich dies im Englischen verfolgen: 1577 wird „ein Staatswesen als Gesellschaft oder als das gemeinsame Handeln einer Vielzahl von Freien“ bezeichnet; 1650 ist die Rede von „der Gesellschaft, in der wir leben“.

Im späten 17. Jahrhundert verwendet *John Locke* den Begriff Gesellschaft sowohl im Sinne einer Verbindung, die die Menschen (in Form eines Gesellschaftsvertrages) eingehen, als auch im Sinne einer Gesamtheit, die die einzelnen Menschen ebenso wie die von ihnen geschaffenen Einrichtungen umfasst.

Nahezu ein Jahrhundert nach *John Locke* schreibt dann *Adam Smith* in seinem Werk „Der Wohlstand der Nationen“ (erschienen 1776) von „Gesellschaft“ im Unterschied vom „Staat“ und seinen Organen. Er unterscheidet zwischen verschiedenen sozialen Klassen innerhalb der Gesellschaft.

Gesellschaft ist nunmehr ein neutraler umfassender Begriff geworden, der die Summe der einzelnen Menschen, soziale Klassen, aber auch alle möglichen Institutionen beinhaltet.

1.2 Zum Begriff des modernen Staates

> “The State is a dream ... a symbol of nothing at all,
> an emptiness, a mind without a body, a game played with clouds in the sky.
> But States make war, don’t they, and imprison people?”[2]
>
> *John le Carré*

> “**state**. A distinct set of political institutions whose specific concern is with the organization of domination, in the name of the common interest, within a delimited territory. The state is arguably the most central concept in the study of politics and its definition is therefore the object of intense scholarly contestation.”[3]

Wenn unter Gesellschaft zunächst die Vereinigung *freier*, vielleicht gar *gleicher* Menschen vorgestellt wird, so hat Staat von Anfang an mit Über- und Unterordnung, mit Macht und Herrschaft zu tun: Staat ist organisierte Gewalt, organisierte Macht.

2 John le Carré: Call for the Dead. Harmondsworth: Penguin 1972, 27.

3 Iain McLean and Alistair McMillan (eds.): The Concise Oxford Dictionary of Politics. Oxford: Oxford University Press 2009, 506 f.

Obwohl der Begriff, die Bezeichnung Staat, sehr alt ist, so hat der bezeichnete Gegenstand in den vergangenen Jahrtausenden sehr wohl einen starken Wandel erfahren. Der moderne Staat entstand und entwickelte sich im Zusammenhang mit der Durchsetzung der kapitalistischen Produktionsweise und er unterscheidet sich in seiner konstitutionellen, demokratisch-republikanischen Ausprägung wesentlich von allen früheren Ausformungen durch die prinzipielle Möglichkeit der politischen Einflussnahme durch die große Zahl, durch die Masse der Bevölkerung.

Im Gefolge der neuzeitlichen Revolutionen in den Niederlanden, in England, Nordamerika und Frankreich entstanden auch völlig neuartige Vorstellungen von den Aufgaben, Zielen und Zwecken des Staates und der Regierung, ebenso wie von den Möglichkeiten der Gestaltung eines Staatswesens durch das Volk. Dabei war in Bezug auf parlamentarische Vertretungen eine wichtige und immer wiederkehrende Frage, wer denn überhaupt und warum wahlberechtigt sein sollte. Der Staat ist eben keineswegs eine ewige Einrichtung.

Den Staat, wie er heute existiert, gibt es erst seit dem 16./17. Jahrhundert. Er ist entstanden im Zusammenhang mit der Entwicklung des Kapitalismus und der Ausbildung der bürgerlichen Gesellschaft, in der Zeit des Übergangs von der mittelalterlichen Feudalgesellschaft zur kapitalistischen Gesellschaft der Neuzeit.

Wenn wir den Begriff Staat verwenden, so meinen wir damit alles Mögliche: vom Land, in dem wir leben, bis zum Staatsapparat im weitesten Sinne (Parlament, Regierung, Justiz, Verwaltung, Polizei, Militär, Erziehungswesen, Sozialfürsorge). Der Staat ist sowohl die Summe der verschiedenen Einrichtungen als auch die Idee einer Gesamtheit, des Staatswesens.

Im Deutschen stellte man den Staat im 19. Jahrhundert gerne als eine das Gesamtwohl im Auge behaltende Einrichtung der von Einzelinteressen und Klassenauseinandersetzungen geprägten und zerrissenen Gesellschaft gegenüber. Die Aufgabe des – möglichst starken – Staates war es demnach, diese Einzelinteressen auszugleichen oder – wenn nötig – zu unterdrücken und die Interessen des Staats- beziehungsweise Volks-Ganzen zu bewahren.

In dieser Argumentation erscheinen etwa alle Versuche der Arbeiter, sich zwecks besserer Vertretung ihrer Interessen (zum Beispiel in Gewerkschaften) zu organisieren, als staatszersetzende Unternehmungen, die es zu bekämpfen gilt.

1.3 Politik und Ökonomie, Staat und Eigentum, im Zusammenhang mit der Durchsetzung und den Veränderungen des Kapitalismus während der Englischen Revolution 1640–1660

1.3.1 Parlament und Wahlrecht in England während der Englischen Revolution 1640–1660

Während der Englischen Revolution 1640 bis 1660 kam es immer wieder zu Debatten über die Fragen des Wahlrechts. Gegen Ende des Bürgerkrieges zwischen den Anhängern des Königs und der Partei des Parlaments diskutierten im Jahre 1647 Vertreter der Armee des Parlaments über die zukünftigen Regelungen des Wahlrechts: Dabei wurde auch die Forderung nach einem allgemeinen Wahlrecht erhoben – ausgehend von der prinzipiellen und natürlichen Gleichheit aller Menschen.

Es wurde die Auffassung vertreten: „Die Menschen kamen überein, in einem Staate zu leben, um so das Eigentum zu bewahren."

Im Zusammenhang mit der Erweiterung des Wahlrechts wurde auf die möglichen politischen Gefahren für das Eigentum und die Besitzenden verwiesen. Es wurde die Furcht davor geäußert, dass die Masse der Habenichtse, einmal im Parlament vertreten, die Minderheit der Besitzenden auf dem Wege parlamentarischer Beschlüsse enteignen und eine Gleichheit an Besitz herstellen könnte: „Es könnte geschehen, daß die Mehrheit des Volkes, durch ein Gesetz, (nicht in Unruhe und Aufruhr) das Eigentum beseitigte; es könnte ein Gesetz beschlossen werden, das eine Gleichheit an Gütern und Besitz bestimmte." [Siehe ausführlicher: 6.6]

(Das englische Parlament war (und ist) absoluter Souverän; es kann mit einfacher Mehrheit über alle Angelegenheiten des Staatswesens Beschlüsse fassen; dagegen gibt es rechtlich keinerlei Beschwerde oder Einspruchsmöglichkeit. Über dem englischen Parlament steht keine Verfassung, keine Gerichtsbarkeit!).

Die Furcht der Besitzenden um ihr Eigentum wird alle künftigen Verfassungs- und Wahlrechtsdebatten in Europa und Nordamerika bestimmen: Die „Heiligkeit" des Eigentums wurde in Verfassungen verankert. Wenn Minderheiten geschützt werden sollten, dann vor allem die Minderheit der Viel-Besitzenden. Der moderne Staat wurde zum Schutz des Eigentums und zur Abwehr der wahren Volksherrschaft entwickelt. Die Vielen dürfen am Staat nur teilhaben, wenn sie die wenigen Viel-Besitzenden dadurch nicht beeinträchtigen.

1.3.2 John Locke [1632–1704]

In seinen „Zwei Abhandlungen über die Regierung" beschreibt *John Locke*, wie eine politische Gesellschaft, ein Staatswesen, zustande kommt. Er hebt hervor: „Doch wenn man sich den Gesetzen eines Landes unterwirft, friedlich lebt und seine Privilegien und seinen Schutz genießt, macht das einen Menschen noch lange nicht zu einem Mitglied dieser Gesellschaft. ... Nichts kann einen Menschen dazu machen als sein wirklicher Eintritt durch positive Verpflichtung und ausdrückliches Versprechen und Vertrag. Und eben das ist meine Meinung über den Anfang der politischen Gesellschaften und jene Zustimmung, die jemanden zum Glied eines Staatswesens macht".[4]

Die Frage ist, warum sich Menschen zu einer derartigen politischen Gesellschaft, einem Staatswesen, zusammenschließen.

> „Wenn der Mensch im Naturzustand so frei ist, wie gesagt worden ist, wenn er der absolute Herr seiner eigenen Person und seiner Besitztümer ist, dem Größten gleich und niemandem untertan, warum soll er auf seine Freiheit verzichten? Warum soll er seine Selbständigkeit aufgeben und sich der Herrschaft und dem Zwang einer anderen Gewalt unterwerfen? Die Antwort darauf liegt auf der Hand: obwohl er nämlich im Naturzustand ein solches recht hat, so ist doch die Freude an diesem Recht sehr ungewiß, da er fortwährend den Übergriffen anderer ausgesetzt ist. Denn da jeder im gleichen Maße König ist wie er, da alle Menschen gleich sind und der größere Teil von ihnen nicht genau die Billigkeit und Gerechtigkeit beachtet, so ist die Freude an seinem Eigentum, das er in diesem Zustand besitzt, sehr ungewiß und sehr unsicher. Das läßt ihn bereitwillig einen Zustand aufgeben, der bei aller Freiheit voll von Furcht und ständiger Gefahr ist. Und nicht grundlos trachtet er danach und ist dazu bereit, sich mit anderen zu einer Gesellschaft zu verbinden, die bereits vereinigt sind oder doch die Absicht hegen, sich zu vereinigen, zum gegenseitigen Schutz ihres Lebens, ihrer Freiheit und ihres Vermögens, was ich unter der allgemeinen Bezeichnung Eigentum zusammenfasse".[5]

Die Antwort auf die oben gestellte Frage lautet zusammenfassend: „Das große und hauptsächliche Ziel, weshalb Menschen sich zu einem Staatswesen zusammenschließen und sich unter eine Regierung stellen, ist also die Erhaltung ihres Eigentums".[6]

4 John Locke: Zwei Abhandlungen über die Regierung. Frankfurt/M.: Suhrkamp 1998, 277 f.
5 Ebd., 278.
6 A. a. O.

Bei *John Locke* ist die politische oder bürgerliche Gesellschaft tatsächlich als eine Vereinigung der Besitzenden zu ihrem gemeinsamen Schutz vor Übergriffen auf ihr Eigentum gedacht; das heißt aber auch, dass genau genommen nur die Besitzenden auch Mitglieder der politischen oder bürgerlichen Gesellschaft sind und ihre Rechte und Vorzüge genießen, während die Besitzlosen außerhalb dieser Gesellschaft stehen und nur ihren Maßnahmen und Regeln unterworfen sind.

1.3.3 Adam Smith [1723–1790]

Adam Smith hatte 1776 in seinem Hauptwerk „The Wealth of Nations" („Der Wohlstand der Nationen") davon geschrieben, dass der bürgerliche Staat eine gewisse Unterordnung voraussetze und dass die Notwendigkeit des bürgerlichen Staates in dem Ausmaß anwüchse, in dem wertvolles Eigentum erworben würde.[7]

Zugleich beobachtete *Adam Smith*, wie große Reichtümer geradezu notwendigerweise Armut und soziale Ungleichheit steigerten.

> "Wherever there is great property there is great inequality. For one very rich man there must be at least five hundred poor, and the affluence of the few supposes the indigence of the many. The affluence of the rich excites the indignation of the poor, who are often both driven by want, and prompted by envy, to invade his possessions. It is only under the shelter of the civil magistrate that the owner of that valuable property [...] can sleep a single night in security".[8]

> "Civil government, so far it is instituted for the security of property, is in reality instituted for the defence of the rich against the poor, or of those who have some property against those who have none at all".[9]

Bei *Adam Smith*, dem Schöpfer der klassischen Nationalökonomie, finden wir klare Aussagen darüber, dass die Steigerung des Reichtums der Wenigen zusammenhängt mit dem Anwachsen der Armut der großen Zahl.

7 Adam Smith: The Wealth of Nations. Books IV–V. Harmondsworth: Penguin 1999, 298.
8 A. a. O.
9 Ebd., 302.

1.4 Zum Begriff der Verfassung

Eine Verfassung, eine Konstitution, ist eine Summe von rechtlichen Vorschriften, die das politische Zusammenleben der Menschen in einem Staatswesen regeln. Die Entstehung von Verfassungen im neuzeitlichen Europa ist eng verknüpft mit gesellschaftlichen und politischen Auseinandersetzungen um absolute Fürstenherrschaft (von Gottes Gnaden), um die Rechte von Stände-Parlamenten, um die Rechte des Volkes; verknüpft auch mit Fragen der neuen reformierten Religion, des neuen Wirtschaftens, der neuen Lebensweise.

Wir wollen am Beispiel der Auffassungen von *Thomas Paine* sehen, wie Verfassung, demokratische Republik und allgemeine Wohlfahrt zusammenhängen. Nach der Amerikanischen und Französischen Revolution verfasste *Thomas Paine* in den Jahren 1791 und 1792 eine zweiteilige Schrift mit dem Titel „Rights of Man". Darin verteidigte er nicht nur die großen Revolutionen in Amerika und in Frankreich, sondern formulierte vor allem umfassende Vorstellungen von einem wahrhaft republikanischen Staatswesen, das an den Interessen und Bedürfnissen seiner Bürger orientiert und vom politischen Willen dieser Bürger getragen sein sollte.

> „Wenn man in einem Lande der Welt wird sagen können: ‚Meine Armen sind glücklich, es herrscht weder Unwissenheit noch Elend unter ihnen; meine Gefängnisse sind leer von Gefangenen, meine Straßen von Bettlern; die Alten fühlen keinen Mangel, die Abgaben sind nicht drückend; die vernünftige Welt ist mein Freund, weil ich der Freund ihres Glücks bin': wenn dieses gesagt werden kann, so mag das Land sich seiner Konstitution und Regierung rühmen."[10]

> „Was eine Republik genannt wird, ist keine besondere Regierungsform. Nach dem Zweck und Wesen, weswegen die Regierung eingesetzt worden, nach den Gegenständen, womit sie sich beschäftigen sollte, ist eine Republik im eigentlichen Verstande Res Publica, die öffentlichen Angelegenheiten, das öffentliche Beste, oder buchstäblich übersetzt, die öffentliche Sache. ... Jede Regierung, die nicht nach dem Grundsatz einer Republik verfährt, oder mit anderen Worten, die nicht die öffentliche Sache zu ihrem ganzen und einzigen Zwecke macht, ist keine gute Regierung. Republikanische Regierung ist nichts weiter als eine zum öffentlichen Besten, sowohl einzeln als zusammen genommen errichtete und geführte Regierung."[11]

10 Thomas Paine: Die Rechte des Menschen. In der zeitgenössischen Übertragung von Dorothea Margareta Forkel. Bearbeitet und eingeleitet von Theo Stemmler. Frankfurt/M.: Suhrkamp 1973, 318.

11 Ebd., 212.

> „Eine Konstitution ist nicht nur ein Etwas dem Namen, sondern auch der Sache nach. Sie hat keine eingebildete, sondern eine wirkliche Existenz, und wo sie nicht in sichtlicher Gestalt vorgezeigt werden kann, findet sich auch keine. Eine Konstitution ist ein Etwas, das der Regierung *vorherging*, und die Regierung ist nur das Geschöpf der Konstitution. Die Konstitution eines Landes ist nicht das Werk der Regierung, sondern des Volkes, das eine Regierung einsetzte“.[12]

Monarchien, sowie *jede* Form der persönlichen Herrschaft, waren für *Thomas Paine* Formen von Sklaverei im absoluten Widerspruch zu jeglichem menschenwürdigen Leben und jeglichem Menschenrecht. Daher bekämpfte er auch immer wieder alle Tendenzen zur schleichenden Wiedereinführung persönlicher Herrschaft im Rahmen eines nominell republikanischen und repräsentativen politischen Systems.

12 Thomas Paine, Die Rechte des Menschen. In der zeitgenössischen Übertragung von Dorothea Margareta Forkel. Bearbeitet und eingeleitet von Theo Stemmler. Frankfurt/M.: Suhrkamp, 1973, 85 f.

2 Politik, Geschichte und Wissenschaft

2.1 Über Entwicklung, Kontinuität und Diskontinuität in der Geschichte

Geschichte mag verstanden werden als eine endlose Abfolge von Ereignissen, die von den Historikern mehr oder weniger einfühlsam nacherzählt, in Epochen gegliedert und dem Wirken göttlicher Kräfte, ewiger Bestimmungen, großer Herrscher, genialischer Persönlichkeiten zugeschrieben werden kann; Geschichte als ein – dem Wachstum der Bäume vergleichbares – ewiges Werden und Vergehen oder als Prozess eines linearen Fortschritts.

Von zentraler Bedeutung für Historiker ist der Abstand von den beschriebenen Ereignissen, d. h. die interessenlose Distanz. Diese Distanz vermag erreicht zu werden durch die Auseinandersetzung mit weit zurückliegenden Ereignissen oder durch die deklarierte Versetzung der Historiker in den Zustand der über allen Parteiungen und Interessen stehenden Beobachter.

Mit Wissenschaftlichkeit hat all das wenig zu tun. Die neuzeitliche Wissenschaft ist nicht vorstellbar ohne erkenntnisleitende Interessen, ist von den Anfängen her als Prozess des verstehenden Eingreifens in Natur und Gesellschaft zu sehen: die bewusste Erkenntnis und Gestaltung der Welt gehören wesentlich zu ihren Zielvorstellungen. Nicht Interessenlosigkeit und bloße Distanz zum Erkenntnisgegenstand begründen Wissenschaftlichkeit, sondern ein Prozess der Verknüpfung von Beobachtung und Theorie, Analyse und Konstruktion, der sich in der praktischen Gestaltung von Natur und Gesellschaft bewährt. Das Interesse an Geschichte, die wissenschaftliche Beschäftigung mit ihr, ist in der Neuzeit verbunden mit dem Interesse an bewusster, geplanter politischer Gestaltung der Gesellschaft. Wenn gezeigt werden kann, wie politische Herrschaft errungen und behauptet (aber auch: wie bestehende Herrschaft beseitigt) wird, dann kann auch ein theoretischer ebenso wie ein praktischer Sinn für die Machbarkeit von sozialen Veränderungen entwickelt werden. Daher waren auch die großen Revolutionen im England des 17. wie im Frankreich des 18. Jahrhunderts von so beispielhafter Bedeutung.

Von nun an vermochte die Erinnerung an erfolgreiche Revolutionen, das Lernen aus ihren Triumphen und Niederlagen, ihre Einstufung als unvollendete Revolutionen, den Unterdrückten als Hoffnung und Ansporn dienen; den jeweils Herrschenden jedoch war diese Erinnerung bedrohlicher Schrecken. Geschichtsschreibung und Geschichtswissenschaft sind spätestens seit der Englischen und Französischen Revolution ein Feld der durchaus je gegenwartsbezogenen Auseinandersetzung mit historischen Geschehnissen. Konnte die Englische Revolution von 1640–1660 zunächst noch als eine Art Betriebsunfall der Geschichte dargestellt werden, so waren die Amerikanische Revolution (wenn sie als solche überhaupt angesehen wurde – aber auch das ist ja eine wiederkehrende, je gegenwartsbezogene, Auseinandersetzung gewesen) und die Französische Revolution, sowie die zahlreichen Revolutionsversuche im 17., 18. und 19. Jahrhundert, und die Russischen Revolutionen von 1905 und 1917 ausreichende Bestätigung für die Möglichkeit erfolgreicher revolutionärer Gesellschaftsveränderung.

Deswegen wurden und werden Revolutionen gern als besonders verabscheuungswürdige Vorgänge voll blutiger Gräuel, Chaos und wirklichkeitsfremder, wahnhafter Utopien dargestellt. Darüber hinaus wird versucht, in narrativen Darstellungen der Geschichte historische Kontinuität zu betonen; nach politischen Umstürzen und gewissen sozialen Umwälzungen tritt wieder Normalität ein: Monarchien werden restauriert, Herrscherdynastien kehren zurück, der Revolution folgt die Wiederherstellung der alten Verhältnisse. Und wenn Veränderungen der gesellschaftlichen Verhältnisse schon nicht zu leugnen sind, dann mag es sich als nützlich erweisen, zwar eine dynamische Entwicklung der Menschheit, einen diffusen allgemeinen Fortschritt, eine stete Kontinuität dieses Fortschritts an- und hinzunehmen, zugleich aber Revolutionen als Brüche, als Störungen dieser ständigen Evolution zu beschreiben und zu verdammen.

Auguste Comte etwa formulierte ein Entwicklungsgesetz der menschlichen Gesellschaft und drückte gleichzeitig seine Hoffnung aus, niemand würde sich – in Kenntnis dieses Entwicklungsgesetzes – mutwillig gegen die herrschende Ordnung empören. In seinem „Plan der wissenschaftlichen Arbeiten, die für eine Reform der Gesellschaft notwendig sind" schrieb *Auguste Comte* 1822: „Das fundamentale Gesetz, welches den natürlichen Gang der Kultur regelt, verlangt unbedingt das Auftreten aller folgeweisen Zustände, durch welche das Menschengeschlecht bei seiner allgemeinen Entwicklung gehen muß." Und er meinte auch: „keine Zwischenstufe ... kann übersprungen werden und kein wirklicher Rückschritt kann geschehen"[1].

In jenen europäischen Ländern, in denen erfolgreiche Revolutionen stattgefunden hatten, in England wie in Frankreich, pflegten die herrschenden Klassen sich gern an einer gewissen Diesseitigkeit, an empirischer Wissenschaft, an dauerhaften Gesetzmäßigkeiten in Natur und Gesellschaft zu orientieren: die einmal erreichte politische Macht, die einmal eroberte gesellschaftliche

1 Auguste Comte: Plan der wissenschaftlichen Arbeiten, die für eine Reform der Gesellschaft notwendig sind. München: Hanser 1973, 96.

Vorrangstellung ließ sich auch weiter festigen, wenn den unteren Klassen über Wissenschaft und Bildung beigebracht werden konnte, dass es von nun an nur mehr Veränderungen aufgrund evolutionärer Entwicklungen, und keine revolutionären Brüche, geben durfte.

> „Niemand ist so unvernünftig, sich wissentlich gegen die Natur der Dinge empören zu wollen. Niemand würde sich entschließen, eine Handlung zu verrichten, von der er mit Klarheit voraussieht, daß sie vergeblich ist. Somit sind die Beweise der wissenschaftlichen Politik fähig, auf Klassen einzuwirken, welche sonst vermöge ihrer Vorurteile und Interessen geneigt wären, sich gegen den Gang der Kultur zu empören."[2]

Gemäß dieser Konzeption dient Wissenschaft nicht zur Ermutigung zum eigenständigen Handeln, zu einer bewussten Gestaltung des gesellschaftlichen Lebens, sondern führt vielmehr zu wiederkehrenden Fragen, ob denn das eigene Handeln überhaupt in Übereinstimmung mit der Wissenschaft, mit den Gesetzen in Natur und Gesellschaft stehe, ob Versuche einer radikalen Gesellschaftsveränderung überhaupt der jeweiligen Entwicklungsstufe der Gesellschaft entsprächen oder sie vielmehr – in vermessener, wahnwitziger Weise – zu überspringen trachteten. Üblicherweise wird auch der marxistischen Geschichtsauffassung eine derartige Sicht historischer Gesetzmäßigkeit und mechanistischer, linearer Entwicklung der Geschichte zugewiesen. Dies hat seine Berechtigung in Bezug auf zahlreiche ideologische Konstruktionen in sozialdemokratischen und kommunistischen Parteien, die sich (vor allem im späten 19. und im ersten Drittel des 20. Jahrhunderts) mechanistische Auffassungen von sozialen Vorgängen und Entwicklungen zu eigen machten. Allerdings hatte *Karl Marx* selbst alle Versuche einer metaphysischen Geschichtsinterpretation, d.h. alle Versuche, ewige, unveränderliche Gesetze historischer Entwicklung zu konstatieren, stets zurückgewiesen und bekämpft. So schrieb er zum Beispiel: „In der antiken Welt resultiert die Entwicklung des Handels und die Entwicklung des Kaufmannkapitals stets in der Sklavenwirtschaft. ... In der modernen Welt dagegen läuft sie aus in die kapitalistische Produktionsweise."[3]

Und an einer anderen Stelle heißt es bei *Marx*:

> „Ereignisse von einer schlagenden Analogie ... führten also zu ganz verschiedenen Ergebnissen. Wenn man jede dieser Entwicklungen für sich studiert

2 Ebd., 101 f.

3 Karl Marx: Das Kapital. Band III. In: Karl Marx/Friedrich Engels: Werke. Band 25. Berlin: Dietz 1970, 344.

> und sie dann miteinander vergleicht, wird man leicht den Schlüssel zu dieser Erscheinung finden, aber man wird niemals dahin gelangen mit dem Universalschlüssel einer allgemeinen geschichtsphilosophischen Theorie, deren größter Vorzug darin besteht, übergeschichtlich zu sein."[4]

Geschichte ist weder Ergebnis göttlicher Fügungen noch die ewige Wiederkehr des immer Gleichen, und auch nicht ein durch überzeitliche, ewige Gesetze gelenkter Prozess linearer Evolution; es wohnt der Geschichte an sich also kein besonderer Zweck, keine Zielrichtung, kein besonderer Sinn inne. Geschichte und Geschichtsschreibung sind Menschenwerk, sind eine Summe von Ereignissen und Vorgängen in Gesellschaften, von Entwicklungen, Kontinuitäten und Brüchen, die jeweils konkret untersucht und in systematische Zusammenhänge gebracht werden müssen.

Eine Art, systematische Zusammenhänge herzustellen, ist die Formulierung von Gesetzen. Wie solche Gesetze gefunden werden können, die menschliche Gesellschaft und ihre Geschichte betreffend – so wie es Gesetze, die Natur betreffend gibt –, entspricht durchaus der Formulierung und Funktion von Gesetzmäßigkeiten in der modernen Naturwissenschaft. Die sogenannten Naturgesetze sind keine Vorschriften an die Natur (obwohl dies wissenschaftsgeschichtlich gesehen tatsächlich ihr Ursprung war: daher auch das Bild von der Rechtsvorschrift); sie werden auch nicht – gleichsam am Wegesrand liegend – vorgefunden, entdeckt. Die Naturgesetze verdanken ihre Formulierung (oft länger dauernden) Prozessen wissenschaftlicher Arbeit, das heißt der Verknüpfung von Beobachtungen, allenfalls Experimenten (die in einer Reihe naturwissenschaftlichen Disziplinen – man denke nur an die Astronomie – genauso wenig, oder mindestens genauso schwer, möglich sind wie in geistes- und sozialwissenschaftlichen Disziplinen) und theoretischer Anstrengungen, die es insgesamt gestatten, bestimmte Naturvorgänge als wiederkehrend, gewissen Regelmäßigkeiten oder Gleichförmigkeiten unterliegend, zu beschreiben.

Edgar Zilsel (ein Vertreter der wissenschaftlichen Weltauffassung des Wiener Kreises) hat zur Problematik des Konstatierens von Gesetzmäßigkeiten in der Natur und bei gesellschaftlichen Vorgängen festgestellt:

> „Die ‚Entdeckung' von Gesetzen ist allerdings (und das kann nicht oft genug betont werden) nur ein, wenn auch wichtiger, Bestandteil wissenschaftlicher Tätigkeit, und Gesetze werden erst im Gefolge empirischer Arbeit formuliert. Aussagen über gesetzmäßigen Ablauf gestatten an sich auch noch keine

4 Karl Marx: Brief an die Redaktion der „Otetschestwennyje Sapiski". In: Karl Marx/Friedrich Engels: Werke. Band 19. Berlin: Dietz 1969, 112.

> ‚Voraussage'; jede Voraussage erfordert außer der Kenntnis von Gesetzen die Kenntnis von Ausgangskonstellationen, Anfangsbedingungen eines Prozesses. Darüber hinaus müssen Gesetze auch keineswegs ‚ewige' Gültigkeit haben, sondern können – in der Natur, wie in der Gesellschaft – nur für beschränkte Zeiträume Gültigkeit haben. Es mögen Gesetzmäßigkeiten beim Ablauf von Prozessen und Entwicklungen längst vergangener Gesellschaften entdeckt werden, die nicht auf andere Gesellschaften zu übertragen sind."[5]

Historische Vorgänge können – auf empirischer Grundlage – rational analysiert und interpretiert werden; es bedarf der Beobachtung und Darstellung der Ereignisse ebenso wie der argumentativen, theoretischen, Begründung ihrer Interpretation; so können sinnvolle Aussagen über Ursachen und Wirkungen, über die gesellschaftliche Funktion von bestimmten Vorgängen gemacht werden. In dieser Weise wird durch die wissenschaftliche Arbeit die Vielzahl gesellschaftlicher Vorgänge (so wie jene der Natur) strukturiert, in eine Ordnung gebracht.

2.2 Für eine Sozialgeschichte der Ideen

> "Social history might be defined negatively as the history of a people with the politics left out. It is perhaps difficult to leave out the politics from the history of any people, particularly the English people. But as so many history books have consisted of political annals with little reference to their social environment, a reversal of that method may have its uses to redress the balance. During my own lifetime a third very flourishing sort of history has come into existence, the economic, which greatly assists the serious study of social history. For the social scene grows out of economic conditions, to much the same extent that political events in their turn grow out of social conditions. Without social history, economic history is barren and political history is unintelligible."[6]
>
> *George Macaulay Trevelyan*

Sozialgeschichte ist der Versuch, Zusammenhänge herzustellen zwischen verschiedenen gesellschaftlichen Vorgängen: Die Menschen, ihre Handlungen, ihre Ideen und Institutionen werden im Verlaufe längerer Zeitabschnitte beob-

5 Edgar Zilsel: Dic Physik und das Problem der historisch-soziologischen Gesetze. In: Edgar Zilsel: Die sozialen Ursprünge der neuzeitlichen Wissenschaft. Frankfurt/M.: Suhrkamp 1976, 245.

6 George Macaulay Trevelyan: Illustrated English Social History. Vol. I. Harmondsworth: Penguin 1966, 11.

achtet und untersucht; Erklärungen für Handlungsweisen, für Dauerhaftigkeit und Veränderungen werden gegeben und es sollen dabei sowohl Ursachen und Gründe genannt, als auch die gesellschaftlichen Funktionen von bestimmten Handlungen, Institutionen, Strukturen erläutert werden. Sozialgeschichte beschreibt länger andauernde soziale Prozesse, die nicht mit Anfang oder Ende einer Herrscherdynastie übereinstimmen (müssen) und oft auch nicht einfach mit zwei Jahreszahlen begrenzbar sind.

Es hat immer wieder Versuche gegeben, in einzelnen Bereichen von Theoriebildungen besondere, durchgängige Geschichten zu konstruieren – so, als ob Ideen und Gedankengänge tatsächlich über lange Zeit hinweg einigermaßen kontinuierlich und systematisch produziert, überlegt und weiterentwickelt würden; und in dieser Weise eben auch eine lange Tradition hergestellt würde. Derartige Versuche gab es etwa im Bereich der Religion und des Rechts. Damit verbunden ist auch eine besondere Vorstellung von berufsmäßiger Gelehrsamkeit und berufsmäßigem Spezialistentum: nur wenige Experten verfügen über jenes außerordentliche Wissen, das es gestattet, die Entwicklung von religiösen Glaubenssätzen und Rechtsvorschriften zu verfolgen und weiter zu interpretieren.

Die Angehörigen besonderer Gruppen, wie etwa Priester, Philosophen und Juristen haben dies stets im Zusammenhang mit konkreter Herrschaftsausübung betrieben: sie interpretieren und handhaben die göttlichen und weltlichen Gesetze und können sich dabei unter Umständen auch auf längere Traditionen gleichartiger Interpretationen und Handhabungen berufen. Die moderne Wissenschaft hat solche Konstruktionen historischer Tradition und Entwicklung immer wieder analysiert und destruiert; aber innerhalb einiger Wissenschaftsdisziplinen wurden Neigungen zur Wiederbelebung von Scholastik immer wieder von Neuem ausgebildet. Neo-scholastische Konstruktionen von speziellen Geschichten diverser Wissenschaftsbereiche dienen heutzutage nicht immer politischer Herrschaftsausübung im großen Rahmen, sondern eher der Herrschaft im Kleinen, der Herstellung von vermeintlicher Sicherheit in einer Wissenschaftsdisziplin. Damit verbunden sind jedoch auch oft auch eine Herstellung von Enge und Gedankenlosigkeit und die Abwehr neuen, originellen Denkens.

Gerade im Rahmen einer Sozialgeschichte politischer Theorien gilt es, vermeintlichen Wahrheiten und Gewissheiten laufend entgegenzuwirken und die sozialen Entstehungsbedingungen von Ideen und Denkweisen herauszuarbeiten. Und so können auch historische Beispiele dazu dienen, zu lernen, neue Denkweisen und Forschungsmethoden für hier und heute zu entwickeln und damit die Möglichkeiten wissenschaftlicher Erkenntnis, und vielleicht auch ihre Anwendung in der politischen Praxis, zu erweitern.

3 Herrschaftswissen in der Antike (Sophisten und Platoniker) und politische Bildung in der Neuzeit

> „**Zusammenhang**. Dieses Prinzip ist notwendig für das Verständnis der Welt, wenn sie unter dem allgemeinen Gesichtspunkt betrachtet wird, das heißt als ein zusammengesetztes und veränderliches Wesen."[1]
>
> *Denis Diderot*

> „Da wir Bürger einer Welt sind, was hindert, daß wir uns in einem Gemeinwesen unter gleichen Gesetzen zusammenfinden."[2]
> „Überhaupt soll man dafür sorgen, und es dahin bringen, daß niemandem auf dieser Welt etwas so unbekanntes vorkomme, daß er darüber nicht einigermaßen urteilen und dasselbe nicht zu einem bestimmten Zwecke klug und ohne schädlichen Irrtum verwenden könnte."[3]
>
> *Jan Amos Comenius*

Bildung oder Erziehung meint seit der Antike zugleich die Befähigung zur Herrschaft über sich selbst und zur Herrschaft über andere. Es ging buchstäblich um *Herrschaftswissen:* Reden, Schreiben und Lesen waren in den griechischen Stadtstaaten und im alten Rom dazu da, um zur Herrschaft, zur politischen Gestaltung der Welt zu befähigen, zu ermächtigen. Wenn im antiken Griechenland die Sophisten ihre Weisheit öffentlich machten, zu Markte trugen, als für alle erlernbar und als Ware kauf- und verkaufbar anpriesen, dann bedeutete das eine wesentliche Verbreiterung des Herrschaftswissens: alle vollberechtigten Bürger des Staatswesens sollten darüber verfügen und so in demokratischer Weise über ihre Geschicke bestimmen können.

Den Sophisten und ihrer Aufklärung entsprach als politisches System die Demokratie, die Beteiligung aller Bürger an der Gestaltung der Welt. Die Sophisten galten schon in der Antike (und gelten bis heute in der Philosophiegeschichte, im Gefolge *Platons*) als zersetzende Aufklärer, die die Vielen Respektlosigkeit gegenüber der Obrigkeit lehrten und auch sonst allerlei Wissen und Fertigkeiten, über die zu verfügen es nur wenigen, den Besten, geziemte.

Im Gegensatz zu den Sophisten (denen eine Plebejisierung des Wissens zum Vorwurf gemacht wurde und wird) pflegten die vornehmen Philosophen – in

1 Denis Diderot: Philosophische Schriften. Erster Band. Berlin: Aufbau-Verlag, 1961, 409.

2 Zitiert nach: Heinz-Joachim Heydorn/Gernot Koneffke: Studien zur Sozialgeschichte und Philosophie der Bildung I: Zur Pädagogik der Aufklärung. München: List 1973, 27.

3 Jan Amos Comenius: Große Unterrichtslehre. Wien und Leipzig: A. Pichler's Witwe & Sohn 1912, 58.

der Tradition *Platons* – das Wissen den Wenigen, den Vornehmen, zuzuordnen: dieser Konzeption von Wissenschaft und Bildung entsprach politisch eine Aristokratie, Oligarchie oder Diktatur, jedenfalls eine Herrschaft der Wenigen über die Vielen.

Derartige Vorstellungen von der allgemeinen Verbreitung oder Einschränkung des Wissens um die Dinge und Vorgänge in der Welt sind bis heute vorhanden und wirksam. Es ist daher immer wieder notwendig, sich von Neuem zu vergegenwärtigen, in welcher Weise Wissen und Bildung für alle zugänglich gemacht werden können. Die Geschichte vermag darüber zu belehren, dass der Zugang zu Wissen und Bildung für alle stets ein blockierter und umkämpfter war; zugleich jedoch auch darüber, dass der Kampf um eine tatsächlich politisch befähigende Massenbildung andauert (wenn auch zunehmend verdeckt und versteckt). Der Anspruch des *Comenius*, dass der Mensch „aller Dinge kundig" und „der Dinge und seiner selbst mächtig sei",[4] ist nach wie vor einzulösen. Im Rahmen demokratischer Staatswesen und in Zeiten des allgemeinen Wahlrechts geht es erst recht darum, nunmehr wirklich alle Bürger zu befähigen, ihre politischen Rechte auch ausüben zu können: durch Wahlen, durch öffentliche Meinungsbildung, durch die bewusste Gestaltung des Alltagslebens (in der Sphäre der Lohnarbeit wie in der der „Freizeit").

Die Begriffe „Bildung" und „Volk" sind in der Neuzeit eng verknüpft mit Auseinandersetzungen um Konstitutionen, um die Kontrolle, Einschränkung und Beseitigung absolutistischer Fürstenherrschaft sowie mit Auseinandersetzungen um die demokratische Kontrolle verschiedener Einrichtungen und die bewusste Gestaltung des individuellen und gemeinschaftlichen Lebens. Lesen, schreiben, öffentlich reden zu können hatte etwas zu tun mit den Möglichkeiten der planvollen Lebensgestaltung und der Verbesserung der Lebenslage. Politische Bildung, eine systematische Erziehung der Bevölkerung zum Zwecke der Gestaltung ihres politischen Denkens und Handelns, hat erst in einer Gesellschaft einen Sinn, in der politische Willensbildung nicht länger bloß eine Angelegenheit eines einzelnen Herrschers oder etwa relativ kleiner Gruppen von Aristokraten, sondern vieler, wenn nicht überhaupt aller Angehörigen eines Staatswesens ist.

Der Staat muss überhaupt erst einmal als eine von Menschen geschaffene, gestaltbare, veränderbare Einrichtung erfahren und betrachtet werden, und nicht mehr als eine Art göttlicher Institution. Es ist daher kein Zufall, dass die neuzeitlichen Staatstheorien (und damit oft eng zusammenhängend: Vorstellungen von allgemeiner politischer Bildung) erst im Gefolge von politischen

4 Ebd., 29.

Umstürzen, Revolutionen, länger andauernden sozialen und ökonomischen Umwälzungen formuliert worden sind; und diese Staats-, Gesellschafts-, Bildungs-Theorien sind nicht bloß die gesammelten Einfälle diverser Philosophen, sondern reflektieren bereits erfolgte gesellschaftliche Vorgänge.

Die vielfältigen sozialen Bewegungen im neuzeitlichen Europa waren jeweils verknüpft mit volksbildnerischen Bemühungen, mit Elementen selbstorganisierten, autodidaktischen Lernens; und die Bemühungen um die Bildung des Volkes bedeuteten immer auch Bildung zum Zwecke einer besseren Lebensgestaltung und damit verbunden Bildung zu politischem Denken und Handeln. Aus all dem ist auch zu ersehen, dass Bildung auf Praxis abzielt, der Vorbereitung und Begleitung des politisch-gesellschaftlichen Handelns dient und selbst ein Stück dieser Praxis ist; *Bildung ist kein Ersatz für Politik*. Notwendig sind also Kenntnisse, die es gestatten, die jeweilige soziale und politische Lage (so wie die konkreten gesellschaftlichen Funktionen der diversen Erziehungseinrichtungen) adäquat zu beurteilen; und Kenntnisse, die dazu beitragen, zu überlegen, welche Maßnahmen zur Verbesserung der Lebenslage gesetzt werden sollen und können.

4 Die mittelalterliche Feudalgesellschaft und die Reorganisation des Christentums durch die römische Kirche

"**Scriptures**, n. The sacred books of our holy religion, as distinguished from the false and profane writings on which all other faiths are based."[1]

"**Religion**, n. A daughter of Hope and Fear, explaining to Ignorance the nature of the Unknowable."[2]

"**Sacrament**, n. A solemn religious ceremony to which several degrees of authority and significance are attached. Rome has seven sacraments, but the Protestant churches, being less prosperous, feel that they can afford only two and these of inferior sanctity. Some of the smaller sects have no sacraments at all – for which mean economy they will indubitably be damned."[3]

Ambrose Bierce

„Es setze uns also niemand, wenn wir über die Heilmittel gegen die Verderbtheit uns beraten, selbst Verderbtheit entgegen ... Schändlich und ruchlos ist es und ein augenscheinliches Zeichen der Undankbarkeit, wenn wir immer auf unsere Verderbtheit hinweisen und die Begnadigung verhehlen – wenn wir immer nur vorschützen, was der alte Adam in uns vermochte, es jedoch nicht erfahren, was der neue Adam, Christus, vermag!"[4]

„Es bleibe also dabei, es sei für den Menschen natürlicher und durch die Gnade des Heiligen Geistes leichter, daß er weise, sittlich und heilig werde, als daß die zufällige Verderbtheit den Fortschritt aufzuhalten vermöchte."[5]

Jan Amos Comenius

"The end then of learning is to repair the ruins of our first parents by regaining to know God aright, and out of that knowledge to love him, to imitate him, to be like him, as we may the nearest by possessing our souls of true virtue, which being united to the heavenly grace of faith makes up the highest perfection. But because our understanding cannot in this body found itself but on sensible things, nor arrive so clearly to the knowledge

1 Ambrose Bierce: The Devil's Dictionary. London: Folio Society 2003, 296 f.

2 Ebd., 266.

3 Ebd., 285 f.

4 Jan Amos Comenius: Große Unterrichtslehre. Wien und Leipzig: A. Pichler's Witwe & Sohn 1912, 40.

5 Ebd., 41.

> of God and things invisible as by orderly conning over the visible and inferior creature, the same method is necessarily to be followed in all discreet teaching."[6]
>
> *John Milton*

Das von der römischen Kirche geleitete Christentum hatte im mittelalterlichen Europa eine eigentümliche Vorstellung von der Welt verbreitet: das Bild einer von einem einzigen Gott geschaffenen Welt und einer von diesem Gott gewollten Ordnung der Welt.

Die gottgewollte Weltordnung war streng hierarchisch, von oben nach unten, gegliedert:

- das Himmelreich mit Gott und Engeln und mit jenen Verstorbenen, die es sich auf Erden verdient hatten, in dieses Himmelreich zu gelangen
- die Kirche auf Erden, mit einer hierarchisch strukturierten klerikalen Kaste (Papst, Bischöfe, Priester, diverse Ordensmitglieder beiderlei Geschlechts ...) und einem zu betreuenden und zu verwaltenden und einem Bereich der „weltlichen" Herrschaft, der nie völlig dem römischen Klerus unterworfen worden war.
- diese weltliche Ordnung wiederum, das Feudalsystem in seinen unterschiedlichen Ausprägungen, bestehend aus Fürsten und Untertanen, aus Grundherren und den von ihnen beherrschten Bauern
- das Reich Satans, die Hölle; ergänzt durch das Fegefeuer

Diese Bilder von einer nach Gottes Willen und Plan fest gefügten Ordnung der Welt und des menschlichen (Zusammen-)Lebens wurden im europäischen Mittelalter im Rahmen der römischen Kirche verknüpft zur Konstruktion einer umfassenden christlichen Glaubenslehre sowie zur Beanspruchung und Durchsetzung einer ebenso umfassenden kulturellen Hegemonie.

Außerhalb dieser Kirche gab es für die Individuen kein Heil und innerhalb der Kirche durften die Einzelnen nicht von der rechten Lehre abweichen. Die Behauptung der absoluten kulturellen Vorherrschaft wurde der römischen Kirche ermöglicht durch die Entwicklung einer Summe von gesellschaftlich nützlichen Glaubenslehren, verbunden mit der Schaffung von neuartigen innerkirchlichen Organisationsformen, bzw. dem Ausbau und Wandel bereits vorhandener Strukturen.

Gesellschaftlich nützlich waren die Glaubenslehren auf mehrfache Weise: Den Feudalherren boten sie zusätzlich zur von ihnen ausgeübten unmittel-

6 John Milton: Of Education [1644]. The Major Works. Ed. Stephen Orgel and Jonathan Goldberg. Oxford: Oxford UP 1993, 227.

baren Gewalt noch theoretische Legitimation und sozialen Kitt zur Zusammenfügung der beherrschten Bauern; den Beherrschten und Ausgebeuteten, den Unterdrückten und Erniedrigten spendeten sie etwas Trost durch die Hoffnung auf eine Zukunft im Himmel (in einem besseren Jenseits, in das man gelangt, indem man stirbt und sich begraben lässt und vorher gemäß den Geboten der Kirche ein gottgefälliges Leben geführt hat).

Ein unverzichtbares Element der kulturellen Hegemonie der römischen Kirche war die Konzeption und Herstellung einer professionellen Priesterkaste, die die Gläubigen im Diesseits anleitete, den Zugang zum besseren Jenseits vermittelte und auch helfen konnte, die Leiden der Verstorbenen im Fegefeuer zu verkürzen. Nach der Lehre der römischen Kirche gibt es ein besonderes Priestertum von speziell dafür geweihten (d.h. mit dem besonderen Sakrament der Priesterweihe versehenen) Männern.

(Dem gegenüber wurde in den Bewegungen der protestantischen Reformation das allgemeine Priestertum der Menschen – der Männer und der Frauen – verfochten und waren die Angehörigen eines allfällig vorhandenen Klerus in ein Amt gewählte, und jedenfalls nicht mit sakramentalen Weihen ausgestattete Personen.)

Wichtig für die kulturelle Hegemonie war außerdem eine gewisse Loslösung von der schriftlich überlieferten Lehre: sowohl der Bibel, als auch der schriftlich dokumentierten, höchst komplexen theologischen Diskussionen und Konflikte und der organisatorischen Praktiken des ersten Jahrtausends des Christentums. Diese Loslösung von den historischen Überlieferungen des ersten Jahrtausends des Christentums wurde erleichtert durch einen hohen Grad an Unbildung, mangelndes Lesevermögen und mangelnde Sprachkenntnisse. Viele Mönche, die Bibeln buchstäblich abmalten, konnten die von ihnen vervielfältigten Texte nicht verstehen, weil sie Analphabeten waren.

Jegliches besondere Wissen (wenn es nicht streng kontrolliert zu werden vermochte) war für die umfassende kulturelle Hegemonie der römischen Kirche im europäischen Mittelalter eine, zumindest tendenzielle, Bedrohung; ebenso wie jede Abweichung von den für wahr erklärten Glaubenslehren. Da die, auch nur geistige, Vorherrschaft der römischen Kirche während des Mittelalters überhaupt erst entwickelt wurde und überaus fragil war, musste bei jeder sich bietenden Gelegenheit ein hohes Maß an Militanz bei der Bewahrung des rechten Glaubens zur Anwendung gelangen. Daher die heftige Verfolgung von Irrlehren, der Vernichtungswille gegenüber allen Abweichungen und die Mobilisierung in Form von Kreuzzügen.

Im mittelalterlichen Europa gab es eine Bevölkerungsgruppe, die einen eigenständigen Zugang zu göttlichen Offenbarungen, zum Gott der Bibel, zu den ursprünglichen biblischen Texten hatte – die Juden. Ihr Wissen, ihr besonderes

Verhältnis zum Gott der Bibel, ihre nicht zu kontrollierende Gelehrsamkeit war für die Kirche besonders störend. Daher wurde das Volk der Bibel in seiner Bedeutung für die menschliche Heilsgeschichte systematisch abgewertet und verstärkt als Volk der Gottesmörder abgestempelt. Die Juden wurden systematisch verfolgt, erniedrigt, beraubt und umgebracht: durch vielfältige rechtliche Einschränkungen, im Rahmen der Kreuzzüge, bei jahreszeitlichen Pogromen (zu Ostern) und bei lokalen Massenmord-Aktionen. (Günstigenfalls wurden sie aus lokalen Fürstentümern oder ganzen Königreichen dauerhaft vertrieben.)

Den Kreuzzügen nach außen, den „bewaffneten Wallfahrten" gegen Jerusalem gingen gewaltige Raub-, Mord- und Plünderaktionen der Kreuzfahrer im Inneren Europas voraus oder begleiteten sie – etwa gegen häretische Bewegungen (Albigenser) oder gegen Juden.[7]

Der Kampf gegen das Reich des Bösen, gegen den Teufel und seine Agenten auf Erden war gut verknüpfbar mit dem Kampf gegen alles von den rechten Glaubenslehren Abweichende und gegen Wissende jeder Art. Die Hexenjagden wären nicht möglich gewesen ohne eine neue Theologie und ein neues Weltbild (in das Teufel, Dämonen und Zauberei eingepasst wurden)[8]; verbunden wurde dies immer wieder mit einer organisatorischen Stärkung des Papsttums, der römischen Zentralinstanz.

Die römische Kirche des mittelalterlichen Europa propagierte eine weitgehend neue Summe von Glaubenslehren (oder unternahm es, ältere Lehren völlig neu zu interpretieren). Von daher erklärt sich auch die Rücksichtslosigkeit bei der Bekämpfung von Abweichungen von der wahren Lehre (die als eine von jeher – oder zumindest seit dem Kommen Jesu, des Erlösers – geltende behauptet wurde). Hier kämpften nicht die Verteidiger einer uralten Glaubenstradition, die Bewahrer zeitlos gültiger Werte, sondern die Schöpfer einer völlig neuen Lehre (die oft im Widerspruch zu älteren Auffassungen oder gar zu den biblischen Texten war) gegen jede Abweichung vom Neuen, wie auch gegen jedes Wissen um die älteren Lehren der christlichen Tradition und der Bibel.

7 Hans Wollschläger: Die bewaffneten Wallfahrten gen Jerusalem. Geschichte der Kreuzzüge. Zürich: Diogenes 1973.

8 „Die alte Kirche war von dem Bewußtsein erfüllt gewesen, daß der Christ über die Dämonen Gewalt habe und daß der Teufel vor ihm fliehen müsse; in der Kirche des Mittelalters dagegen ging der Glaube um, daß der Teufel und dessen Dämonen mit göttlicher Zulassung in allerlei Weise auch über den Christen Gewalt hätten, weshalb der Christ vor ihrer Tücke nirgends sicher wäre."
Wilhelm Gottlieb Soldan and Heinrich Heppe: Geschichte der Hexenprozesse. Neu bearbeitet und herausgegeben von Max Bauer. Unveränd. Nachdr. d. Ausg. München 1912. 2 Bände. Darmstadt: Wissenschaftliche Buchgesellschaft 1972, Band 1, 167.

So haben Konzilien im ersten Jahrtausend der christlichen Zeitrechnung immer wieder die Vorstellung vom Wirken einer eigenständigen Kraft des Bösen in der Welt, vom Teufel als einem im Wettbewerb mit Gott stehenden und wirkmächtigen Wesen, zurückgewiesen und verurteilt[9]; es bedurfte beträchtlicher Anstrengungen, um dem gegenüber wiederum eine Welt mit Teufeln und Dämonen zu bevölkern und die mit ihnen im Bunde stehenden Menschen systematisch zu verfolgen und auszutilgen – der Theorie entsprach eine eigene, neu geschaffene, päpstliche Institution: die Inquisition.

Die Vorstellung von einer im Diesseits und im Jenseits streng hierarchisch gestalteten Welt war nicht ohne Weiteres vorzufinden gewesen, konnte nicht einfach entdeckt und übernommen werden; sie bedurfte einer durchaus mühseligen und dementsprechend länger andauernden Entwicklungsarbeit. Schon das Konzept von einem Totenreich, in dem die Verstorbenen gleichsam zwischengelagert werden, bevor sie dann am Tage des Jüngsten Gerichts endgültig für gerettet oder verdammt erklärt werden, entspricht weder der Bibel noch einer ursprünglichen jüdischen oder frühchristlichen Tradition. Für die Juden gab es ein göttliches Endgericht (verbunden mit dem Kommen des Messias), nach dem die Gerechten auferstehen würden mit ihrem ganzen Leibe, und alle andern ausgelöscht würden, so als hätte es sie nie gegeben. Bis zu diesem Tag des letzten Gerichts sind die Verstorbenen einfach tot; sie leben in keinem Totenreich, in keiner Zwischenwelt. Den frühen Christen war eine ähnliche oder nahezu gleiche Vorstellung eigen: sie erwarteten die (baldige) Wiederkehr des Messias und damit verbunden das Jüngste Gericht.

Daher ist den Evangelien des sogenannten Neuen Testaments (vor allem den älteren Texten) keinerlei Neigung zu dauerhaften Institutionen anzumerken und auch kaum eine besondere Neigung zur Verehrung bestehender Institutionen; Familienbande werden bedeutungslos; eine besondere Priesterkaste brauchte nicht erst aufgebaut zu werden (und wenn es sie bereits gab, war ihr durchaus zu misstrauen). Wenn die baldige Wiederkehr des Messias erwartet wird, braucht auch kein besonderer Kampf gegen bestehende Obrigkeiten, etwa gegen die römische Herrschaft geführt zu werden. Dazu kam, dass im römischen Reich keine besondere religiöse Konformität eingefordert wurde.

9 Ein charakteristisches Beispiel aus der Kirchenversammlung zu Braga (Portugal) aus dem Jahre 561:
„Wer glaubt, der Teufel habe einige Geschöpfe in der Welt gemacht, und er bewirke aus eigener Macht Donner, Blitz, Unwetter und Dürre ..., der sei ausgeschlossen."
Josef Neuner und Heinrich Roos: Der Glaube der Kirche in den Urkunden der Lehrverkündigung. Hrsg. v. Karl Rahner. Regensburg: Friedrich Pustet 1965, 119.

> „Die verschiedenen in der römischen Welt herrschenden Kulte galten sämtlich dem Volk als gleich wahr, den Philosophen als gleich falsch und der Obrigkeit als gleich nützlich. Toleranz bescherte also nicht nur gegenseitige Nachsicht, sondern sogar religiöse Eintracht. Der Aberglaube des Volkes wurde weder durch Beimischung theologischer Erbitterung angestachelt, noch von den Fesseln eines spekulativen Systems gehemmt. Der fromme Polytheist, obschon den Landesriten innig verhaftet, ließ gleichwohl in unbedingtem Glauben die verschiedenen Religionen der Erde gelten.“[10]

Viele Bibelzitate zeigen eine beachtliche Unversöhnlichkeit gegenüber der Schlechtigkeit der bestehenden Verhältnisse; dagegen wird jedoch, in der Erwartung der Wiederkunft des Messias, nichts selbsttätig unternommen.

Zu den wichtigsten Doktrinen der römischen Kirche gehörte wohl die Erbsündenlehre: Sie besagt, dass die Menschen infolge des Sündenfalls und der Vertreibung aus dem Paradies in ihren intellektuellen Fähigkeiten beeinträchtigt sind – und daher der Anleitung bedürfen: einer Anleitung durch Gott und seine Offenbarungen, bzw. durch seine Vertreter auf Erden, durch die geweihten (und durch Priester- und Bischofsweihe in besonderer Weise befähigten) Funktionäre der Kirche. Damit trug die Erbsündenlehre wesentlich dazu bei, die Autorität des kirchlichen Lehramtes, und so des Papstes, zu begründen, zu bestärken und auszubauen. Diese Lehre ließ sich jedoch nur vertreten und verbreiten, solange der großen Zahl der Menschen der Zugang zu den biblischen Texten versperrt war und die Lehraussagen der römischen Kirche nicht durch Bibellektüre überprüft werden konnten. Kann die biblische Erzählung vom Sündenfall gelesen werden, ergibt sich ein von der kirchlichen Erbsündenlehre völlig verschiedenes Bild der Vorgänge. Gott nimmt wahr, dass Adam vom „Baum der Erkenntnis“ gegessen hat und reagiert in höchst verärgerter Weise:

> „Siehe, Adam ist worden wie unsereiner und weiß, was gut und böse ist. Nun aber, dass er nicht ausstrecke seine Hand und breche auch von dem Baum des Lebens und esse und lebe ewiglich! Da wies ihn Gott der Herr aus dem Garten Eden ...“[11]

Der „Sündenfall“ bedeutete gemäß der biblischen Erzählung keine Schwächung, sondern vielmehr eine beträchtliche Steigerung des menschlichen Er-

10 Edward Gibbon: Verfall und Untergang des römischen Imperiums. München: Dtv 2004, 45.

11 [Bibel], Die Heilige Schrift des Alten und Neuen Testaments. Nach der deutschen Übersetzung von Martin Luther in der Textfassung von 1912. Mit 230 Bildern von Gustave Doré. Das Neue Testament. Wiesbaden: Fourier 2003, 7 f.

kenntnisvermögens. Das Bild, das die Bibel vom Gott der Juden und der Christen überliefert, ist kein besonders günstiges: Gott ist psychisch unausgeglichen, ist eifersüchtig, ängstlich, rachsüchtig.

Mit der Überwindung des bisher propagierten Konzepts von der „Erbsünde" und der damit verbundenen Schwächung des menschlichen Intellekts wurde die menschliche Erkenntnisfähigkeit überhaupt mit der besonderen Würde der Gott-Ähnlichkeit oder gar Gott-Gleichheit ausgestattet.[12] Dies eröffnete auch den Weg zur modernen Wissenschaft und ihrem unbegrenzten Erkenntnisdrang.

Sobald die Bibel (auch nur in Teilen) in diverse Volkssprachen übersetzt, gedruckt und verbreitet worden war, wurden wichtige Glaubenslehren der römischen Kirche ihrer vorgeblichen Grundlagen (nämlich der behaupteten biblischen Aussagen) beraubt und buchstäblich als Priestertrug entlarvt.

So brachten die vielfältigen Strömungen der protestantischen Reformation in Europa ein enormes Ausmaß an Aufklärung mit sich. Die sich vorgeblich auf Gottes Wort und Gottes Willen stützende Autorität der römischen Kirche wurde in entscheidender Weise erschüttert und schließlich zerstört.

Wenn alle Individuen Gottes Wort und Gottes Wirken in den Texten der Offenbarung nachzulesen vermochten und sich dort von zahlreichen bisher behaupteten Aussagen keine Spur fand, dann blieb von den während des Mittelalters aufgebauten Weltanschauungen, Glaubens- und Institutionenlehren der römischen Kirche wenig übrig.

Wesentlich ist allen protestantischen Lehren (von *Luther* angefangen) eine Unmittelbarkeit der Beziehung zwischen Gott und den Individuen. Keine kirchliche Autorität, keine professionelle Priesterkaste übt eine Mittlerfunktion zwischen den Menschen und Gott aus. Es gibt so keine Heilsgewissheit, aber auch keine durch Ablasshandel verkürzte Leidenszeit im Fegefeuer mehr. Der Protestantismus verkündet das allgemeine Priestertum der Menschen, d. h. auch, dass alle, Männer und Frauen, kirchliche Ämter ausüben können. Diese kirchlichen Ämter sind durch keine besonderen sakramentalen Weihen ausgezeichnet; die Amtsträgerinnen und Amtsträger werden häufig durch demokratische Wahlen bestimmt – die Stimme des Volkes ist tatsächlich die Stimme Gottes geworden.

12 So heißt es bei dem tschechischen Gelehrten Comenius: „Es ist offenbar, daß jeder Mensch zur Erlangung der Kenntnis aller Dinge geeignet geboren wird; denn ... er ist das Ebenbild Gottes. ... Da nun unter den übrigen Eigenschaften Gottes die Allwissenheit hervorragt, so muß notwendigerweise etwas dem Ähnliches im Menschen hervorleuchten."
Jan Amos Comenius: Große Unterrichtslehre. Wien und Leipzig: A. Pichler's Witwe & Sohn 1912, 32.

Die protestantische Reformation hat so in Europa den Raum für eine neue Eigenständigkeit der Individuen eröffnet; sie sind selbst verantwortlich für ihr Heil, dafür, ob sie Gnade vor Gott am Tag des Jüngsten Gerichts finden werden. Diese neue Eigenständigkeit erzwingt aber eine neue, allgemeine, moderne Intellektualität. Das Nachdenken über die je eigene Lebensgestaltung kann und soll nicht mehr fremden Autoritäten überlassen bleiben, sondern muss von den einzelnen Menschen geleistet werden. Allerdings sind die einzelnen Menschen nicht als vereinsamte, von den anderen Individuen völlig isolierte, Wesen gedacht, sondern durchaus als gesellige, sich zusammen mit den anderen gesellschaftlich organisierende Wesen. Dies mag in Form von neuen religiösen Gemeinschaften vor sich gehen, aber auch in einer neuen politischen Organisation der Gesellschaft überhaupt.

Aus den mittelalterlichen Bildern einer von oben nach unten (auf Erden wie im Himmel, in der Hölle und im Fegefeuer) hierarchisch geordneten Welt wird zunehmend das Bild einer *res publica* unter einem Gott. Zugleich werden bestimmte göttliche Aussagen und Aufträge, die aus den biblischen Texten herauslesbar sind, besonders betont: die Erkenntnis der Welt und ihre bewusste Gestaltung durch die Menschen.

Im neuzeitlichen Europa wird die neue Belesenheit immer wieder verbunden mit einer neuen Arbeitsamkeit: die Erkenntnis der Welt erfolgt zunehmend nicht nur durch Spekulation oder durch Auslegung alter Texte; sondern vielmehr durch sinnliche Wahrnehmung, durch Beobachtung und Experiment, durch tätige Gestaltung der Welt, durch Arbeit.

5 Die Überwindung der Leibeigenschaft in Europa; der Aufbruch in die Moderne durch die Befreiung der Arbeit und durch befreiende Kopf- und Handarbeit; die Entstehung der modernen Wissenschaft

5.1 Arbeit, Religion, Wissenschaft und Politik in der frühen Neuzeit: Die Träume von einer zivilen Gesellschaft mit menschlichem Antlitz

> "Our holy prelates [say that God's Word] causeth insurrection and teacheth the people to disobey, ... and moveth them to rise against their princes, and to make all common, and to make havoc of other men's goods."[1]
>
> *William Tyndale [1528]*

> "So at length, when universal learning has once completed its cycle, the spirit of man, no longer confined within this dark prison-house, will reach far and wide, till it fills the whole world and the space far beyond it with the expansion of its divine greatness. Then at last most of the chances and changes of the world will be so quickly perceived that to him who holds this stronghold of wisdom hardly anything can happen in his life which is unforeseen or fortuitous. He will indeed seem to be one whose rule and dominion the stars obey, to whose command earth and sea hearken, and whom winds and tempests serve; to whom, lastly, Mother Nature herself has surrendered, as if indeed some god had abdicated the throne of the world and entrusted its rights, laws, and administration to him as governor."[2]
>
> *John Milton*

> "... experience daily shews us that nothing is impossible unto man, but that through labour and industry the most difficult things at length may be obtained ..."[3]
>
> *The Moderate [1648]*

1 Zitiert nach Christopher Hill: The English Bible and the Sevententh-Century Revolution. Harmondsworth: Allen Lane, The Penguin Press 1993, 3.

2 Zitiert nach Charles Webster: The Great Instauration. London: Duckworth 1975, 1.

3 Zitiert nach Joseph Frank: The Beginnings of the English Newspaper 1620–1660. Cambridge, Mass.: Harvard University Press 1961, 160.

> "... the right of choosing, yea of changing their own government, is by the grant of God himself in the people ..."
>
> "... who knows not that there is a mutual bond of amity and brotherhood between man and man over all the world ..."[4]
>
> *John Milton [1649]*

Wenn es in Europa je Ansätze zu einer zivilisierten, alle Menschen in gleicher Weise (zumindest dem Prinzip nach) und den ganzen Kontinent umfassenden Gesellschaft gegeben hat, dann im Zusammenhang mit den Versuchen einer radikalen Reformation in der frühen Neuzeit bis hin zur Zeit der Englischen Revolution 1640 bis 1660. Der Protestantismus beinhaltete als wesentliches Element das Studium der Bibel in der Volkssprache, wofür Lesekundigkeit Voraussetzung war – infolge der Reformation entstand somit eine Kultur des Buches.

Die protestantischen Reformationsbemühungen mit ihrer Verknüpfung von neuer Welterklärung mit neu gestalteter individueller und gesellschaftlicher Lebenspraxis war auch immer wieder begleitet von endzeitlichen Erwartungen, von der Hoffnung auf die Schaffung eines neuen Himmels und einer neuen Erde, eines neuen Reiches des Friedens und der Gerechtigkeit. Das Kommen dieses neuen Reiches sollte nicht bloß passiv abgewartet werden, sondern wurde als Ergebnis menschlichen Handelns angesehen: die Herstellung der „neuen Erde" war wesentlich gedacht als Ergebnis von Prozessen menschlicher Arbeit. Die radikalen Strömungen des Protestantismus im neuzeitlichen Europa waren somit nicht nur eng verbunden mit der Ausbildung einer Kultur des Buches, sondern zugleich auch mit der Ausformung einer Kultur der Arbeit.

Dies beförderte gewiss die Durchsetzung der kapitalistischen Produktionsweise, über deren künftige Gestalt allerdings noch keineswegs endgültig entschieden war: Der frühe Kapitalismus barg für viele Menschen, für die Angehörigen verschiedener sozialer Klassen, durchaus noch die Hoffnung auf eine allgemeine Verbesserung der menschlichen Lebensverhältnisse in sich (und nicht nur die Perspektive der Bereicherung einer Minderheit zulasten der Vielen). Damit waren auch positive Erwartungen hinsichtlich des allgemeinen Nutzens von Wissenschaft, Technik, und Arbeit verbunden; die Hoffnung auf die Gemeinsamkeit der Interessen all jener Menschen, die – über alle Grenzen der Territorial-Herrschaften hinweg – an der Verbesserung des menschlichen Daseins arbeiteten, durch neue wissenschaftliche Erkenntnisse, technische Erfindungen ebenso wie durch die politische Gestaltung der Gesellschaft.

Übrigens ist es kein Zufall, dass gerade die Vertreter eines radikalen Protestantismus, insbesondere in England und in den Niederlanden, sich eng verbun-

4 John Milton: Prose Writings. London: Dent 1970, 195.

den fühlten mit einer anderen „Kultur des Buches“, mit dem „Volk des Buches“ (nämlich der Bibel) – den Juden.

Im Unterschied etwa zu *Luther* und seinen Lehren waren diese Vertreter des Protestantismus nicht nur nicht antisemitisch orientiert, sondern sie wollten durchaus gemeinsam mit Juden an der Gestaltung einer „neuen Erde“ wirken.

Seit die Hussiten im 15. Jahrhundert gezeigt hatten, dass sogenannte Häretiker nicht länger von den „rechtgläubigen“ Anhängern der römischen Kirche einfach massenhaft abgeschlachtet und ihres Besitzes beraubt werden konnten; seit sie gezeigt hatten, dass eine Revolution möglich war; seit die Hussiten modellhaft Beispiele der Freiheit, der religiösen und gesellschaftlichen Erneuerung in Mitteleuropa vorgeführt hatten, konnte die Hoffnung auf eine umfassende Reformation unter den Völkern Europas nicht wieder ausgelöscht werden.

Gerade bei den radikalen Protestanten in Europa wurde die Gemeinsamkeit der Interessen über alle Grenzen territorialer Herrschaft hinweg aufrechterhalten. Es ging dabei nicht bloß um ein Bekenntnis zu einer bestimmten religiösen Gemeinschaft, um ein engstirniges Sektierertum, sondern um das gemeinsame Werk einer radikalen Neugestaltung der Welt: religiöse, soziale, ökonomische Erneuerung waren hierbei untrennbar miteinander verbunden; erreicht werden sollte eine umfassende Reform aller Lebensverhältnisse.

Böhmen und Mähren gehörten um 1600 (neben den Niederlanden, England und Teilen Italiens) zu den ökonomisch und kulturell am höchsten entwickelten Regionen Europas. Die Leibeigenschaft war in Böhmen und Mähren um diese Zeit (ähnlich wie in England) weitgehend beseitigt; die Beziehungen zwischen Grundherren und Bauern wurden von den mittelalterlichen Feudalverhältnissen zu vertraglich geregelten Beziehungen umgestaltet – mit zunehmender Zahlung von Geldrenten anstelle von Abgaben in Form von Naturalien oder Dienstleistungen. Die aufstrebenden kleinen, eigenständigen Produzenten (Bauern, Handwerker, Gewerbetreibende, Kaufleute) überwiegend protestantischen Glaubens beförderten den Prozess des Übergangs von der Feudalgesellschaft zur kapitalistischen Produktionsweise.

Begleitet wurden die ökonomischen Umwälzungen von einem kulturellen Aufbruch, der seine Ausformungen fand in der Verbreitung der tschechischen Schriftsprache, der Entfaltung der Lesefähigkeit der Bevölkerung und – damit verbunden – großen verlegerischen Unternehmungen; etwa der Herausgabe einer tschechischen Grammatik und einer großen Bibel-Übersetzung seitens der Böhmischen Brüdergemeinde.[5]

5 J. V. Polisensky: The Thirty Years' War. London: New English Library 1974, 52.

Für die Zeit zu Beginn des 17. Jahrhunderts konnte festgestellt werden:

> "The state of Bohemia grew to be a notable representative of the kind of racial and confessional toleration which is regarded as the achievement of the age of Enlightenment, two centuries later."[6]

Zugleich mit den ökonomischen und kulturellen Errungenschaften wurden in den Ländern der böhmischen Krone auch politische Theorien von der Bedeutung der Ständeversammlungen und der in ihnen repräsentierten allgemeinen Volksinteressen entwickelt. Diese politischen Theorien gingen über die bloße Absicherung des Status quo durch Erlangung kaiserlicher Zugeständnisse und Dekrete[7] hinaus in Richtung einer radikalen konstitutionellen Reform.

Das Modell dafür hatten die Niederlande in ihrem Freiheitskampf gegen die Habsburger geliefert; die politische Praxis dazu war zusammenfassend in der Unabhängigkeitserklärung der Generalstände im Jahre 1581 theoretisch begründet.

> „Es ist jedermann bekannt, ... daß die Untertanen von Gott nicht zum Besten des Fürsten geschaffen wurden, und ihm in allem, was er befiehlt, sei es gottgefällig oder nicht, rechtmäßig oder unrechtmäßig, untertänig zu sein und ihm als Sklaven zu dienen, sondern der Fürst ist zum besten der Untertanen bestellt, ohne die er kein Fürst ist, um sie rechtmäßig und vernünftig zu regieren, zu verteidigen und zu lieben, wie ein Vater seine Kinder und ein Hirte seine Schafe, der seinen Leib und sein Leben einsetzt, um diese zu beschützen. Wenn er dies aber nicht tut, sondern, anstatt seine Untertanen zu beschirmen, diese zu unterdrücken, übermäßig zu besteuern, ihrer alten Freiheiten, Privilegien und alten Gewohnheitsrechte zu berauben und sie als Sklaven zu behandeln sucht, muß er als Tyrann und nicht als Fürst betrachtet werden.
>
> Seinen Untertanen steht es dann nach Recht und Erkenntnis frei, vor allem nach Beratung der Stände des Landes, ihn nicht mehr als Fürsten anzuerkennen und an seiner Stelle rechtmäßig ein anderes Oberhaupt zu ihrem Schutze zu erwählen."[8]

In ihrer Unabhängigkeitserklärung im Jahre 1581 hatten die niederländischen Generalstände auch festgestellt:

6 J. V. Polisensky: The Thirty Years' War. London: New English Library 1974, 51 f.
7 Ebd., 57.
8 Lodewijk Blok and Klaus Vetter: „Die Unabhängigkeitserklärung der Niederlande", *Zeitschrift für Geschichtswissenschaft* 8 (1986): 711 f.

„Wir tun kund, daß wir ... nach allgemeiner Übereinkunft, Beratung und Beschluß den König von Spanien hiermit ipso jure seiner Herrschaft, Gerichtsbarkeit und erblichen Ansprüche auf diese Lande verfallen erklären. Wir sind nicht gewillt, ihn fortan in irgendeiner Sache mit Bezug auf seine Souveränität, Jurisdiktion und Domänen in diesen Landen als Fürsten anzuerkennen, noch seinen Namen als Souverän zu gebrauchen oder zuzulassen, daß dies durch jemanden getan wird."[9]

Die darin proklamierte Vorstellung, dass nicht Fürsten von Gottes Gnaden über erbuntertänige Völker herrschten und herrschen sollten, sondern die Repräsentanten der Völker (Ständeversammlungen, Parlamente, Volksversammlungen) die wahren Souveräne wären, bedeutete in Verbindung mit der protestantischen Religion (und zwar der radikaleren Variante und nicht der lutherischen Fürstenknechtschaft) und dem sich entfaltenden frühen Kapitalismus eine Bedrohung der großen Herrscherhäuser, insbesondere der Habsburger. Als daher 1619 die böhmischen Stände daran gingen, sich eine neue Verfassung zu geben und einen neuen König zu wählen, schrieb etwa der venezianische Gesandte *Giustiniani* in einem Bericht: „Es zeigt sich immer mehr, daß das wahre und hauptsächlichste Ziel aller dieser Provinzen ist, eine Konföderation unter sich zu schließen und eine freie Regierung ähnlich jener der Schweizer und der holländischen Generalstaaten zu errichten, indem sie sich der Herrschaft des Hauses Österreich entziehen, oder diese so beschränken, daß nur noch der Name übrig bleibt."[10]

Europa war damals das Schlachtfeld eines gewaltigen Bürgerkrieges (oder vielmehr einer Abfolge von insgesamt durchaus zusammenhängenden kleineren und größeren Bürgerkriegen): zwischen jenen, die für die Freiheit des Glaubens und des Denkens, die Stärkung parlamentarischer Versammlungen und konstitutionellen Rechte, gegen Fürstenwillkür, für die Entfaltung neuer Wirtschaftsweisen und die Überwindung des Feudalismus standen; und jenen, die für ein Fürstentum von Gottes Gnaden, für die Unterdrückung und Ausrottung aller vom rechten römischen Glauben abweichenden Lehren, gegen Ständeversammlungen, Parlamente, Konstitutionen, sowie für die Errichtung oder Stärkung des fürstlichen Absolutismus eintraten. Die Konflikte wurden innerhalb der einzelnen Staatswesen und über ganz Europa hinweg ausgetragen; Sieg oder Niederlage, Stärkung oder Schwächung der einen oder anderen Partei bestärkte oder deprimierte die entsprechende Partei in anderen Ländern.

9 Ebd., 719.

10 Zitiert nach Hans Sturmberger: Aufstand in Böhmen. München, Wien: Oldenbourg 1959.

Für die Zeitgenossen war dies ein gewaltiger und lang andauernder Konflikt zwischen Zivilisation und Barbarei, zwischen Freiheit und Unterdrückung, zwischen protestantischer Glaubensvielfalt (die Andersgläubige und – etwa in den Niederlanden – auch Atheisten tolerierte) und römischer Zwangslehre, zwischen Selbständigkeit und Kreativität im Denken und sklavischer Unterwürfigkeit. Diejenigen, die für ein Zusammenleben in einer zivilisierten Gesellschaft eintraten, hofften, dass der durch die menschliche Arbeit in der neuen Wirtschaftsordnung erzeugte Reichtum auch den Vielen, die an seiner Erzeugung beteiligt waren, zugutekäme; sie setzten auf eine politische Ordnung, in der im Extremfall das allgemeine Wahlrecht gelten sollte; sie setzten auf eine demokratische Gestaltung der religiösen und der politischen Angelegenheiten.

5.2 Moderne Wissenschaft

> "It may be said that science could fully develop in modern Western civilization because early European capitalism was based on free labor."[11]
> *Edgar Zilsel*

Einigermaßen systematisch betriebene Wissenschaft hat zu ihrer Voraussetzung ein gewisses Maß an gesellschaftlichem Reichtum, an Überfluss, jenseits der einfachen Lebensbedürfnisse der Individuen (und damit verbunden: ein gesteigertes Ausmaß an gesellschaftlicher Arbeitsteilung). So gesehen ist Wissenschaft ein Luxus, den sich nur reiche Gesellschaften leisten können. Wissenschaft kann nur in einer relativ reichen Gesellschaft ausgeformt werden; gründlich, ausführlich, systematisch über die Welt und die Vorgänge in ihr (und deren Ursachen und Folgen) nachdenken zu können, ist ein soziales Privileg und setzt die Freisetzung von gewöhnlicher Arbeit voraus.

Wenn Handarbeit verachtet oder nur gering geschätzt wird (weil von Sklaven oder von leibeigenen oder jedenfalls abhängigen Bauern betrieben), dann wird kaum handwerklich experimentiert, sondern „rein" gedacht.[12]

11 Edgar Zilsel: The Sociological Roots of Science [1942]. In: The Social Origins of Modern Science. Dordrecht, Boston, London: Kluwer 2000, 19.

12 "Ancient civilization was based on slave labor and, in general, their patrons and representatives did not have occupations, but lived on their rents. In ancient opinion, therefore, logical deduction and mathematics were worthy of free-born men, whereas experimentation, as requiring manual work, was considered to be a slavish occupation. Archimedes himself gave expression to his contempt for manual labor and technology."
Edgar Zilsel: The Genesis of the Concept of Physical Law. In: The Social Origins of Modern Science. Dordrecht, Boston, London: Kluwer 2000, 103.
"...slavery makes the social contempt for manual work so strong that it cannot be overcome by the educated."

Die Methoden moderner Wissenschaft wurden nicht losgelöst von gewöhnlichen Arbeitsprozessen entwickelt, sondern in engem Zusammenhang damit. Dies geschah in Städten und in jenen Regionen Europas, in denen die Leibeigenschaft bereits überwunden worden war. Neue und landwirtschaftliche Produktionsmethoden, oder z. B. die Gewinnung von Land durch Trockenlegung von Sümpfen, durch Abdämmung gegenüber dem Meer ... wurden von freien, oder sich aus den herkömmlichen Feudalstrukturen emanzipierenden, Produzenten entwickelt bzw. angewendet. Gehobene Handwerker außerhalb der üblichen Zunftorganisationen experimentierten und suchten nach Erklärungen für Vorgänge, nach Ursachen und Wirkungen, nach Zusammenhängen (Geschützmeister; Hersteller von nautischen Instrumenten; Künstler, die Farbstoffe erzeugten ...).

Ob, in welchem Ausmaß und in welcher Weise Wissenschaft betrieben wird, hängt von der sozialen Lage der unmittelbaren Produzenten ab. Gelingt es, im Alltag Hand- und Kopfarbeit zu verknüpfen, schöpferische Elemente in die alltäglichen Arbeitsprozesse einfließen zu lassen, dann kann es auch zu einer Verbindung zwischen wissenschaftlicher Erkenntnis der Welt, technischen Neuerungen und der bewussten Gestaltung des gesellschaftlichen Lebens der Menschen kommen. Die moderne Wissenschaft ist so entstanden im Übergang von der feudalen zur kapitalistischen Produktionsweise in Europa, in der Zeit der Befreiung der landwirtschaftlichen Produktion aus der Feudalherrschaft.

Die Befreiung der unmittelbaren Produzenten aus den herkömmlichen Formen der Herrschaft und der Wirtschaftsweisen bedeutete auch die Möglichkeit – oder die enorm erweiterte Möglichkeit – eigenständiger Arbeit; Arbeit für sich selbst, zum je eigenen Nutzen und Vorteil; aber auch die Aussicht der Verbindung von individuellem mit einem allgemeinen Nutzen, die Aussicht auf die Verbesserung der allgemeinen Lebenslage. Befreite wie befreiende Arbeit zusammen ermöglichten eine neue Sicht der Welt, ein nicht länger notwendiges Resignieren im Diesseits, sondern eine verbessernde Gestaltung der diesseitigen Welt.

Die Erkenntnis der Welt gründet im neuzeitlichen Europa auf einer Vielfalt bruchstückhafter Unternehmungen im Zusammenhang mit und als Folge der Auflösung des mittelalterlichen Feudalsystems. Erst auf der Grundlage der Überwindung der Leibeigenschaft haben sich neue soziale Bewegungen, religiöse Reformation und neue Produktionsweisen von materiellen Gütern, ebenso wie von wissenschaftlichen Erkenntnissen und damit verknüpften Technologien, entfaltet.

Edgar Zilsel: The Sociological Roots of Science [1942] In: The Social Origins of Modern Science. Dordrecht, Boston, London: Kluwer 2000, 18.

Nicht theoretische Wahrheit, absolute Gewissheit auf der Basis von göttlicher Eingebung und Totalität der Welterkenntnis machen das Zeitalter der europäischen Moderne aus, sondern Fragment, Relativität und tätige Erkenntnis und Gestaltung der Welt durch menschliche Hand- und Kopfarbeit.

5.3 Erinnerungen an das Zeitalter der Moderne

> „**MODERN**, adj. und adv. nach heutiger weise, betont *modérn*, aus dem franz. moderne, das auf das spätlat. modernus zurückgeht, erst im 18. jahrh. übernommen, wo es NEHRING noch in franz. schreibung moderne, mit der erklärung ‚neu, neulich, nach der jetzigen Mode, facon, tracht, manier, art, weise oder gewohnheit' anführt; später ganz eingebürgert: *moderne art, moderner geschmack, die moderne kunst, wissenschaft,* u. ähnl.; *moderne sprachen*, im gegensatz zu den alten; *moderne bildung,* im gegensatz zu der auf der antike beruhenden; *moderne weltanschauung*, gegenüber der mittelalterlichen oder gläubig-christlichen; ..."
>
> *Deutsches Wörterbuch von Jakob und Wilhelm Grimm, 1885*

> "My dear fellow, modernity simply means democracy. And when once democracy has been forced on us there's no good protesting any longer."[13]
>
> *May Sinclair, 1904*

> „Die fortwährende Umwälzung der Produktion, die ununterbrochene Erschütterung aller gesellschaftlichen Zustände, die ewige Unsicherheit und Bewegung zeichnet die Bourgeoisepoche vor allen früheren aus. Alle festen eingerosteten Verhältnisse mit ihrem Gefolge von altehrwürdigen Anschauungen werden aufgelöst, alle neugebildeten veralten, ehe sie verknöchern können. Alles Ständische und Stehende verdampft, alles Heilige wird entweiht, und die Menschen sind endlich gezwungen, ihre Lebensstellung, ihre gegenseitigen Beziehungen mit nüchternen Augen anzusehen."[14]
>
> *Karl Marx und Friedrich Engels [1848]*

Die Moderne lässt sich keineswegs auf eine Summe von Kunstwerken und Lebensstilen des späten 19. und frühen 20. Jahrhunderts einschränken und auch nicht auf eine Vorstellung von permanenter Fortschrittlichkeit. Das Zeitalter der Moderne ist die gesamte Epoche der europäischen Neuzeit mit ihrer umfassen-

13 Zit. nach The Compact Edition of the Oxford English Dictionary. Oxford: Oxford University Press 1987, 1828.

14 Karl Marx and Friedrich Engels: Manifest der Kommunistischen Partei, in Werke. Band 4. Berlin: Dietz 1959, 465.

den Transformation der vorneuzeitlichen (mittelalterlichen, feudalen) Gesellschaften: mit sozialen Prozessen, die von den protestantischen Reformationen, den frühneuzeitlichen Revolutionen, der Entstehung des modernen Staates, der Durchsetzung der kapitalistischen Produktionsweise bis hin zu völlig neuen Formen wissenschaftlicher Tätigkeit und künstlerischer Produktion reichen.

Dabei entstand im späten 16. und frühen 17. Jahrhundert eine neue umfassende Lebensweise, eine sich auf alle Lebensbereiche erstreckende „Kultur der Moderne“, die sich von allen früheren Lebensweisen dadurch unterschied, dass nunmehr die bewusste Gestaltung der Welt durch menschliche Arbeit zum durchgängigen Prinzip und zur durchgängigen Praxis werden sollte und zeitweise auch gemacht wurde.

Charakteristisch für die Vorstellung von Neuzeitlichkeit, von Modernität, ist immer wieder die Vorstellung von der Möglichkeit der bewussten – geplanten – individuellen wie gesellschaftlichen Lebensgestaltung. Dies entstammt noch den Anfängen des Zeitalters der Moderne, der allmählichen Durchsetzung der kapitalistischen Produktionsweise im 16. und 17. Jahrhundert. Der Aufbruch in die neuen Zeiten bedeutete eine ungeheure Erweiterung der Lebenschancen und Lebensperspektiven, nicht nur für eine Minderheit, sondern für die große Zahl, für die Masse der Menschen; zugleich entstand die begründete Hoffnung auf ein glückliches Leben für alle Menschen.

Wissenschaft und Technik, Kopf- und Handarbeit, künstlerisches Schaffen, landwirtschaftliche, handwerkliche und industrielle Produktion wurden als zusammenhängende Tätigkeiten zum allgemeinen Wohl betrachtet, oder es wurde zumindest die Möglichkeit der Herstellung eines derartigen Zusammenhanges gesehen. Diese Vorstellung von der planvollen Gestaltbarkeit der Welt durch die Menschen konnte – trotz wiederholter Versuche – nicht wieder völlig ausgelöscht werden.

Allerdings hat der Kampf um „Neuzeitlichkeit“, um Modernität, nicht aufgehört; und zwar deswegen, weil der anfängliche Gesamtzusammenhang (oder die begründete Hoffnung auf die Herstellung eines Gesamtzusammenhanges) zwischen wirtschaftlicher, wissenschaftlich-technisch-künstlerischer, sowie politischer Entwicklung mit der Erwartung des allgemeinen Wohlstandes und Glücks der Menschen zerstört worden war.

Zwar erfolgte die Durchsetzung der kapitalistischen Produktionsweise und die damit verbundene Modernisierung, aber gleichzeitig wurde die konzipierte enge Verknüpfung von Weltauffassung, Wirtschafts- und Lebensweise, wurde umfassende Modernität in den Bereich der Träume, in die Sphäre der Kunst (insbesondere der Literatur), abgedrängt; in dieser Sphäre wurden die ursprünglichen Vorstellungen von der Moderne schließlich aufbewahrt. Im Bereich der Kultur, der Lebensweise, der künstlerischen Produktions- und Ausdrucksweise wurden die Kämpfe um die Moderne ausgetragen. Dabei sollte – und soll – die Erinnerung an die umfassenden Vorstellungen von der menschlichen Welterkenntnis und Weltgestaltung entweder endgültig ausgelöscht – oder gerettet und weiter verarbeitet werden.

Anti-modernistische Ideologien sind immer wieder verbunden mit Konzeptionen von Natürlichkeit, von ewigen, unwandelbaren Daseinsweisen, von dauerhaften Werten und Normen, von absoluten Wahrheiten, von der prinzipiellen Nicht-Planbarkeit (und den Unbilden schicksalhafter Ereignisse hilflos ausgesetzter) menschlicher Existenz.

Dabei geht es vor allem darum, die „negativen Begleiterscheinungen" der kapitalistischen Produktionsweise wie Säkularisierung, Industrialisierung, Urbanisierung, Demokratie, organisierte Interessenvertretungen der arbeitenden Klassen ... einzudämmen oder überhaupt zu beseitigen. Religiöse Fundamentalismen, neokonservative Besinnung auf moralische Werte sollen die – ohnehin beschränkten – Vorzüge des Lebens im Kapitalismus auch noch auslöschen.

6 Die Kultur des Buches, die Kultur der Arbeit und die Ursprünge der modernen Lehren von der Politik

6.1 Literarität und literarische Produktion für frühkapitalistische Märkte

Mit dem Aufkommen des Buchdrucks wurden die Bedingungen des Lesens und Schreibens wesentlich verändert; und zwar in engem Zusammenhang mit einer Reihe von sozialen Prozessen. Am Beispiel des Buchdrucks kann beobachtet werden, wie wenig eine technische Neuerung an und für sich zu bewirken vermag oder bewirken muss. Es hätte ohne Weiteres geschehen können, dass mithilfe der Druckerpressen zwar Bücher in etwas größerer Zahl als bisher erzeugt und vervielfältigt worden wären, doch diese wären eben Luxusgüter für wenige Reiche gewesen.

Es waren zum einen die religiösen und sozialen Erneuerungsbewegungen der protestantischen Reformation, die dem Buchdruck zu einer enormen gesellschaftlichen Bedeutung verhalfen, zum anderen aber jene ökonomischen Umwälzungen, die den Übergang zur kapitalistischen Produktionsweise ausmachten. Zunächst brach die protestantische Reformation mit der autoritären und monopolistischen Kontrolle des Wissens um die biblischen Texte und ihre Auslegung und trieb die Übersetzung der Bibel in die jeweilige Volkssprache und die weite Verbreitung dieser Bibelübersetzungen voran. Die neue Erfindung der Druckerpresse wurde in der Folge zum idealen Instrument dieses Vorhabens. Zugleich bestand auch ein wesentliches Interesse daran, die Fertigkeit des Lesens zu verbreiten.

Es erfolgten nicht nur der Druck und die Verbreitung von Bibelübersetzungen und religiösen Traktaten, sondern zunehmend auch (im Verlauf des 16. und mit Beginn des 17. Jahrhunderts) der Vertrieb von Schriften, die wissenschaftlich-technische Informationen zum Gegenstand hatten.

Die Angehörigen der im Westen Europas (in den Niederlanden und in England) ebenso wie in Zentraleuropa (in Böhmen und Mähren) entstehenden neuen Mittelklassen, bestehend aus autonomen Kleinproduzenten (nicht mehr leibeigene, sondern selbständige, freie Bauern; Handwerker, die versuchten die engen Beschränkungen der herkömmlichen Zunft-Regulierungen zu überwinden; Künstler-Ingenieure, die neue Maschinen und Instrumente für Bergbau und Navigation herstellten) sahen in der Überwindung und Beseitigung der feudalen Gesellschaftsordnung enorm gesteigerte Chancen für die Verbesserung der eigenen Lebenslage. Nicht länger sollten ererbte Vorrechte, adelige Abstammung, starre und unveränderbare politische, religiöse und wirtschaftliche Ordnungen der Entfaltung wahrhaft frommer, fleißiger, intelligenter, arbeitender Individuen hinderlich sein: daher galt es die traditionellen Monopole des Glaubens, Wissens und der wirtschaftlichen Vorrechte zu zerstören. Ein wesentliches Mittel dazu war die (für damalige Zeiten) massenhafte Verbreitung des bisher Wenigen vorbehaltenen Wissens um die göttlichen und menschlichen Angelegenheiten und um die Vorgänge in der Natur; und zur Verbreitung dieses Wissens dienten eben Druckschriften, die wiederum mit steigenden Auflagen zu gewinnbringenden Waren wurden.

In diesen Zusammenhängen entstand die neuzeitliche „Kultur des Buches" in Form der individuellen Lektüre verbunden mit der Kommunikation über diese Lektüre (etwa in den protestantischen Gemeinden, die zugleich auch Zentren neuer – demokratischer – Verhaltensweisen wurden, nämlich der Einübung in kollektive Diskussionen, Entscheidungsfindungen und Beschlussfassungen). Lesen zu können (die Fertigkeit des Lesens war damals keineswegs mit der des Schreibens verbunden) bedeutete für die einzelnen Menschen die Entdeckung und Erschließung einer neuen Welt, das Ende der Abhängigkeit von fremden Autoritäten, das Gewinnen von Eigenständigkeit; Eigenständigkeit im Denken, aber zugleich auch in der Chance der Verbesserung der Lebenslage.

Um Texte lesen, verstehen, weiterverarbeiten zu können, gar um Texte schreiben und Rechenoperationen durchführen zu können, bedarf es einer komplexeren und differenzierteren Ausbildung der intellektuellen und handwerklichen Fähigkeiten der Individuen, einer höherentwickelten Organisation der gesamten Persönlichkeitsstruktur. Das gesteigerte Vermögen zur individuellen Selbstorganisation führt auch immer wieder dazu, dass die einzelnen Menschen beginnen, ihre Vereinzelung zu überwinden, indem sie einsehen, in welchem Ausmaß gleichartige Interessen von zunächst isolierten Individuen bestehen; und indem sie diese Einsichten wiederum dazu verwenden, sich gemeinschaftlich, kollektiv, zu organisieren –, um so die gemeinsamen Interessen besser durchsetzen zu können.

Es ist daher kein Zufall, dass alle sozialen Bewegungen der Neuzeit (von der radikalen protestantischen Reformation bis hin zur Arbeiterbewegung) eng verknüpft waren mit Prozessen autodidaktischer, selbstorganisierter Bildung; mit dem massenhaften Erwerb von Lese-, und Schreib- und Rechenfähigkeit und damit verbundener (schriftlicher und mündlicher) Ausdrucks- und Kommunikationsfähigkeit; vor allem aber auch mit der daraus sich ergebenden – politischen – kollektiven Organisation der gemeinsamen Interessen der Individuen. (Übrigens bedeuten schon die gleichen Lesestoffe – insbesondere bei hohen Auflagen von Druckschriften – eine Art von – informeller – Organisation von an sich isolierten Individuen.)

Lesen und Schreiben, Erzeugung, Vertrieb und Konsum von Druckschriften hatten von Anfang an entscheidenden Anteil an der Entfaltung des Protestantismus, wie an der Durchsetzung des Kapitalismus.

Im Bereich der neuzeitlichen Literatur herrschten – zugespitzt formuliert – von Beginn an kapitalistische Verhältnisse: die neue Technologie der Druckerkunst; neue Gestaltung der Arbeits- und Entlohnungsverhältnisse; Schaffung, bzw. Erschließung neuer Märkte, eines neuen und zahlenmäßig zunehmenden Käuferpublikums, neue Vertriebssysteme.

Am besten lassen sich die neuen Formen der literarischen Produktion und Konsumption in den ökonomisch entwickelten Gesellschaften studieren, insbesondere in England. Ohne Verbreitung der Fertigkeit des Lesens können keine großen Geschäfte gemacht werden – ohne eine breite Produktpalette auch nicht: Bibelübersetzungen, religiöse Traktate, populärwissenschaftliche und volksbildnerische Schriften, technisch-handwerkliche Instruktionen, Mitteilung und Erfahrungsaustausch über Erfindungen und Entdeckungen, Kalender, Weissagungen, politische oder philosophische Abhandlungen und schließlich fiktionale Literatur – all das gehörte zur produzierten und durchaus gewinnträchtig verkauften Literatur im England des 16. und 17. Jahrhunderts.

In England hatten sich Gelehrte schon im 16. Jahrhundert bemüht, wichtige wissenschaftliche Werke der Vergangenheit ins Englische zu übersetzen und auf diese Weise einer breiteren Öffentlichkeit zugänglich zu machen. So wurde im Jahr 1546 *Polydor Vergils* „De Inventoribus Rerum" übersetzt, "to the end that also artificers and others, persons not expert in Latin, might gather knowledge and take pleasure by reading thereof". Aber auch neue wissenschaftliche Schriften und Lehrwerke wurden in englischer Sprache verfasst: *Robert Recorde* (gestorben 1558) schrieb mathematische Lehrbücher, alle in Englisch, die noch lange nach seinem Tod Neuauflagen und weite Verbreitung erlebten; die Leser konnten aus ihnen nicht nur Mathematik lernen, sondern auch rationales Denken: "it is meet for no man to be believed in all things, without showing of reason". Der große Gelehrte *John Dee* (1527–1608) schrieb 1570 ein Vorwort zu einer Euklid-Übersetzung, in dem er erklärte, diese Übersetzung sollte jenen *common artificers* helfen, die "[thanks to] their own skill and experience already had, will be able (by these good helps and informations) to find out and devise new works, strange engines and instruments: for sundry purposes in the commonwealth".[1]

George Hakewill äußerte im Jahre 1627 die Überzeugung, durch den Überseehandel und den Kompass wäre "the whole world made as it were one

1 Christopher Hill: Intellectual Origins of the English Revolution Revisited. Oxford: Clarendon Press 1997, 16–20.

Commonwealth, and the more distant nations, fellow citizens of the same body politic"; und er selbst bezeichnete sich als Weltbürger: "a citizen of the world".[2]

6.2 *Francis Bacon* und die Erneuerung der menschlichen Gelehrsamkeit

> „Der wahre Stammvater des englischen Materialismus und aller modernen experimentierenden Wissenschaft ist Baco. ... Die Wissenschaft ist Erfahrungswissenschaft und besteht darin, eine rationelle Methode auf das sinnlich Gegebene anzuwenden. Induktion, Analyse, Vergleichung, Beobachten, Experimentieren sind die Hauptbedingungen einer rationellen Methode. ...
> In Baco, als seinem ersten Schöpfer, birgt der Materialismus noch auf eine naive Weise die Keime einer allseitigen Entwicklung in sich. Die Materie lacht in poetisch-sinnlichem Glanze den ganzen Menschen an."[3]
>
> *Friedrich Engels & Karl Marx*

> „Bei der Handhabung des Begriffsmaterials durch Philosophie rede ich nicht ohne Absicht von Gruppierung und Versuchsanordnung, von Konstellation und Konstruktion. Denn die geschichtlichen Bilder, die nicht den Sinn des Daseins ausmachen, aber dessen Fragen lösen und auflösen –, diese Bilder sind keine bloßen Selbstgegebenheiten. Sie liegen nicht organisch in Geschichte bereit; es bedarf keiner Schau und keiner Intuition ihrer gewahr zu werden, sie sind keine magischen Geschichtsgottheiten, die hinzunehmen und zu verehren wären. Vielmehr: sie müssen vom Menschen hergestellt werden und legitimieren sich schließlich allein dadurch, daß in schlagender Evidenz die Wirklichkeit um sie zusammenschießt. ... sie sind handlich und faßlich, Instrumente der menschlichen Vernunft ... Sie sind Modelle, mit denen die ratio prüfend, probierend einer Wirklichkeit sich nähert... Man mag hier einen Versuch sehen, jene alte Konzeption der Philosophie wieder aufzunehmen, die Bacon formulierte ..."[4]
>
> *Theodor W. Adorno*

2 Christopher Hill: Puritanism and Revolution. London: Panther Books 1969, 147.
3 Friedrich Engels und Karl Marx: Die heilige Familie, oder Kritik der kritischen Kritik [1845]. In: Karl Marx/Friedrich Engels: Werke. Band 2. Berlin: Dietz 1969, 135.
4 Theodor W. Adorno: Die Aktualität der Philosophie. In: Gesammelte Schriften. Band 1. Frankfurt/M.: Suhrkamp 1973, 341.

> "To write at leisure what is to be read at leisure does not interest me.
> My concern is with life and human affairs and all their troubles and difficulties.
> It is these I wish to improve by true and wholesome thoughts."[5]
>
> *Francis Bacon*

Francis Bacon (1561–1626) hat in seinen Schriften die Trennung zwischen akademischer Gelehrsamkeit und dem Erfahrungswissen der Handwerker, der Künstler-Ingenieure überwunden. Dies war ein wichtiger Beitrag zur Entwicklung der modernen Wissenschaft.

Aber die Schriften *Bacons* waren wesentlich Ausdruck bestehender Tendenzen, sozialer Bewegungen und keineswegs – wie es Philosophie-Geschichtsschreibung gerne will – einsame Gedankenschöpfungen eines mehr oder weniger genialischen Philosophen. "Francis Bacon himself was always insistent that his philosophy was to be regarded not as the product of his individual wit, but as the product of his age."[6] Ihm ging es wesentlich darum, „zu einer vollständigen Erneuerung der Wissenschaften und Künste, überhaupt der ganzen menschlichen Gelehrsamkeit, auf gesicherten Grundlagen zu kommen".[7]

Er trachtete zwischen Sphären der Religion, der Politik und der Wissenschaft zu unterscheiden, um so der Entfaltung der Wissenschaft einen Freiraum zu verschaffen: „da aus einer ungesunden Vermischung des Göttlichen und Menschlichen nicht bloß eine phantastische Philosophie, sondern auch eine ketzerische Religion herauskommt", sei es „nur heilsam, wenn nüchternen Geistes dem Glauben nur das gegeben wird, was des Glaubens ist".[8] Denn einige Theologen „beziehen fälschlich das, was in der Bibel über die göttlichen Mysterien gegen diejenigen gesagt wird, die sich der göttlichen Geheimnisse bemächtigen wollen, auf das Verborgene der Natur. Das aber untersteht keinem Verbot".[9]

Das Ziel der Wissenschaft ist es, die Menschen durch neue Forschungen, Entdeckungen und Erfindungen in ihrem irdischen Dasein zu bereichern, ihr Leben zum Besseren hin zu gestalten. *Francis Bacon* weist daher darauf hin:

> "There is a powerful cause why the sciences have made but little progress. It is not possible to run a course rightly when the goal itself has been wrongly

5 Francis Bacon, zitiert nach: Benjamin Farrington: Francis Bacon. Philosopher of Industrial Science. New York: Collier Books 1961, 3.

6 Benjamin Farrington: Francis Bacon. Philosopher of Industrial Science. New York: Collier Books 1961, 33.

7 Francis Bacon: Das neue Organon. Berlin: Akademie-Verlag 1962, 4.

8 Ebd., 68.

9 Ebd., 100.

> set. Now the true and lawful goal of the sciences is simply this, that human life be endowed with new discoveries and powers."[10]

Es gehörte zum Ideal der frühneuzeitlichen Wissenschaft, dass sie ein kollektives Werk zu sein hatte, ein ständiger Gedankenaustausch zwischen den Gelehrten und Handwerkern, basierend auf einer Einheit von Kopf- und Handarbeit, zum Wohle der Menschheit insgesamt. Ein derartiges Verständnis von Wissenschaft und Technik, derartige Auffassungen von wahrhaft industrieller Arbeit muten heutzutage geradezu befremdend an; doch sie standen am Beginn der modernen Wissenschaft. *Francis Bacon* und viele seiner Zeitgenossen (unter den an der neuen Wissenschaft, das heißt an der Verbindung von Empirie und Experiment und theoretischer Erklärung, interessierten Handwerkern und Gelehrten) wünschten keine Wissenschaft losgelöst von den Fragen nach ihrem Nutzen für die Menschheit; im Gegenteil: geforscht und technisch umgesetzt sollte das werden, was das menschliche Leben besser gestalten konnte.

Und so war *Bacon* auch keineswegs ein Gelehrter, der versuchte, den Menschen seiner Zeit beizubringen, wie sie – entsprechend festgelegten Regeln – richtig Wissenschaft zu betreiben hätten; ausschlaggebend für die Richtigkeit wissenschaftlicher Arbeit sollte eben nicht mehr eine Orientierung an aristotelischer Logik sein, sondern das Kriterium der Praxis: die Menschen sollten lernen, kraft eigener Vernunft und nicht auf Grundlage fremder – und gar: antiker – Autorität zu handeln.

> "He was not proposing to teach men how to argue correctly, but how to invent new arts. He complains of the 'unkind and ill-starred divorce between the empirical and the rational faculty, which had thrown into confusion all the affairs of the human family'. He proposes to remarry them in the interest of human well-being. 'Out of this marriage', he writes, 'let us hope there may spring helps to man, and a line and race of inventions that may in some degree subdue and overcome the necessities and miseries of humanity'."[11]

Entscheidend ist eben das Kriterium der Praxis, die Bewährung eines jeglichen Denkens und Handelns an seinem Nutzen für die Menschen insgesamt.

> "In natural philosophy practical results are not only the means to improve human well-being. They are also the guarantee of truth. There is a true rule

10 Zitiert nach: Benjamin Farrington: Francis Bacon. Philosopher of Industrial Science. New York: Collier Books 1961, 60.

11 Benjamin Farrington: Francis Bacon. Philosopher of Industrial Science. New York: Collier Books 1961, 81 f.

> in religion, that a man must show its faith by his works. The same rule holds good in natural philosophy. Science too must be known by its works. It is by the witness of works, rather than by logic or even observation, that truth is revealed and established. It follows from this that the improvement of man's lot and the improvement of man's mind are one and the same thing."[12]

In den zu seiner Zeit bestehenden Bildungseinrichtungen, insbesondere in den Institutionen akademischer Gelehrsamkeit, sah *Francis Bacon* keine besonderen Chancen zur Förderung einer neuen Gelehrsamkeit. Er schrieb, eher resignierend:

> „Ferner findet man in den Gebräuchen und in den Einrichtungen der Schulen, Akademien, Kollegien und ähnlicher Kreise, die zum Sitz der Gelehrten und zur Pflege der Kultur bestimmt sind, daß hier alles dem Fortschritt der Wissenschaften feindlich ist. Die Vorlesungen und Übungen sind so eingerichtet, daß es niemandem so leicht einfällt, etwas anderes als das herkömmliche zu denken und zu betrachten. Falls nun einer doch von der Freiheit des Urteils Gebrauch machen will, so muß er sich dieser Mühe allein auf sich gestellt unterziehen; von einer Zusammenarbeit mit anderen wird er keinen Nutzen ziehen. Aber selbst, wenn er das auf sich nimmt, wird er bald die Erfahrung machen, daß dieser Eifer und dieser Großmut kein leichtes Hindernis für sein weiteres Fortkommen sind. Denn das Studium der Menschen ist an solchen Orten wie im Gefängnis auf die Schriften bestimmter Lehrer eingeschränkt. Falls jemand von ihnen abweicht, wird er sofort als ein Unruhestifter, der nach Neuerungen strebt, angepackt."[13]

In seinen (im Jahre 1597 erstmals in Buchform veröffentlichten) „Essays" – versuchsweisen Überlegungen zu Erkenntnis, Urteilsbildung, Verhalten und Handeln – schuf *Francis Bacon* eine neue Prosaform, die Gedankenexperimente im Geiste der neuzeitlichen Wissenschaft mit künstlerischer Ausdrucksweise vereinte. Die Themen dieser Versuche kennen noch keine Aufspaltung in prinzipiell verschiedene Bereiche der Erkenntnis: Gesellschaft, Natur, Religion, Politik, das alltägliche Leben – alles kann zum Gegenstand der Betrachtung, der Auseinandersetzung, werden. Es geht um experimentelles Denken und Handeln, auch wenn politische Klugheit und Vorsicht manchmal gebieten, das versuchsweise Handeln – ja auch nur dessen Empfehlung – zu unterlassen. So zum Beispiel, wenn es um Politik geht:

12 Ebd., 60.
13 Francis Bacon: Das neue Organon. Berlin: Akademie-Verlag 1962, 101.

> “It is good also not to try experiments in states, except the necessity be urgent, or the utility evident; and well to beware that it be the reformation that draweth on the change, and not the desire of change that pretendeth the reformation.”[14]

Der Politiker *Francis Bacon* weiß um die Gefahren in der Sphäre des Staates, aber immerhin analysiert er – in einer anderen Schrift – präzise, worüber wer welche Informationen haben sollte (vom Standpunkt der Herrschenden aus betrachtet):

> “Concerning Government, it is a part of knowledge secret and retired, in both these respects in which things are deemed secret; for some things are secret because they are hard to know, and some because they are not fit to utter. We see all governments are obscure and invisible ...”
>
> “But contrariwise, in the governors toward the governed, all things ought, as far as the frailty of man permitteth, to be manifest and revealed. ... the natures and dispositions of the people, their conditions and necessities, their factions and combinations, their animosities and discontents, ought to be ... clear and transparent.”[15]

Wissenschaft, oder Philosophie, ist eine umfassende Betätigung zum Zwecke der Erkenntnis und bewussten Gestaltung der Welt. Daher beschäftigt sich *Bacon* auch immer wieder mit Fragen des Lesens, des richtigen Lesens, und seiner Vorteile und Auswirkungen:

> “Read not to contradict and confute; nor to believe and take for granted; nor to find talk and discourse; but to weigh and consider. Some books are to be tasted, others to be swallowed, and some few to be chewed and digested: that is, some books are to be read only in parts; others to be read, but not curiously; and some few to be read wholly, and with diligence and attention.”[16]

Francis Bacon schreibt aus der Erfahrung des Höflings, in einer Zeit, in der abweichende oder im Augenblick gerade nicht opportune Meinungen äußerst gefährlich sein konnten; daher ist durchaus Vorsicht bei der weiteren Verbreitung von Lektüreerfahrungen angebracht. Die Welterkenntnis, die Bücher vermitteln, mögen den Individuen weiterhelfen, aber nur dann wirklich, wenn sie mit ihren Kenntnissen adäquat (zum eigenen Vorteil und Nutzen) umzugehen

14 Francis Bacon: Essays. London: Dent 1968, 74.

15 Francis Bacon: The Advancement of Learning. London: Dent 1965, 205 f.

16 Francis Bacon: Essays. London: Dent 1968, 150.

vermögen (und wenn sie die Erfahrungen anderer zu ihren eigenen zu machen imstande sind.

Die Auffassungen, die *Francis Bacon* bezüglich der Wissenschaft vertrat, waren nicht nur wichtig für England, sondern auch äußerst bedeutsam und einflussreich für einen auf dem europäischen Kontinent tätigen tschechischen Gelehrten, für *Jan Amos Komenský* (in der latinisierten Form des Namens: *Comenius*).

6.3 Die Lehren des *Jan Amos Komenský*

Jan Amos Komenský (in der latinisierten Schreibweise: *Comenius*) wurde im Jahre 1592 in dem mährischen Ort Nivnice nahe von Uherský Brod in Mähren geboren und starb 1670 im holländischen Exil. Böhmen und Mähren zählten in seiner Zeit zu den ökonomisch am höchsten entwickelten Regionen Europas, die Leibeigenschaft war – ähnlich wie in England – weitgehend beseitigt. *Jan Amos Komenský* hat in seinen Schriften das Programm einer Gesellschaft hinterlassen, in der die Menschen „ihre Werte besser kennen, sie sich vollständiger aneignen und sich so ihres Glückes wahrhafter erfreuen könnten".[17] Wissenschaft und Religion waren für ihn keine getrennten Bereiche; denn in der Tradition der revolutionären Hussiten, die von der Böhmischen Brüdergemeinde bewahrt wurde, war das Volk Gottes ein Volk von belesenen, gebildeten, selbständig denkenden und handelnden Individuen, die ihre Einsichten gemeinsam diskutierten und in demokratischer Form Beschlüsse über ihr Handeln fassten.

Im Zusammenhang mit derartigen anti-autoritären und anti-hierarchischen Traditionen haben die Menschen die Möglichkeit, ja die Aufgabe, die Welt aktiv umzugestalten; es gibt keine Trübung der menschlichen Denk- und Erkenntnisfähigkeit durch die sogenannte Erbsünde (jedenfalls keine, die nicht durch Bildung und Arbeit wettzumachen wäre)[18], die eine ständige Anleitung der Individuen durch kirchliche und/oder weltliche Obrigkeiten als notwendig begründete; und es ist auch nicht notwendig, dass die Menschen passiv in einem irdischen Dasein voller Opfer, Not und Elend verharren, um erst durch den Tod erlöst und einem besseren Jenseits zugeführt zu werden.

17 Zitiert nach: Franz Hofmann: Jan Amos Comenius. Lehrer der Nationen. Leipzig, Jena, Berlin: Urania-Verlag 1975, 96.

18 Bei Comenius heißt es: „Schändlich und ruchlos ist es und ein augenscheinliches Zeichen der Undankbarkeit, wenn wir immer auf unsere Verderbnis hinweisen und die Begnadigung verhehlen ..."
Johann Amos Comenius: Große Unterrichtslehre. Wien und Leipzig: A. Pichler's Witwe & Sohn 1912, 40.

Derartige Vorstellungen haben es auch immer wieder ermöglicht, mutwillige Streitigkeiten um die Details des rechten Glaubens zu vermeiden und stattdessen das gemeinsame Werk aller Menschen guten Willens zum Zwecke der Herstellung des „neuen Jerusalems", des „neuen Himmels" und der „neuen Erde", einer Gesellschaft des Glücks und Friedens für alle Menschen, zu propagieren: wer immer an diesem gemeinsamen Werk Anteil hatte, gehörte zum Volk Gottes.

Für *Comenius* stellten der Erwerb von Kenntnissen und Fertigkeiten, sittliches Handeln und religiöse Frömmigkeit eine harmonische Einheit dar, die es eben beim Menschen herzustellen galt:

> „Wenn wir Gott, dem Nächsten und uns selbst dienen wollen, so müssen wir in Rücksicht auf Gott Frömmigkeit, in Rücksicht auf den Nächsten Sittlichkeit und in Rücksicht auf uns selbst Wissenschaft besitzen. Indes ist dies alles untereinander so verknüpft, daß, wie der Mensch zu seinem eigenen Vorteile nicht bloß gebildet, sondern auch gesittet und fromm sein soll, ihm auch zum Besten des Nächsten nicht bloß gute Sitten, sondern auch Wissenschaft und Frömmigkeit dienen, ebenso wie zur Ehre Gottes nicht nur die Frömmigkeit, sondern auch Wissenschaft und gute Sitten beitragen sollen."[19]

Der Mensch ist bei *Comenius* nicht bereits – gleichsam von Natur aus – Mensch, „er kann nur Mensch werden, wenn er erzogen wird": „Niemand glaube daher, daß jemand wirklich Mensch sein könnte, wenn er nicht gelernt hätte, als Mensch zu handeln, d. h. wenn er nicht zu dem, was den Menschen ausmacht, gebildet worden wäre."[20] Daher sollen auch alle Menschen gebildet werden, und zwar alle in gleicher Weise: „Nicht nur die Kinder der Reichen oder der Vornehmen, sondern alle in gleicher Weise, Adelige und Bürgerliche, Reiche und Arme, Knaben und Mädchen, in großen und kleinen Städten, in Flecken und Dörfern, sind zur Schule heranzuziehen".[21]

Comenius ist ein vehementer Gegner der bis heute grassierenden Begabungslehren; Beobachtung und Erfahrung sagen ihm, dass die prinzipielle Gleichheit der Menschen auch die individuellen Besonderheiten beinhaltet: die einen lernen rascher und in früherem Alter, andere langsamer und später; was nicht ausschließt, „daß Leute, welche von Natur entschieden langsam waren, sich in den Wissenschaften solche Kenntnisse aneigneten, daß sie die Talentvollen noch überholten": „Es läßt sich auch kaum eine solche Ungunst der natürlichen Anlagen denken, daß ihr die Ausbildung gar keine Besserung bringen könnte."[22]

19 Ebd., 59 f.
20 Ebd., 42.
21 Ebd., 54.
22 Ebd., 55.

Wiederholt betont *Comenius*, dass auch und gerade für Mädchen die Schulen zugänglich gemacht, ja der Zugang zu wissenschaftlicher Gelehrsamkeit eröffnet werden soll.

Überhaupt tritt er dafür ein, „daß in den Schulen alle in allem zu unterrichten seien".[23] Bis heute wird dagegen von jenen, die den Zugang zu wissenschaftlichen Kenntnissen und zu höherer Bildung auf die möglichst kleine Zahl der vorgeblich Begabten, bzw. auf die Angehörigen der vorgeblichen Elite eingeschränkt sehen möchten, eingewendet, dies bedeute wohl das Erlernen einer ungeheuren Menge von Unterrichtsstoff. *Comenius* selbst hat allerdings immer betont:

> „Dies ist jedoch nicht so zu verstehen, als ob wir von allen die Kenntnis aller Wissenschaften und Künste (zumal eine vollkommene und ganz genaue) verlangten; dies ist nämlich weder an sich nützlich noch bei der Kürze unseres Lebens irgend jemandem möglich. ... Damit jedoch alle von dem Hauptsächlichsten, was ist und geschieht, die Grundlagen, Ursachen und Ziele kennen lernen: werden alle in die Welt hinausgeschickt, und zwar nicht bloß als Beobachter, sondern auch als künftige Mithandelnde."[24]

Es geht insgesamt um eine praxisorientierte wissenschaftliche Erkenntnis der Welt, ebenso wie um eine praxisorientierte umfassende Bildung; gleichzeitig aber geht es um eine kollektive Organisation des Erwerbs von Kenntnissen und Fertigkeiten wie um eine kollektive Organisation ihrer Anwendung zum Zwecke der Gestaltung der Natur und Gesellschaft. Nicht der einzelne Mensch kann und soll für sich privat irgendwelche ungeheuren Wissensmengen anhäufen, sehr wohl aber die Menschen in ihrer Gesamtheit zum Wohlergehen aller: „Überhaupt soll man dafür sorgen und es dahin bringen, daß niemandem auf dieser Welt etwas so Unbekanntes vorkomme, daß er darüber nicht einigermaßen urteilen und dasselbe nicht zu einem bestimmtem Zwecke klug und ohne schädlichen Irrtum verwenden könnte."[25]

Die Grundlagen für all diese Vorstellungen des *Comenius* bilden sein radikaler Empirismus sowie die Annahme einer prinzipiell unbeschränkten Erkenntnisfähigkeit der Menschen, die wiederum in der Auffassung vom Menschen als Ebenbild Gottes wurzelt:

> „Es ist offenbar, daß jeder Mensch zur Erlangung der Kenntnis aller Dinge geeignet geboren wird; denn ... er ist das Ebenbild Gottes. Wenn aber

23 Ebd., 57.
24 Ebd., 57 f.
25 Ebd., 58.

ein Bild mit Sorgfalt gemacht ist, so gibt es notwendigerweise die Züge des Urbildes wieder, oder aber es ist kein Bild. Da nun unter den übrigen Eigenschaften Gottes die Allwissenheit hervorragt, so muß notwendigerweise etwas dem Ähnliches im Menschen hervorleuchten. Und warum nicht? Es steht gewiß der Mensch inmitten der Werke Gottes, den lichtvollen Geist besitzend, der einem im Zimmer aufgehängten kugelförmigen Spiegel vergleichbar ist, der aller Dinge Bilder aufnimmt – aller, sage ich, rund umher. Denn unser Geist erfaßt nicht bloß das Naheliegende, sondern bringt auch das Entfernte (örtlich wie zeitlich) sich näher, erhebt sich zu steilen Anhöhen, spürt dem Verhüllten nach, enthüllt das Verborgene und beschäftigt sich sogar mit dem Untersuchen des Unerforschlichen: – bis dahin ist es unbegrenzt und unendlich. Mögen dem Menschen tausend Jahre gewährt werden, in denen er stets etwas hinzulernt, indem er eins aus dem anderen begreift: er wird immer noch etwas finden, was er in sich aufnimmt; von so unerfüllbaren Fassungsvermögen ist der Menschengeist, daß er in seinem Erkennen geradezu das Bild eines Abgrundes darstellt. Unser Körperchen wird durch sehr enge Grenzen bestimmt. Die Stimme geht ein wenig weiter; das Gesicht begrenzt des Himmels Höhe, dem Geiste aber kann weder im Himmel noch irgendwo außerhalb desselben eine Grenze gesetzt werden: wie über der Himmel Himmel, so in der Abgründe Abgrund erhebt er sich und stürzt sich wieder hinab, und wenn sie tausendmal weiter wären, als sie sind, er würde sie doch mit unglaublicher Schnelligkeit durchdringen. Und wir wollten leugnen, daß ihm alles zugänglich wäre? leugnen, daß er fähig wäre, alles zu fassen?“[26]

In seinen erkenntnistheoretischen Überlegungen geht *Comenius* zunächst von der menschlichen Fähigkeit der sinnlichen Wahrnehmung aus:

„Außerdem sind der uns innewohnenden vernünftigen Seele Werkzeuge beigegeben, gleichsam wie Boten und Kundschafter, durch deren Dienstleistung jene alles, was außer ihr ist, verfolgt: Gesicht, Gehör, Geruch, Geschmack, Getast, so daß von dem, was nur immer an Geschöpfen ist, ihr nichts verborgen sein kann. Da nun also die sichtbare Welt nichts hat, was nicht gesehen, gehört, gerochen, geschmeckt, getastet werden könnte, und man darnach unterscheiden kann, was und welcher Art es sei: so folgt daraus, daß die Welt nichts enthält, was der mit Sinnlichkeit und Vernunft begabte Mensch nicht fassen könnte.“[27]

26 Ebd., 32.
27 Ebd., 33.

Sinnliche Erfahrung ist Voraussetzung für vernünftige Erkenntnis und diese wiederum Voraussetzung für vernünftiges Handeln: „weil wir weder etwas ins Werk setzen / noch vernünftig ausreden können / wann wir nicht zuvor alles / was zu thun oder wovon zu reden ist / recht verstehen lernen. Es ist aber nichts in dem Verstand / wo es nicht zuvor im Sinn gewesen.“[28]

Auf diesen Grundlagen aber baute *Comenius* auch seine pädagogischen Konzeptionen auf. Dabei kritisierte er am bestehenden Unterrichtswesen den Mangel an empirischer Orientierung ebenso wie jene Erziehungsmethoden und Unterrichtsinhalte, die das Interesse der Schüler an der Sache, an den zu vermittelnden Kenntnissen zerstörten, statt es zu fördern. *Jan Amos Comenius* erhoffte sich von einem künftigen Schulsystem,

> „daß man nicht zu einer glänzenden, sondern zu einer wahren, nicht zu einer oberflächlichen, sondern zu einer gediegenen Bildung erzogen werde; d. i. das vernünftige Geschöpf, der Mensch, soll gewöhnt werden, sich nicht durch eine fremde, sondern durch die eigene Vernunft lenken zu lassen, über die Dinge nicht bloß fremde Meinungen in den Büchern zu lesen und einzusehen oder auch gedächtnismäßig festzuhalten und herzusagen, sondern selbständig zu den Wurzeln der Dinge vorzudringen und deren wahres Verständnis sowie den Gebrauch derselben sich anzueignen.“[29]

In den Texten *Comenius*’ finden wir das Konzept einer umfassenden Aufklärung in praktischer Absicht, geprägt von den folgenden Prinzipien:

- Der Mensch ist vernünftiger Erkenntnis fähig.
- Die Welt ist für den Menschen gestaltbar und veränderbar (wobei unter „Welt“ ebenso Natur wie menschliche Gesellschaft zu verstehen ist).
- Primat der Diesseitigkeit: Ein Glauben an ein besseres Jenseits schließt die Herstellung seines paradiesischen Ebenbildes hier und jetzt nicht aus.
- Wissenschaft und Bildung sind Angelegenheit möglichst aller Menschen, und auch nicht als Selbstzweck, sondern zum Wohle aller Menschen zu betreiben.

Wissenschaft, Bildung und gesellschaftsverändernde Praxis fallen bei *Comenius* zusammen; daher ist Erziehung auch nicht als eine zur Anpassung an bestehende Verhältnisse gedacht, sondern soll zur Verbesserung des menschlichen Daseins dienen. Von 1645 an bis zu seinem Tode 1670 arbeitete *Jan Amos Co-*

28 Jan Amos Comenius: Orbis sensualium pictus [1658]. Dortmund: Harenberg 1978, 6.
29 Johann Amos Comenius: Große Unterrichtslehre. Wien und Leipzig: A. Pichler’s Witwe & Sohn 1912, 67.

menius an einem Werk, das er „Allgemeine Beratung über die Verbesserung der menschlichen Dinge“ betitelte; und so wie allen alles gelehrt werden soll, werden auch alle eingeladen, an diesem pansophischen Werk, am Werk der gemeinsamen Gestaltung der Welt, mitzuarbeiten:

> „Wir wollen dies, daß man bei der Verwirklichung eines pansophischen Werks alle zuläßt, sage ich, und alle anhört, was sie auch immer Gutes bringen, alle, die zu den Fragen der Frömmigkeit, der Moral, zu Wissenschaft und Kunst etwas zu sagen haben oder gehabt hatten, ohne Rücksicht darauf, ob sie Christen oder Mohammedaner, Juden oder Heiden sind und welcher Gruppierung sie unter diesen auch immer angehören, alle, Pythagoreer, Akademiker, Peripatetiker, Stoiker, Essäer, Griechen, Römer, Klassiker und Moderne, Doktoren oder Rabbiner.“

Sowohl die Anhänger der verschiedenen religiösen und philosophischen Strömungen als auch die Angehörigen aller sozialen Klassen, Männer und Frauen, sind zur Mitarbeit eingeladen. *Comenius* hatte einst selbst die Frage gestellt, wozu die Realisierung seiner Vorhaben führen könnte:

> „Wenn jemand sagen würde: Was soll daraus werden, wenn Handwerker, Bauern, Lastträger, ja sogar die Weibsbilder Gelehrte werden?
>
> Antwort: Das wird werden, daß, wenn diese allgemeine Ausbildung der Jugend mit den rechten Mitteln eingeleitet wird, es keinem von allen an einem edlen Stoffe für sein Denken, Sinnen und Trachten fehlen wird. Alle werden es wissen, wie die Handlungen und Strebungen des Lebens geregelt werden sollen, zwischen welchen Schranken man einherzugehen und wie ein jeder seine Stellung zu behaupten habe. Überdies werden sich alle, selbst unter Mühe und Arbeit, durch Betrachtung der Worte und Taten Gottes erfreuen und die dem Fleisch und Blut gefährliche Muße durch häufiges Lesen in der Bibel und anderen guten Büchern vermeiden. Und damit ich es kurz sage, sie werden lernen, Gott überall zu erkennen, überall zu preisen, überall zu umfassen und auf diese Weise dieses kummervolle Leben angenehm hinzubringen, und mit größerer Begierde und Hoffnung das ewige erwarten. Oder sollte nicht ein solcher Zustand der Kirche hienieden uns das Paradies, wie man es unter dem Himmel nur haben kann, darstellen?“[30]

30 Ebd., 57.

6.4 Exkurs über die Entstehung des Konzepts von der politischen Neutralität und der Objektivität der Wissenschaft

Mit der heute üblichen Vorstellung von Wissenschaft werden das Konzept der Objektivität der wissenschaftlichen Erkenntnis und das der politischen Neutralität verbunden. Dies ist keineswegs immer so selbstverständlich gewesen, wie es nunmehr erscheint. Voraussetzung für die Vorstellung von der unpolitischen und objektiven wissenschaftlichen Erkenntnis war die Verdrängung jener Zielsetzungen und Praktiken der frühneuzeitlichen Wissenschaft in Europa, die durch die neuartige Verknüpfung von Kopf- und Handarbeit, durch die autodidaktisch geprägte Gelehrsamkeit von Handwerkern gekennzeichnet gewesen war.

Nach der Englischen Revolution von 1640 bis 1660 und infolge der Restauration des Königshauses der Stuarts wurde eine unpolitische Gelehrsamkeit propagiert, die sich der Einmischung in religiöse und moralische Angelegenheiten zu enthalten trachtete. Jegliche Erinnerung an soziale Bewegungen, an plebejischen Eigensinn, an Untergrabung herkömmlicher Autorität, an Aufruhr und Revolution sollte vergessen gemacht werden. Sehr deutlich wird all das im Zusammenhang mit der Gründung einer gelehrten Gesellschaft zur Förderung naturwissenschaftlicher Erkenntnisse unter dem Schutz des Königs. In einem Entwurf für die Statuten dieser Gesellschaft aus dem Jahre 1663 heißt es:

> “The Business and Design of the Royal Society is: To improve the knowledge of natural things, and all useful Arts, Manufactures, Mechanick practices, Engynes and Inventions by Experiments – (not meddling with Divinity, Metaphysics, Moralls, Politicks, Grammar, Rhetorick, or Logick).”[31]

Und *Thomas Sprat* schrieb in seinem 1667 erschienenen Werk „The History of the Royal Society of London for the Improving of Natural Knowledge“ über die Aufgaben dieser wissenschaftlichen Gesellschaft:

> “Their purpose is, in short, to make faithful *Records*, of all the Works of *Nature*, or *Art*, which can come within their reach: that so the present Age, and posterity, may be able to put a mark on the Errors, which have been strengthened by long prescription: to restore the Truths, that have lain neglected: to push on those, which are already known, to more various uses: and to make

31 Zitiert nach: Gernot Böhme u. a.: Experimentelle Philosophie. Frankfurt/M.: Suhrkamp 1977, 140.

> the way more passable, to what remains unreveal'd. This is the compass of their Design. And to accomplish this, they have indeavor'd, to separate the knowledge of *Nature*, from the colours of *Rhetorick*, the devices of *Fancy*, or the delightful deceit of *Fables*. ... They have attempted, to free it from the Artifice, and Humors, and Passions of Sects; to render it an Instrument, whereby Mankind may obtain a Dominion over *Things*, and not onely over one anothers *Judgements*."[32]

So sympathisch die Versachlichung der wissenschaftlichen Betätigung zunächst auch erscheinen mag, so ist sie im konkreten historischen Zusammenhang Ergebnis eines opportunistischen Unterfangens gewesen, sowie einer Tendenz, Wissenschaft zum Betätigungsfeld gelehrter Gentlemen zu machen. Die Hervorhebung von Sachlichkeit, Unaufgeregtheit, Objektivität und politischer Enthaltsamkeit in der Wissenschaft, die seit dem 17. Jahrhundert gängig ist, sollte nicht einfach als wahr und richtig hingenommen, sondern immer wieder von Neuem auf ihre sozialen Funktionen hin untersucht werden.

6.5 Eigentum und Politik in den Debatten des englischen Parlaments (1641/42) und das Entstehen einer neuen Vorstellung von Politik

> "When two names, so sacred in the English constitution, as those of KING and PARLIAMENT, were placed in opposition to each other; no wonder the people were divided in their choice, and were agitated with the most violent animosities and factions.
> The nobility and more considerable gentry, dreading a total confusion of ranks and orders from the fury of the populace, ranged themselves in defence of the monarch ... And while they passed their time mostly at their country-seats, they were surprised to hear of opinions prevailing, with which they had ever been unacquainted, and which implied, not a limitation, but an abolition almost total, of monarchical authority.
> The city of London on the other hand, and most of the great corporation, took part with the parliament, and adopted with zeal those democratical principles, on which the pretensions of that assembly were founded.
> The government of cities, which, even under absolute monarchies, is commonly republican, inclined them to this party: The small hereditary influence, which can be retained over the industrious inhabitants of towns; the natural independence of citizens; and the force of popular currents over those more numerous associations of mankind; all these causes gave,

32 Thomas Sprat: History of the Royal Society. London: Routledge & Kegan Paul 1966, 61 f.

> there, authority to the new principles propagated throughout the nation. Many families too, which had lately been enriched by commerce, saw with indignation, that, notwithstanding their opulence, they could not raise themselves to a level with the ancient gentry: They therefore adhered to a power, by whose success they hoped to acquire rank and consideration. And the new splendour and glory of the Dutch commonwealth, where liberty so happily supported industry, made the commercial part of the nation desire to see a like form of government established in England."[33]
>
> *David Hume*

Die Debatten im Unterhaus des englischen Parlaments im Jahr 1641 sind sehr schöne Beispiele dafür, wie theoretische Einschätzungen gesellschaftlicher Vorgänge im Zusammenhang mit der Wahrnehmung sozio-ökonomischer Interessen und ihrer machtpolitischen Umsetzung entstehen und entfaltet werden. Der englische König, *Charles I.*, hatte nach diversen Konflikten mit dem Parlament (das ihm nicht ohne Weiteres die von ihm gewünschten Steuern bewilligen wollte) einfach ohne Zustimmung des Parlaments Abgaben eingehoben und auch in religiösen Angelegenheiten ein zunehmend repressives Regime eingeführt: alles schien auf ein ähnliches absolutistisches Herrschaftssystem hinauszulaufen, wie es etwa von den österreichischen Habsburgern mit ihren gegenreformatorischen Maßnahmen (verbunden mit Schwächung oder Ausschaltung der Ständeversammlungen) in Angriff genommen worden war. Im Jahr 1640 versuchte *Charles I.* aber, das englische Kirchensystem auch den calvinistischen Schotten aufzuzwingen. Dieser Versuch endete mit einer schweren militärischen Niederlage, in deren Folge der König wieder das Parlament einberufen musste, das daran ging, eine konstitutionelle Neuordnung zu schaffen.

Die erste Phase der Auseinandersetzung des Parlaments mit der Krone (1640/41) hatte mit einem vollen Erfolg des Parlaments, insbesondere des House of Commons, geendet. Erreicht wurde eine Reihe von weitgehenden konstitutionellen Neuerungen. Dazu gehörten die rechtliche Absicherung gegen die willkürliche Auflösung des Parlaments durch den König, regelmäßige Parlamentssitzungen, Bewilligung von Steuern und Abgaben durch das Parlament sowie Garantien der Sicherheit der Person und des Eigentums vor willkürlichen Eingriffen durch die Krone. Charakteristisch schon für diese erste Phase waren die Versuche von Parlamentariern, Unterstützung außerhalb des Parlaments gegen den König und seine Anhänger zu erlangen, oder sich mit Aktionen außerhalb des Parlaments zu verbünden: Demonstrationen, Sammlung von Unterschriften für Eingaben an das Parlament, Delegationen aus den Grafschaften, die Forderungen an das Parlament überbrachten, waren Formen,

33 David Hume: The History of England, Vol. v [1778]. Indianapolis: Liberty Fund 1983, 386 f.

in denen der Wille des Volkes zum Ausdruck gebracht wurde. Darüber hinaus hatte der Rekurs eines Teils der Parlamentarier auf das Volk, beziehungsweise ihr Bündnis mit ihm, dazu geführt, dass die Auseinandersetzungen bereits weit über die Meinungsverschiedenheiten einiger Hundert mehr oder weniger privilegierter Adeliger und Kaufleute und dem König hinausgingen.

Von dieser „Volksbewegung" außerhalb des Parlaments kann allgemein gesagt werden, dass in ihr zunächst die Interessen von autonomen Kleinproduzenten in Stadt und Land ihren Ausdruck fanden: Handwerker und kleine Kaufleute, die für eine demokratischere Organisation der Zünfte, für mehr Mitsprache bei den Stadtregierungen eintraten; Bauern, die sich für ein größeres Maß an lokaler Selbstbestimmung, für die Sicherung ihrer politischen Rechte und ihres Eigentums einsetzten. Für sie alle bestand noch der Traum der freien ökonomischen Entfaltung, sie waren jene Mittelklassen, für die die Beseitigung obrigkeitlicher Regulationen und Eindämmung der Zunft-Privilegien und -monopole identisch war mit der Hoffnung auf individuellen Wohlstand. Auch für jene Angehörigen der unteren Klassen (Lohnarbeiter, ein Teil der Lehrlinge), die ebenfalls die Volksbewegung ausmachten, bestand Hoffnung, dass bei prosperierender Wirtschaft eine Verbesserung ihrer Lage eintreten würde: Beseitigung der Lohnregulierungen, bessere Arbeitsbedingungen, mehr Möglichkeiten, Arbeit zu finden.

Am 8. Februar 1641 begann im House of Commons die Debatte darüber, wie mit einer im Dezember 1640 mit 15.000 Unterschriften eingebrachten Petition (der „London Petition" oder auch „Root and Branch Petition"), mit Forderungen nach einer radikalen Neuordnung der Kirchenverfassung samt Abschaffung des Bischofsamtes, weiter verfahren werden sollte.

In dieser Diskussion wird der Zusammenhang zwischen religiösen, politischen, sozialen und ökonomischen Fragen recht deutlich erkennbar. Es ist die Furcht vor der Bedrohung des Eigentums, die bei den Parlamentariern Interessengegensätze und Unterschiede des politischen Verhaltens auslöst.

Einer der Debattenredner, *George Digby*, spricht sich gegen die Abschaffung der Bischöfe aus; nicht aus religiösen Gründen, sondern weil er die politischen und sozialen Folgen dieser Maßnahme fürchtet und weil er die Art und Weise, wie die Petition dem Parlament präsentiert worden ist, für bedenklich hält. *Digby* verteidigt nicht die Würden, die Güter, die Privilegien der Bischöfe; er ist durchaus für Kirchenreformen:

> "Let us not destroy Bishopps, but make Bishopps such as they were in the Primitive Times.
>
> Doe their large Territories, their large Revenues offend? Let them be retrencht, the good Bishop of Hippo had but a narrow Diocese. Doe their

> Courts and subordinates offend? Let them be brought to Governe, as in the Primitive times, by Assemblies of their Clergie.
>
> Doth their intermedling in secular affaires offend? Exclude them from the capacity, it is no more than what reason and all antiquity hath interdicted them."

Sollte jedoch das Bischofsamt überhaupt beseitigt werden, dann, meint er:

> "I am confident, that instead of every Bishop wee put downe in a Diocese, wee shall set up a Pope in every Parish."

Denn:

> "I do not thinke a King can put downe Bishopps totally with safety to Monarchy; not that there is any such Allyance as men talke twixt Myter and the Crown, but from this reason; that upon the putting downe of Bishopps, the Government of Assemblies is likely to succeed it."

Daher schlägt *Digby* abschließend vor:

> "This things considered ... let us lay aside all thoughts of such dangerous, such fundamentall, such unaccoplished Alterations: & all thoughts of countenancing those thoughts in others;
>
> let us all resolve upon that course wherein (with union) wee may probably promise our selves, successe, happines, and security, that is in a thorough Reformation."[34]

Diesen Äußerungen entgegnet ein anderer Abgeordneter, *Nathaniel Fiennes*, Folgendes:

> "... if a multitude find themselvs agreived, why it should be a fault in them to expresse their grievances more than in one, or a few, I cannot see, nay, to mee it seemes rather a reason that their Petitions should bee committed, and taken into serious consideration, for thereby they may receive satisfaction, though all be not granted that they desire.
>
> But if we shall throw their Petition behinde the doore, and refuse to consider it, that it may seeme an act of will in us. And whether an act of will in us, may not produce an act of will in the people, I leave it to your consideration. Sure I am, acts of will are more dangerous there than here, because usually they are more tumultuous."[35]

34 The Third Speech of the Lord George Digby, To the House of Commons, Concerning Bishops, and the Citie Petition. British Museum E.196 (30).

35 Speech of the Honourable Nathaniel Fiennes (second Son of the right Honourable the Lord Say), in answer to the Third Speech of the Lord George Digby. British Museum E. 196 (32).

Das entscheidende Argument von *Fiennes* ist die Drohung mit dem Volk, und es fällt auf, dass er den Willen der großen Zahl prinzipiell für bedeutsam hält: Gesetze könnten geändert werden, wenn nur viele es wünschten – die Entscheidungen darüber, ob bestehende Gesetze abgeändert werden sollten, sind allerdings Angelegenheit des Parlaments ("consideration is one thing, and alteration another"). Die Rede von *Nathaniel Fiennes* ist ein Musterbeispiel dafür, wie diverse Aktivitäten aus dem Volk von einem Teil der Abgeordneten zur Durchsetzung bestimmter Ziele instrumentalisiert werden, gleichzeitig aber die Kontrolle darüber, was wirklich zu geschehen habe, im House of Commons verbleibt.

Ein weiterer Abgeordneter (der sich später dem König anschließen wird), *Edmund Waller*, analysiert treffend die Gefahren der „Root and Branch Petition" für die herrschende Klasse:

> "I look upon Episcopacy as a Counter-scarf, or outwork, which if it be taken by this assault of the people, and with all this Mysteries revealed, that we must deny them nothing when they aske it thus in troopes, we may in the next place, have as hard a taske to defend our propriety, as we have lately had to recover it from the prerogative. If by multiplying hands, and petitions, they prevail for an equality in things Ecclesiasticall, this next demand perhaps may be *Lex Agraria*, the like equality in things Temporall."

Es ist auffallend, dass hier keine theologischen Dispute ausgetragen werden, sondern recht offen über soziale und politische Funktionen von religiösen Institutionen debattiert wird; und über die Gefahren der Volksbewegung(en) draußen, außerhalb des Parlaments. Gerade *Edmund Waller* macht auch deutlich, dass es weder Sinn hat, über Bibelstellen zu diskutieren, noch einfach nachzugeben; jede Nachgiebigkeit, jedes Zugeständnis könnte weitergehende Forderungen auslösen.

> "There are two reasons chiefly alleged against our Church Government. First Scripture, which (as some Men thinks) points out another form.
>
> Secondly, the Abuses of the present Superiors.
>
> For Scripture I will not dispute it in this place, but I am confident that when ever an equall division of Lands and Goods shall be desired, there will be as many places in Scripture found out, which seem to favour that, as there are now alleged against the Prelacy or preferment in the Church. And as for abuses, where you are now in the Remonstrance told, what this and that poor man hath suffered by the Bishops, you may be presented with a thousand Instances of poor Men, that have received hard measure from

> their Land-Lords, and of worldly Goods abused, to the injury of others, and disadvantage of the Owners ..."[36]

Es gab Parlamentarier, die in der Religion ein Mittel zum Zweck der Sicherung der wirtschaftlichen, sozialen und politischen Stellung der oberen Klassen sahen und daher eine Abschaffung des Bischofsamtes als Vorstufe für die Abschaffung des Königtums und diese wiederum als Vorstufe für die Forderung nach Gütergleichheit, betrachteten. Diese Parlamentarier kamen aber auch zunehmend zu der Überzeugung, dass Volksbewegungen nicht nur die Position des Königs bedrohten und einschränken halfen, sondern eine Gefahr für sie selbst darstellten. Die Angst vor weiter reichenden politischen und sozialen Umwälzungen trieb eine Gruppe von Parlamentariern auf die Seite des Königs (es waren zum Teil dieselben Personen, die noch vor kurzem gegen ihn gestimmt hatten).

Eine andere Gruppe war der Überzeugung, die Volksbewegung kontrollieren und für die eigenen Ziele nutzbar machen zu können, und sah daher den König als die größere Bedrohung an. All das führte zu einer Spaltung unter den Mitgliedern sowohl des Unter- wie des Oberhauses und in der Folge zur weiteren Verschärfung des Konflikts zwischen Krone und Parlament, zur Abspaltung eines Teils der Parlamentarier zum König hin und schließlich zum bewaffneten Kampf.

Während des englischen Bürgerkrieges 1642–1647 wurde eine enorme Steigerung der Stellung und der Macht des Parlaments vollzogen; und zwar im engen Zusammenhang mit der Konstituierung des modernen Staates. Das Parlament in Westminster musste sich notgedrungen von einer bloß gesetzgebenden Einrichtung in eine sowohl legislative als auch exekutive Institution verwandeln; bzw. in eine Institution, die überhaupt erst jeweils konkret zu schaffenden ausführenden Organen Anweisungen gab.

36 A Speech made by Mr. Waller Esquire, in the Honourable House of Commons, concerning Episcopacy. British Museum E. 198 (30).

6.6 Politische Diskussionen in der Armee des Parlaments und die Formulierung früher Theorien des modernen Staates und der modernen Demokratie

> "They were not, they said, mere janizaries; mercenary troops inlisted for hire, and to be disposed of at the will of their paymasters. Religion and liberty were their motives, which had excited them to arms; and they had a superior right to see those blessings, which they had purchased with their blood, ensured to future generations."[37]
>
> "In opposition to the parliament in Westminster, a military parliament was formed. Together with a council of the principal officers, which was appointed after the model of the house of peers; a more free representative of the army was composed, by the election of two private men or inferior officers, under the title of agitators, from each troop or company. By this means, both the general humour of that time was gratified, intent on plans of imaginary republics ..."[38]
>
> *David Hume*

Im Oktober 1647 versammelten sich hohe Offiziere der Armee, gewählte Soldatenvertreter und einige Zivilisten in Putney Church in London, um über die künftige politische Gestaltung des Landes und die Politik der Armee zu diskutieren. Für alle Angehörigen der Armee, von den einfachen Soldaten bis zu den Offizieren, ging es auch darum, wie sie denn nach dem Ende des Bürgerkriegs in den Grafschaften und Städten behandelt würden. Wenn die Fragen eines allgemeinen Wahlrechtes, einer künftigen politischen Gestaltung des Landes aufgeworfen wurden, dann vor allem auch unter diesem Aspekt: Durfte es sein, dass jene, die Leib und Leben für die Sache des Parlaments riskiert hatten, wenn sie aus dem Krieg heimkehrten, von den militärisch besiegten royalistischen Grundbesitzern wieder unterdrückt und drangsaliert würden? Dagegen schützten nur erweiterte politische Rechte sowie Rechtsreformen, die das Eigentum der autonomen Kleinproduzenten in Stadt und Land sicherten. Die Frage der politischen Rechte wurde nicht von den völlig Besitzlosen (oder deren Interessenvertretern) aufgeworfen, sondern von jenen, die über ein wenig Besitz verfügten und aufgrund ihrer Arbeits- und Leistungsfähigkeit auf eine Erweiterung ihres Besitzes bzw. auf neuen Besitzerwerb hoffen konnten. Wenn nur die alten Feudalschranken gründlich beseitigt und das Eigentum und die Möglichkeiten des Besitzerwerbes der Kleinproduzenten durch entsprechende Rechtsreformen (und das hieß durch Beschlüsse des House of Commons) abgesichert

37 David Hume: The History of England, Vol. v [1778]. Indianapolis: Liberty Fund 1983, 494.
38 Ebd., 496 f.

werden konnten, dann hatte die große Zahl der kleinen Eigentümer, die in der Armee des Parlaments gekämpft hatten, gute Aussichten für eine Verbesserung ihrer Lebenslage.

Das Erlangen politischer Rechte, d.h. das Wahlrecht zum Parlament, aber auch die Möglichkeiten demokratischer Gestaltung in den Städten, Zünften, in religiösen Angelegenheiten, hätten für die Anhänger der Parlamentspartei und für die Angehörigen der Armee des Parlaments auch eine Belohnung für die eingegangenen Risiken bedeutet. In den Debatten der Armee in Putney wurden sowohl Fragen der bestehenden und künftigen Verfassung, der Bedeutung des Eigentums und der persönlichen Freiheit debattiert, als auch grundlegende staatstheoretische Überlegungen angestellt.

In den Diskussionen erklärte *Henry Ireton* (der Schwiegersohn *Oliver Cromwells*) unverhohlen:

> "I think that no person hath a right to an interest or share in the disposing of the affairs of the kingdom, and in determining or choosing those that shall determine what laws we shall be ruled by here – no person hath a right to this, that hath not a permanent fixed interest in this kingdom, and those persons together are properly the represented of this kingdom, and consequently are also to make up the representers of this kingdom, who taken together do comprehend whatsoever is of real or permanent interest in the kingdom."[39]

Das, was später bei *John Locke* der Staat als Assoziation der (viel) Besitzenden sein wird, ist hier bereits angedacht und ausgesprochen. Alle Bewohner eines Territoriums sind den dort herrschenden Gesetzen unterworfen, und in diesem Sinne auch Angehörige eines bestimmten Staatswesens, aber nur die viel Besitzenden sind auch die politisch Herrschenden und diejenigen, die die Gesetze machen. So wiederholte *Ireton* denn auch:

> "that those that choose the representers for the making of laws by which this state and kingdom are to be governed, are the persons who, taken together, do comprehend the local interest of this kingdom; that is the persons in whom all land lies, and those in corporations in whom all trading lies. This is the most fundamental constitution of this kingdom and that which if you do not allow, you allow none at all. This constitution hath limited and determined it that only those shall have voices in elections."[40]

39 A.S.P. Woodhouse: Puritanism and Liberty. Being the Army Debates (1647–1649) from the Clarke Manuscripts with Supplementary Documents. London: Dent 1974, 53 f.

40 Ebd., 54.

Ein weiterer Redner, *Colonel Nathaniel Rich*, unterstützte mit Hinweisen auf die reale Eigentumsverteilung die Auffassungen *Iretons*:

> "You have five to one in this kingdom that have permanent interest. Some men have ten, some twenty servants, some more, some less. If the master and servant shall be equal electors, then clearly those that have no interest in the kingdom will make it their interest to choose those that have no interest.
>
> It may happen, that the majority may by law, not in a confusion, destroy property; there may be a law enacted, that there shall be an equality of goods and estate."[41]

Hier kommt die Befürchtung zum Ausdruck, dass bei einer Erweiterung des Wahlrechts die Masse der Habenichtse ihre Interessen gegen die Minderheit der Besitzenden durchsetzen könnte. Einer der von den Soldaten eines Regiments gewählten Vertreter, *Edward Sexby*, erklärte (in Beantwortung der das Wahlrecht mit der Eigentumsfrage verbindenden Argumente):

> "I see that though liberty were our end, there is a degeneration from it. We have engaged in this kingdom and ventured our lives, and it was all for this: to recover our birthrights and privileges as Englishmen; and by arguments urged there is none. There are many thousands of us soldiers that have ventured our lives; we have had little propriety in the kingdom as to our estates, yet we have had a birthright. But it seems now, except a man hath a fixed estate in this kingdom, he hath no right in this kingdom. I wonder we were so much deceived. If we had not a right to the kingdom, we were mere mercenary soldiers.
>
> There are many in my condition ...; it may be little estate they have at present, and yet they have as much a birthright as those ... who are their lawgivers, as any in this place.
>
> I shall tell in a word my resolution. I am resolved to give my birthright to none."[42]

Dies war nicht nur eine Erinnerung an die Ursachen des Bürgerkrieges und an die Motive und Hoffnungen der Anhänger des Parlaments, sondern auch eine Drohung; *Sexby* und seinesgleichen würden sich die angestammten und angestrebten politischen Rechte nicht ohne Weiteres nehmen lassen. Sie wurden dabei in der Debatte unterstützt von Offizieren wie Colonel *Thomas Rainborough*:

41 Ebd., 63.
42 Ebd., 69.

> "I do very well remember that the gentleman said ... that there were no propriety to be had, because five parts of the nation, the poor people, are now excluded and would then come in. So one on the other side said that, if it were otherwise, then rich men only shall be chosen.
>
> Then, I say, the one part shall make hewers of wood and drawers of water of the other five, and so the greatest part of the nation be enslaved. ...
>
> I say still, what shall become of those many men that have laid out themselves for the Parliament of England in this present war, that have ruined themselves by fighting, by hazarding all they had?"[43]

Die Soldaten und Offiziere der Armee des Parlaments sahen sich nicht als Söldnertruppe, sondern als Kämpfer für politische Rechte, wobei die persönliche Freiheit eben auch die Wahrnehmung ökonomischer Chancen beinhaltete. Die Armee des Parlaments war gewissermaßen das Volk in Waffen, wobei dieses Volk sich zunehmend seiner Interessen bewusst wurde. So konnte Colonel *Thomas Rainborough* gegenüber *Ireton* spöttisch und drohend zugleich auftreten:

> "Sir, I see that it is impossible to have liberty but all property must be taken away. If it laid be down for a rule, and if you will say it, it must be so. But I would fain know what the soldier hath fought for all this while? He has fought to enslave himself, to give power to men of riches, men of estates, to make him a perpetual slave."[44]

Die Freiheits-Rhetorik half auch ein wenig zu verdecken, dass die Gegensätze nicht bloß zwischen Armen und Reichen bestanden, und dass durchaus Übereinstimmung darüber bestand, die Erweiterung politischer Rechte keineswegs auf Dienstboten und Almosenempfänger auszudehnen. Die Trennungslinie in den Putney-Debatten verlief zwischen jenen, die relativ viel Besitz hatten und hofften, noch mehr zu bekommen (wie *Ireton*) und jenen, die nur wenig hatten, aber aufgrund ihrer Fähigkeiten hoffen konnten, durch produktive Arbeit mehr Besitz zu erwerben. Entscheidend aber waren für alle die politischen Rahmenbedingungen und die jeweiligen Möglichkeiten für die Gestaltung dieser politischen Rahmenbedingungen. Wer über die künftigen Gesetze und die künftigen politischen Verhältnisse zu bestimmen vermochte, konnte auch über das eigene, je individuelle Geschick mitbestimmen – daher die Fragen der Konstitution, des Wahlrechts, der Stellung des Parlaments.

43 Ebd., 67.
44 Ebd., 71.

Eine höchst bemerkenswerte Argumentation in Bezug auf Wahlrecht und Sicherung des Eigentums wurde von *Maximilian Petty* eingebracht; er meinte, dass der Staat zum Schutz des Eigentums geschaffen worden sei und daher das Wahlrecht Eigentum nicht gefährde, sondern vielmehr absichere.

> "For I judge every man is naturally free; and I judge the reason why men chose representatives when they were in so great numbers that every man could not give his voice directly, was that they who were chosen might preserve property for all; and therefore men agreed to come into some form of government that they might preserve property, ... and therefore it is not to destroy it, to give every man a voice."[45]

Die Debatten in Putney endeten unentschieden, legten aber einige der vorherrschenden Interessen und Interessengegensätzen offen. Der von *Henry Ireton* formulierte Satz, "Liberty may be had and property not be destroyed"[46], schien geradezu die Kompromissformel zu sein, auf die man sich allenfalls einigen konnte. Die in den Diskussionen vorgebrachten Argumente beinhalteten fragmentarische Theorien des modernen Staates und seiner Funktionen, sowie Überlegungen zur Begründung eines allgemeinen Wahlrechtes (und dessen Einschränkung).

45 Ebd., 61 f.
46 Ebd., 72.

7 Die Begründung der modernen Wissenschaft von der Politik durch *Thomas Hobbes*

> "*Reason* is the *pace*; Encrease of *Science* the *way*; and the Benefit of man-kind, the *end*."[1]
>
> *Thomas Hobbes*

7.1 Vorbemerkung

Im Jahr 1651 erschien in London (in einem Land, das erst wenige Jahre zuvor als Republik konstituiert worden war) ein merkwürdiges Buch:

> "LEVIATHAN, or The Matter, Forme, & Power of a Common-Wealth Ecclesiasticall and Civill.
>
> Printed for Andrew Crooke, at the Green Dragon in St. Paul's Churchyard, 1651."

Ein gelehrtes Werk – aber in englischer, nicht in lateinischer Sprache. Auch die typografische Gestaltung ist bemerkenswert: Randglossen ermöglichen das laufende Verfolgen des Textes (des inhaltlichen Fortgangs), der Textkörper ist dementsprechend relativ schmal, was das Lesen sehr erleichtert – wiederum auch jenen, die nicht gewohnt sind, gelehrte Texte dieser Art zu studieren). Das Buch ist abgestimmt auf eine Wirkung in England selbst, nicht bloß in der Welt der Gelehrten; es soll gelesen werden von möglichst vielen Menschen und auch von denen, die vielleicht üblicherweise ein derartiges Werk nicht in die Hände nehmen.

In der Widmung heißt es:

> "... this my discourse of Common-wealth. I know not how the world will receive it, nor how it may reflect on those that shall seem to favour it. For in a way beset with those that contend on one side for too great Liberty, on the other side for too much Authority, 'tis hard to passe between the points

1 Thomas Hobbes: Leviathan. Edited with an Introduction by C.B. Macpherson. Harmondsworth: Penguin 1968, 116. (Die Ausgabe bei Penguin Books ist ein reprografischer Nachdruck der Erstausgabe – man hat also die seltene Gelegenheit, das Werk in seiner ursprünglichen Gestalt zu lesen.)

> of both unwounded. But yet, me thinks, the endeavour to advance the Civill Power, should not be condemned; nor private men, by reprehending it, declare they think that Power too great."[2]

7.2 *Thomas Hobbes* über Erkenntnis, über Denk- und Handlungsvermögen

Die Art und Weise, in der die Welt und die in ihr lebenden Menschen gesehen werden (das Bild, das von ihnen entworfen wird) bestimmt auch das Denken, Verhalten und Handeln der Menschen in dieser Welt. Daher ist alles, was die Auffassung von der Welt und von den Möglichkeiten der menschlichen Erkenntnis und des menschlichen Handelns bestimmt – also gerade Wissenschaft oder Kunst – von eminent politischer Bedeutung.

Dies wird auch deutlich, wenn ein Gelehrter wie *Thomas Hobbes* (1588–1679) sein großes Werk über den Staat „LEVIATHAN, or The Matter, Forme, & Power of a Common-Wealth Ecclesiasticall and Civill" mit Betrachtungen über die Sinnesempfindungen, das Denken, die Sprache und die Wissenschaft der Menschen beginnt.

> "Concerning the Thoughts of man, I will consider them first *Singly*, and afterwards in *Trayne*, or dependance upon one another. *Singly*, they are every one a *Representation* or *Apparence*, of some quality, or other Accident of a body without us; which is commonly called an *Object*. Which Object worketh on the Eyes, Eares, and other parts of mans body; and by diversity of working, produceth diversity of Apparences.
>
> The Originall of them all, is that which we call SENSE; (For there is no conception in a mans mind, which hath not at first, totally, or by parts, been begotten upon the organs of Sense.) The rest are derived from that originall."[3]

Das Bestehen auf der Sinneswahrnehmung als ausschließlicher Voraussetzung für jegliches Denken, Empfinden und Bewusstsein war in der Neuzeit zunächst vor allem gegen religiöse Dogmatik gerichtet; gegen jene theologischen Konzeptionen, die ein ständiges Eingreifen höherer oder untergründiger Mächte – Gott, Engel, Teufel, Gespenster – und ihrer menschlichen Vertreter oder Helfershelfer (Priester, Zauberer, Hexen) behaupteten. *Thomas Hobbes* wandte sich heftig gegen alle Vorstellungen von jenseitigen Kräften und Einflüssen:

2 Ebd., 75.
3 Ebd., 85.

> "And for Fayries, and walking Ghosts, the opinion of them has I think been on purpose, either taught or not confuted, to keep in credit the use of Exorcisme, of Crosses, of holy Water, and other such inventions of Ghostly men. Neverthelesse, there is no doubt, but God can make unnaturall Apparitions: But that he does it so often, as men need to feare such things, more than they feare the stay, or change, of the course of Nature, which he also can stay, and change, is no point of Christian faith. But evill men under pretext that God can do any thing, are so bold as to say any thing when it serves their turn, though they think it untrue; It is the part of a wise man, to believe them no further, than right reason makes that which they say, appear credible."[4]

(Wir dürfen uns übrigens durch die wiederkehrenden hervorgehobenen Bekenntnisse zu einem göttlichen Wesen nicht täuschen lassen. Es war klar: sobald es vor allem um beobachtbare Vorgänge ging, würde sich auch die Frage nach dem Eingreifen Gottes in die Geschehnisse in dieser Welt stellen – und, da diese nicht beweisbar sein würden, schließlich auch die Frage nach der Existenz eines göttlichen Wesens überhaupt. Daher tritt ein Gelehrter wie *Hobbes* keineswegs als glühender Atheist auf, mehr noch, er vermag derartigen Atheismus sogar ausdrücklich abzulehnen.)

Hobbes ist sich völlig darüber im Klaren, welche gesellschaftlichen Auswirkungen die angestrebte Entzauberung der Welt hätte; er sieht sie geradezu als Voraussetzung für jedes vernünftige Zusammenleben der Menschen:

> "If this superstitious fear of Spirits were taken away, and with it, Prognostiques from Dreams, false Prophecies, and many other things depending thereon, by which, crafty ambitious persons abuse the simple people, men would be much more fitted than they are for civill Obedience."[5]

Worauf *Thomas Hobbes* schon damals nicht allzu sehr setzte, waren die bestehenden Institutionen der Gelehrsamkeit und Erziehung (die Universitäten und Schulen); sie hätten zwar den Aberglauben bekämpfen sollen, dienten jedoch eher seiner Beförderung:

> "For (not knowing what Imagination, or the Senses are), what they receive, they teach: some saying, that Imaginations rise of themselves, and have no cause: Others that they rise most commonly from the Will; and that Good thoughts are blown (inspired) into a man, by God; and Evill thoughts by the

4 Ebd., 92 f.
5 Ebd., 93.

> Divell: or that Good thoughts are powred (infused) into a man, by God, and Evill ones by the Divell."[6]

Die falschen Konzeptionen von der menschlichen Erkenntnis und von den Sinneseindrücken beeinträchtigen alles, was der Erkenntnis und Gestaltung der Welt und des Zusammenlebens der Menschen dient: die Wissenschaft ebenso sehr wie die Kunst und die Politik. Bis heute werden wiederkehrend (in religiös oder säkular begründeter Weise) die Defekte der menschlichen Erkenntnisfähigkeit, wie des Planungs- und Gestaltungsvermögens behauptet: was ursprünglich mit der Schwächung des menschlichen Erkenntnis- und Denkvermögens durch die „Erbsünde" begründet wurde, wird nunmehr mit irgendwelchen natürlichen Mängeln oder dem gleichsam naturgesetzlichen Walten eines freien Marktes ... argumentiert.

Der radikale Empirismus (in der Tradition von *Bacon, Comenius, Hobbes*) mit seiner Ablehnung von eingeborenen Ideen war stets eine solide Argumentationsgrundlage gegen solche Konzeptionen und bildet die theoretische Grundlage für die Notwendigkeit von Erziehung.

Bei *Thomas Hobbes* heißt es dazu:

> "There is no other act of mans mind, that I can remember, naturally planted in him, so, as to need no other thing, to the exercise of it, but to be born a man, and live with the use of his five Senses. Those other Faculties, of which I shall speak by and by, and which seem proper to man onely, are acquired, and increased by study and industry; and of most men learned by instruction, and discipline; and proceed all from the invention of Words, and Speech. For besides Sense, and Thoughts, and the Trayne of thoughts, the mind of man has no other motion; though by the help of Speech, and Method, the same Facultyes may be improved to such a height, as to distinguish men from all other living Creatures."[7]

Bemerkenswert ist auch die Definition von Wissenschaft bei *Hobbes* und die Vorstellung von den Zwecken der Wissenschaft.

> "*Science* is the knowledge of Consequences, and dependance of one fact upon another: by which, out of that we can presently do, we know how to do something else when we will, or the like, another time: Because when we see how any thing comes about, upon what causes, and by what manner; when

6 Ebd., 93.
7 Ebd., 98 f.

> the like causes come into our power, wee see how to make it produce the like effects."[8]

An dieser Stelle fährt *Hobbes* fort mit einer kurzen Betrachtung über Kinder als potenziell vernünftige Lebewesen:

> "Children therefore are not endued with Reason at all, till they have attained the use of Speech: but are called Reasonable Creatures, for the possibility apparent of having the use of Reason in time to come."[9]

Dies entspricht in etwa den Vorstellungen eines *Comenius*, der schreibt, dass der Mensch nicht schon einfach durch Geburt zum Menschen werde, sondern erst durch Erziehung (und Selbst-Erziehung) dazu gemacht werden müsse. (Wie gut und wichtig derartige Argumentationen waren und sind, bezeugt, dass sie zur Zeit ihrer Entstehung die Vorstellung einer von Gott eingehauchten Seele untergruben, während sie heute noch immer gegen die – etwa in der Form von Vererbungslehren – wiederkehrenden Vorstellungen von eingeborenen Ideen gerichtet sind.) Über die Sprache und ihre Bedeutung für Wissenschaft, Kunst und Lebensgestaltung handelt *Thomas Hobbes* ebenso kurz wie prägnant ab:

> "The generall use of Speech, is to transferre our Mentall Discourse, into Verbal; or the Trayne of our Thoughts, into a Trayne of Words; and that for two commodities; whereof one is, the Registring of the Consequences of our Thoughts; which being apt to slip out of our memory, and put us to a new labour, may again be recalled, by such words as they were marked by. So that the first use of names, is to serve for *Markes*, or *Notes* of remembrance. Another is, when many use the same words, to signifie (by their connexion and order,) one to another, what they conceive, or think of each matter; and also what they desire, feare, or have any other passion for. And for this use they are called *Signes*."[10]

Bemerkenswert ist, dass *Thomas Hobbes* gerade an dieser Stelle die Zusammenhänge zwischen Wissenschaft, Bildung und Kunst hervorhebt:

> "Speciall uses of Speech are these; First, to Register, what by cogitation, wee find to be the cause of any thing, present or past; and what we find things present or past may produce, or effect: which in summe, is aquiring of Arts.

8 Ebd., 115.
9 Ebd., 116.
10 Ebd., 101.

> Secondly, to shew to others that knowledge which we have attained; which is, to Counsell, and Teach one another. Thirdly, to make known to others our wills, and purposes, that we may have the mutuall help of one another. Fourthly, to please and delight our selves, and others, by playing with our words, for pleasure or ornament, innocently."[11]

Mit der Betonung der sinnlichen Erfahrung und dem Ausschluss der Eingebung und Beseelung durch höhere – jenseits der menschlichen Erfahrung befindliche – Mächte oder geheimnisvolle Kräfte, hat der radikale Empirismus auch entscheidend die Notwendigkeit der bewussten, planvollen Erziehung begründet. Denn wenn nichts, außer den *Möglichkeiten* der künftigen Entwicklung, den Menschen angeboren ist, dann müssen sie eben zu Menschen erst gebildet werden; und wenn die sinnliche Wahrnehmung der Menschen von so eminenter Bedeutung für ihr Denk- und Handlungsvermögen ist, dann bedarf es auch der Bildung des Wahrnehmungsvermögens.

7.3 *Thomas Hobbes* und der moderne Staat

*Thomas Hobbe*s gilt üblicherweise als der Vertreter einer autoritären und totalitären Staatsauffassung (so, als ob er spätere Erfahrungen mit Diktaturen schon theoretisch vorweggenommen und diese Diktaturen auch bejaht hätte).

Doch wir haben schon bisher in *Hobbes* keinen Philosophen kennengelernt, der für Unterdrückung und Elend, Dummheit und Knechtschaft der Menschen plädiert hätte. Auch seine Staatslehre ist keine bloße Anleitung für Herrschende, wie sie ihre Untertanen niederhalten könnten. *Thomas Hobbes* sieht in der Formierung des modernen Staates ein Heraustreten der Menschen aus dem Naturzustand des Krieges aller gegen alle; die Formierung des modernen Staates ist eine zivilisatorische Leistung der Menschen; und dieser moderne Staat ist wesentlich Rechtsstaat: das Staatswesen ist gegründet, um die rechtlichen Regeln des Zusammenlebens der Menschen zu garantieren.

So beginnt denn *Hobbes* den zweiten Teil seines „Leviathan", „Of Commonwealth" („Vom Staatswesen"), mit den folgenden Sätzen:

> "The finall Cause, End, or Designe of men, (who naturally love Liberty, and Dominion over others,) in the introduction of that restraint upon themselves, (in which wee see them live in Common-wealths,) is the foresight of their own preservation, and of a more contented life thereby; that is to say,

11 Ebd., 101 f.

> of getting themselves out from that miserable condition of Warre, which is necessarily consequent (as hath been shewn) to the naturall Passions of men, when there is no visible Power to keep them in awe, and tye them by fear of punishment to the performance of their Covenants, and observation of those Lawes of Nature set down in the fourteenth and fifteenth Chapters."[12]

Gegen Ende des ersten Teils des „Leviathan", der vom Menschen handelte, hatte *Hobbes* die Existenz des Staates aus den längerfristigen, dauerhaften Interessen der einzelnen Menschen begründet:

> "The RIGHT OF NATURE, which Writers commonly call *Jus Naturale*, is the Liberty each man hath, to use his own power, as he will himselfe, for the preservation of his own Nature; that is to say, of his own Life".[13]

Was hier als „natürlich" bezeichnet wird, ist menschliches Interesse, menschlicher Eigennutz; etwas, was nicht bestimmt wird durch einen angeborenen Mechanismus, einen innerer Zwang, dem man sich nicht entziehen kann; sondern etwas, was sehr wohl dem Willen, der rationalen Kontrolle unterliegt.

> "A LAW OF NATURE, (*Lex Naturalis*,) is a Precept, or generall Rule, found out by Reason, by which a man is forbidden to do, that, which is destructive of his life, or taketh away the means of preserving the same; and to omit, that, by which he thinketh it may be best preserved."[14]

Das *Hobbes*'sche „Naturgesetz" hat nur mehr wenig zu tun mit dem Naturrecht der mittelalterlichen Scholastik und viel mit dem, was in der neuzeitlichen Wissenschaft als Naturgesetz definiert worden ist – daher auch die eigentümliche Mischung aus Empirie und Theorie, aus Zustandsbeobachtung und rationaler Argumentation.

> "And because the condition of Man ... is a condition of Warre of every one against every one; in which case every one is governed by his own Reason; and there is nothing he can make use of, that may not be a help unto him, in preserving his life against his enemyes; It followeth, that in such a condition, every man has a Right to every thing; even to one anothers body."[15]

12 Ebd., 223.
13 Ebd., 189.
14 A. a. O.
15 Ebd., 189 f.

Allerdings überzeugen bloßer Eigennutz und vernünftige Überlegung, dass dieser Dauerkriegszustand den einzelnen Menschen keineswegs ein gutes Leben zu garantieren vermag. Im Gegenteil: niemand kann sich des Besitzerwerbs, der allfälligen Eroberungen, des zeitweiligen guten Lebens, oder überhaupt des Lebens, auf Dauer sicher sein, solange dieser „Naturzustand" des Krieges aller gegen alle andauert.

> "And consequently it is a precept, or generall rule of Reason, *That every man, ought to endeavor Peace, as far as he has hope of obtaining it; and when he cannot obtain it, that he may seek, and use, all helps, and advantages of Warre.* The first branch of which Rule, containeth the first, and Fundamentall Law of Nature; which is, *to seek Peace, and follow it.* The second, the summe of the Right of Nature; which is, *By all means we can, to defend our selves.*
>
> From this Fundamentall Law of Nature, by which men are commanded to endeavor Peace, is derived this second Law; *That a man be willing, when others are so too, as farre-forth, as for Peace, and defence of himselfe he shall think it necessary, to lay down this right to all things; and be contented with so much liberty against other men, as he would allow other men against himselfe.*"[16]

Das, was *Hobbes* immer wieder als „natürliches Gesetz" bezeichnet, ist die Einsicht der Menschen in den Sinn und Nutzen jener verhaltensanleitenden Maximen. Er ist eben kein Vertreter mittelalterlicher Naturrechtslehren („Keinem Unrecht tun!" – „Jedem das Seine!") mehr; und er ist zu sehr Empiriker, um nicht darauf zurückzukommen, wie denn in Wirklichkeit der Zustand des allgemeinen Krieges beendigt würde, nämlich: indem die Menschen die alltäglichen Verträge einhielten.

> "From that law of Nature, by which we are obliged to transferre to another, such Rights, as being retained, hinder the peace of Mankind, there followeth a Third; which is this; *That men performe their Covenants made*".[17]

Rationales Kalkül und purer Eigennutz der Individuen bedingen das Interesse an (staatlich sanktionierten) rechtlichen Regeln, an der Einhaltung von Abmachungen.

> "... because the bonds of words are too weak to bridle mens ambitions, avarice, anger, and other Passions, without the feare of some coercive Power ..."

16 Ebd., 190.
17 Ebd., 201.

> "But in a civill estate, where there is a Power set up to constrain those that would otherwise violate their faith, that feare is no more reasonable; and for that cause, he which by the Covenant is to perform first, is obliged so to do."[18]

Die *Hobbes*'sche Theorie des Staates ist wesentlich eine Theorie des Rechtsstaates und nicht eine Rechtfertigung für irgendeine Willkürherrschaft: der Staat soll für die Aufrechterhaltung zivilisierter Verhältnisse und die Einhaltung von Abmachungen sorgen und diese Rechtsordnung mit aller Macht nach außen und innen verteidigen.

> "And in this law of Nature, consisteth the Fountain and Originall of JUSTICE. For where no Covenant hath preceeded, there has no Right been transferred, and every man has right to everything; and consequently no action can be Unjust. But when a Covenant is made, then to break it is *Unjust*: And the definition of INJUSTICE, is no other than *the not Performance of Covenant*. And whatsoever is not Unjust, is *Just*."[19]

Thomas Hobbes hat theoretisch jene Säkularisierungsprozesse vollendet, die in der Praxis durch die englische Reformation, oder genauer: durch die Debatten, Beschlussfassungen, Gesetzesverabschiedungen durch das englische Parlament in religiösen Angelegenheiten im 16. Jahrhundert eingeleitet worden waren. Die menschlichen Angelegenheiten werden nunmehr ausschließlich von Menschen geregelt, die Gesetze sind Menschenwerk; die Kategorien gerecht oder ungerecht, gut oder böse sind nicht mehr Ergebnis göttlicher Gebote, sondern Ergebnis der Übereinkunft zwischen den Menschen. Die Regeln des menschlichen Zusammenlebens (das heißt die politische Konstitution ebenso wie alle sonstigen rechtlichen Regeln) sind durchschaubar und können gelehrt werden; ihnen haftet nichts Geheimnisvolles, nichts Überirdisches mehr an.

> „CIVILL LAW, Is to every Subject, those Rules, which the Common-wealth hath Commanded him, by Word, Writing, or other sufficient Sign of the Will, to make use of, for the Distinction of Right, and Wrong; that is to say, of what is contrary, and what is not contrary to the Rule."[20]

Der Souverän, der nach *Hobbes* sowohl ein einzelner Herrscher (ein Monarch) als auch eine Versammlung (Parlament) sein kann[21], hat nicht nur die Aufga-

18 Ebd., 196.
19 Ebd., 202.
20 Ebd., 312.
21 Ebd., 376.

be der Verhinderung des Rückfalls in den „Naturzustand" und den Erhalt des Rechtsstaates, sondern hat auch dafür zu sorgen, dass alle Angehörigen des jeweiligen Staatswesens Bescheid wissen über die für alle geltenden Rechte und die Gründe für die besonderen Rechte des Souveräns.

> "... it is against his [the Soveraign's] Duty, to let the people be ignorant, or mis-informed of the grounds, and reasons of those his essentiall Rights ... And the grounds of these Rights, have the rather need to be diligently, and truly taught; because they cannot be maintained by any Civill Law, or terrour of legal punishment."[22]

In der *Hobbes*'schen Staatslehre ist die politische Bildung der Bevölkerung ein geradezu konstitutives Element des Staatswesens; und die politische Erziehung des Volkes ist kein ergänzender, verzierender Zusatz zu sonstiger Erziehung, sondern deren unverzichtbarer Bestandteil. (Wir müssen uns dabei vor Augen halten, was es denn im 17. Jahrhundert bedeutete, als Souverän gleichgestellt einen Einzelherrscher oder aber eine Versammlung (ein Parlament) zu beschreiben: Derartige Anschauung waren durchaus als subversiv aufzufassen, dazu dienend, angestammte Autorität zu untergraben.)

7.4 *Thomas Hobbes*, modernes Denken und radikale Säkularisierung

Thomas Hobbes hat in seiner Schrift „Leviathan" den modernen Staat aus einem Vertrag der Gleichen[23], und aller mit allen Menschen entstehen lassen[24]; als „sterbliche Gottheit"[25], nicht als ewige, unwandelbare Institution. Die prinzipielle Gleichheit der Menschen ist bei *Hobbes* ein wiederkehrendes Thema. An einer Stelle im „Leviathan" heißt es:

> "The question who is the better man, has no place in the condition of meer nature; where ... all men are equall. The inequality that now is, has been introduced by the Lawes civill.
>
> I know that Aristotle in the first booke of his Politiques, for a foundation of his doctrine, maketh men by Nature, some more worthy to Command,

22 Ebd., 377.
23 Ebd., 183 f.
24 Ebd., 223–228.
25 Ebd., 227.

> meaning the wiser sort (such as he thought himselfe to be for his Philosophy;) others to Serve, (meaning those that had strong bodies, but were not Philosophers as he;) as if Master and Servant were not introduced by consent of men, but by difference of Wit: which is not only against reason; but also against experience. For there are very few so foolish, that had not rather governe themselves, than be governed by others: Nor when the wise in their own conceit, contend by force, with them who distrust their owne wisdome, do they alwaies, or often, or almost at any time get the victory. If Nature therefore have made men equall, that equality is to be acknowledged: or if Nature have made men unequall; yet because men that think themselves equall, will not enter into conditions of Peace, but upon Equall termes, such equality must be admitted."[26]

Hobbes hat eine materialistische Erkenntnislehre formuliert:

> "There is no other act of mans mind, that I can remember, naturally planted in him, so, as to need no other thing, to the exercise of it, but to be born a man, and live with the use of his five Senses. Those other Faculties, of which I shall speak by and by, and which seem proper to man onely, are aquired, and increased by study and industry; and of most men learned by instruction, and discipline; and proceed all from the invention of Words, and Speech. For besides Sense, and Thoughts, and the Trayne of thoughts, the mind of man has no other motion; though by the help of Speech, and Method, the same Facultyes may be improved to such a height, as to distinguish men from all other living Creatures."[27]

Und er hat alle gespenstischen Wesen aus der Wirklichkeit verwiesen: "And for Fayries, and walking Ghosts, the opinion of them has I think been on purpose, either taught, or not confuted, to keep in credit the use of Exorcisme, of Crosses, of holy Water, and other such inventions of Ghostly men."[28]

Er hat Moral und Sittlichkeit auf Übereinkommen zwischen den Menschen und nicht länger auf göttliche Gebote zurückgeführt: gut ist es, Verträge einzuhalten; böse ist es, sie zu brechen.[29]

Der moderne Staat, der neue, absolute Souverän (verkörpert in einer Einzelperson oder in einer Versammlung) ist bei *Hobbes* keine Einrichtung von

26 Ebd., 211.
27 Ebd., 98 f.
28 Ebd., 92.
29 Ebd., 202.

Gottes Gnaden, sondern eben Menschenwerk.[30] Daher ist dieser Staat auch von Menschen durchschaubar und erklärbar. Die Angehörigen des Staatswesens sind über die Spielregeln des Zusammenlebens zu unterrichten; die Gesetze müssen klar und durchschaubar für alle sein.[31] Da alles gesellschaftliche Leben auf menschliche Gestaltung zurückgeht, ist es auch wissenschaftlich erkennbar, erforschbar[32]; und es bedarf der politischen Gestaltung. All das bedeutet, dass wir über Moral und Sittlichkeit, über die Regeln des Zusammenlebens, über die politische Organisation der Gesellschaft nicht nur nachdenken können oder dürfen, sondern immer wieder darüber denken sollen und müssen.

Hobbes hat im „Leviathan" keine Summe von Staatslehren verfasst, sondern die Grundlagen einer *Wissenschaft von der Politik*, einer Wissenschaft vom politisch organisierten Zusammenleben der Menschen. Und diese Wissenschaft sollte auch an den Universitäten gelehrt und eben in gedruckter Form verbreitet werden.[33] *Hobbes* hat Ernst gemacht mit den Konsequenzen der englischen Reformation und die Gestaltung aller göttlichen und menschlichen Dinge dem neuen Souverän, dem modernen Staat zugeordnet. Dessen absolute Macht ist ohne Weiteres auch demokratisch gestaltbar und von daher auch relativierbar. (Es darf über aller Ideengeschichte nicht vergessen werden, dass das englische Parlament absoluter Souverän ist und durch keinerlei Instanz außerhalb seiner selbst, durch keine kontrollierende Höchst- oder Verfassungsgerichtsbarkeit, beschränkt wird. Das Parlament von England, und nicht eine einzelne Person, war und ist jener sterbliche Gott, von dem Hobbes schreibt; und es ist in seiner absoluten Macht nur relativiert durch die regelmäßig wiederkehrenden Wahlen seiner Mitglieder.)

Immer wieder verweist *Hobbes* darauf, dass sich die große Zahl der Menschen organisieren könnte und wann und wenn immer sie dies tut, über herrschende Minderheiten und „Eliten" triumphiert.[34] Eben dies birgt auch die Möglichkeit der aktiven politischen Gestaltung der Gesellschaft in demokratischer Weise in sich: es kommt darauf an, dass die Menschen sich organisieren. Wie alle Gelehrten in der frühen Moderne, im Übergang von der Feudalge-

30 Hobbes war kein Theoretiker des fürstlichen Absolutismus; dieser wurde üblicherweise als Herrschaft von Gottes Gnaden gerechtfertigt.

31 Thomas Hobbes: Leviathan. Edited with an Introduction by C.B. Macpherson. Harmondsworth: Penguin 1968, 376–381.

32 Ebd., 81 ff.

33 Ebd., 726–729.

34 So stellt Hobbes im Zusammenhang mit der natürlichen Gleichheit der Menschen auch fest: "the weakest has strength enough to kill the strongest ... by confederacy with others". Thomas Hobbes: Leviathan. Edited with an Introduction by C.B. Macpherson. Harmondsworth: Penguin 1968, 183

sellschaft zur kapitalistischen Produktionsweise, musste auch *Thomas Hobbes* Zugeständnisse an die herrschenden Verhältnisse machen und so diskutiert er ausführlich religiöse Fragen, verurteilt den Atheismus etc. Wesentlich dabei ist aber, dass er alle göttlichen Angelegenheiten, alle Fragen der Religion der Regulierung durch den modernen Souverän unterwirft und zwar in absoluter Weise. Die Menschen und die menschliche Gesellschaft sind Gegenstand der Wissenschaft; und Wissenschaft ist nicht Kontemplation und scholastische Spekulation über Gott und die Welt, sondern Arbeit, d.h. tätige Erkenntnis und eingreifende Gestaltung der Welt.

> "Science is the knowledge of Consequences, and dependance of one fact upon another: by which, out of what we can presently do, we know how to do something else when we will, or the like, another time: Because, when we see how any thing comes about, upon what causes, and by what manner; when the like causes come into our power, wee see how to make it produce the like effects."[35]

Es wird wenig bedacht, dass die Theorien über den modernen Staat entweder im Zusammenhang mit Revolutionen und revolutionären Befreiungskriegen (England, Niederlande, Nordamerika) oder aber im Zusammenhang, bzw. gewaltsamen Durchsetzung absolutistischer Fürstenherrschaft entwickelt worden sind. Bei *Hobbes* ist die Theorie des modernen Staates umfassend materialistisch fundiert und eng verbunden mit einem neuen egalitären Individualismus; mit einer neuen Erkenntnistheorie und einer neuen Gesellschaftstheorie; einer neuen Lehre von der bewussten Vergesellschaftung der egalitären Individuen. Die *Hobbes*'sche Staatstheorie ist zutiefst *anti-naturalistisch*. Noch bei Aristoteles ist der Mensch ein „politisches Tier"; also von Natur aus ein soziales Wesen. Bei *Hobbes* geht es um das Heraustreten aus dem „Naturzustand"; um die bewusste, tätige Gestaltung der Gesellschaft und um die damit verknüpfte politische Organisation. Ausgangspunkt ist die Vorstellung von einem Vertrag aller Menschen, einem Vertrag unter prinzipiell gleichen Menschen. Selten werden der radikale Egalitarismus und der vehemente Anti-Feudalismus des *Thomas Hobbes* wahrgenommen. Seine Zeitgenossen haben dies sehr wohl gesehen und ihn deswegen heftig bekämpft. (Der „Leviathan" galt manchen Zeitgenossen als eine „Bibel des Aufruhrs".)

Ebenso bekämpft wurde *Hobbes* wegen seines Atheismus. Dieser war deswegen so unangenehm, weil er sich nicht aus einer Lehre der Gottlosigkeit ergab (und keine alternative Religiosität darstellte), sondern mit Notwendigkeit,

35 Ebd., 115

aber beiläufig, aus der materialistischen Erkenntnistheorie folgte. Die Himmel werden nebenbei leer geräumt; Dämonen und Gespenster, Geistwesen aller Art sind entweder Sinnestäuschung oder bewusster Betrug von Menschen. (Im Übrigen unterliegt die Religion bei *Hobbes* der Regulierung durch den Staat.)

Thomas Hobbes hat eine absolut moderne und säkulare Wissenschaft von den vergesellschafteten Menschen und vom Politischen formuliert. Dies war und ist verstörend, denn: es gibt bei *Hobbes* und seiner Wissenschaft keinen Trost für schlechte Lebensbedingungen der Menschen; außer der Aufforderung, sich politisch und machtvoll in der großen Zahl zu organisieren und so das soziale Leben verbessernd zu gestalten.

7.5 Kleiner Exkurs über *Thomas Hobbes*, politische Macht und militärische Gewalt

In seiner in den späten 1660er-Jahren abgeschlossenen Schrift „BEHEMOTH or the Long Parliament" analysiert *Thomas Hobbes* die politischen Vorgänge in England zwischen 1640 und 1660. Dabei stellt er schon ziemlich früh die Frage:

> "For if men know not their duty, what is there that can force them to obey the laws? An army, you will say. But what shall force the army?"[36]

Danach vertritt er die Anschauung, dass es kein friedliches Zusammenleben der Menschen geben könnte, wenn diese nicht schon in ihrer Jugend gute Prinzipien gelehrt bekommen hätten. (Anders ausgedrückt: wenn sie nicht die *Hobbes*'schen Lehren rechtzeitig vermittelt bekämen.)

Hobbes hat den „Behemoth" in der Zeit der Restauration geschrieben. Der König erlaubte nicht, dass die Schrift gedruckt wird – die Gemüter könnten zu sehr erregt werden. Oberflächlich betrachtet ist dies nicht einsichtig, denn es hat den Anschein, als ob *Hobbes* geradezu eine Doktrin der notwendigen Königsherrschaft vertritt. Allerdings ist in der Darstellung und Analyse der politischen Vorgänge in England 1640–1660 einiges an unangenehmen Wahrheiten, an unangepasstem, eigenständigem Denken verpackt. Immer wieder gibt es die Frage: "in whom was the sovereign power?"[37]

Und die Antwort mag zunächst lauten: rechtlich betrachtet, beim König; aber in Wirklichkeit? *Hobbes* stellt vieles als die bösen Machtspiele *Cromwells* und der Seinen dar; aber er vermerkt sehr sorgfältig und genau die Rolle der Sol-

36 Thomas Hobbes: Behemoth or The Long Parliament. London: Frank Cass 1969, 59.
37 Ebd., 135.

daten-Räte, der *agitators*; sowie die Bedeutung *Henry Iretons* für die politische Organisierung der Vorhaben der Armee.

Gelegentlich flackert der Gedanke der Demokratie auf: Zuerst als den Untaten des House of Commons zugrundeliegend ("that the people, under god, are the original of all just power"); dann heißt es bekräftigend: "But yet, I believe that under God the original of all laws was in the people."[38] Um darauf sofort beruhigend zu erklären, dass das Volk diese seine Rechte längst an den König abgetreten hätte.

Immer wieder wird deutlich gemacht, dass die Armee in zunehmendem Maß die Kontrolle über das Staatswesen übernimmt; gegen und ohne sie ist das Parlament ohnmächtig. In Bezug auf den Konflikt um das Parlament stellt *Hobbes* wieder die Frage, "who had the supreme power?", und gibt die Antwort:

> "If by power you mean the right to govern, nobody had it. If you mean the supreme strength it was clearly in Cromwell, who was obeyed as general of all the forces in England, Scotland, and Ireland."[39]

Insgesamt wird im „Behemoth" aufgezeigt, dass es von entscheidender Bedeutung ist, ob und wie die Angehörigen eines Staatswesens sich politisch organisieren. Wann immer sie in der Lage sind, dies zu tun, vermögen sie zu herrschen. Das ist für die jeweils Herrschenden eine etwas beunruhigende Botschaft und so wird vielleicht die Einschätzung des Königs bezüglich dieser Schrift besser verständlich.

An einer Stelle im „Behemoth" gibt *Hobbes* eine ziemlich klare Antwort auf die Frage nach der Macht und ihrer Ausübung. 1653 interveniert die Armee im Interesse des Volkes, zur Wahrung des *salus populi*. Und dazu erklärt *Hobbes*:

> "For that law of *salus populi* is directed only to those that have power enough to defend the people; that is to them that have the supreme power."[40]

Es geht nicht um politische Ideen, politische Rechte und dergleichen, sondern um politische Praxis; um die Fähigkeit, sich politisch – machtvoll – organisieren, und nötigenfalls auch Gewalt ausüben zu können. Die Aussagen von *Hobbes* sind vor dem Hintergrund der realen Geschichte gut verständlich. Die Armee war als bewusste politische Kraft ein wesentliches politisches Korrektiv gewesen und hatte einige Zeit Interessen der Bevölkerung mit vertreten, die

38 Ebd., 152.
39 Ebd.
40 Ebd., 180.

weit über die Interessen eines engen Kreises der höheren Offiziere und der Parlamentarier hinausgingen. Es ist nicht selbstverständlich (ja bekanntlich sogar sehr schwierig), dass Menschen in großer Zahl Vorstellungen von der Möglichkeit der (selbst-)bewussten Gestaltung des individuellen und gesellschaftlichen Lebens entwickeln. Dies geschah in England in der Zeit zwischen 1640 und 1660 in beträchtlichem Ausmaß; aber Vorstellungen allein sind zu wenig, um wirksam zu sein – es bedarf der konkreten (und auch machtvollen) Organisierung dieser Vorstellungen und der sie begleitenden Interessen.

Dies wurde gelegentlich in der Armee des Parlaments vollzogen; und es wurde durchaus die Möglichkeit angedacht, über den militärischen Bereich hinaus bildend zu wirken: so hatte der Prediger *Hugh Peter* 1646 gemeint, dass die Armee in der Lage sein könnte, “to teach peasants to understand liberty”[41]. Doch es gelang keine Verbreiterung der sozialen Basis der Sache des Parlaments und später der Sache der Republik.

Allerdings ist es nach wie vor lehrreich und bis heute von aktueller Bedeutung, die Prozesse der Politisierung und der politischen Gestaltung der Gesellschaft am Beispiel der Armee des englischen Parlaments nachzuvollziehen und dabei auch wichtige staatstheoretische Einsichten zu gewinnen, sowie uneingelöste Programme zu entdecken. *Thomas Hobbes* hat im „Behemoth“ gesellschaftlichen Vorgänge seiner Zeit analysiert und dargelegt – aber genau das hat auch das Unbehagen bei den Herrschenden erzeugt: so genau wollten es der König und die Seinen nicht wissen; und schon gar nicht sollte die Bevölkerung davon erfahren.

41 Zitiert nach: Christopher Hill: The English Revolution 1640. An Essay. London: Lawrence & Wishart 1970, 48.

8 *David Hume* und die abermalige Begründung einer Wissenschaft von der Politik

8.1 *David Hume* als Philosoph

„Als Hume gegen seine weltfreundlichen Landsleute die erkenntnistheoretische Kontemplation, die unter Gentlemen seit je anrüchige ‚reine Philosophie' zu verteidigen suchte, gebrauchte er das Argument: ‚Genauigkeit kommt immer der Schönheit zu Gute und richtiges Denken dem zarten Gefühl'."[1]

„Hume, dessen Werk mit jedem Satz Zeugnis ablegt vom realen Humanismus und der zugleich das Ich unter die Vorurteile verweist ..."[2]

Theodor W. Adorno

„... nicht die Schöpfung eines umfassenden Systems ist es, die seinen Namen unsterblich gemacht hat in der Geschichte der Philosophie, sondern eben seine Kritik ..."

„Die Tendenz, welche seine philosophischen Anschauungen beherrscht, das Allgemeine nur zu sehen, sofern es sich im Wahrnehmbaren offenbart, liegt auch seiner Darstellungsweise zu Grunde. Er bildet in vieler Beziehung das Muster einer verständlichen, klaren und doch der wissenschaftlichen Form nicht entbehrenden philosophischen Darstellungsweise."[3]

Friedrich Jodl

„Wenn man seine Bücher liest, wundert man sich, dass nach ihm viele und zum Teil hochgeachtete Philosophen so viel Verschwommenes haben schreiben und dankbare Leser finden können. Er hat die Entwicklung der Besten nach ihm nachhaltig beeinflußt."[4]

Albert Einstein

"Man is a reasonable being ... Man is a sociable, no less than a reasonable being ... Man is also an active being ... It seems, then, that nature has pointed out a mixed life as most suitable to human race ... Indulge your passion for science, says she, but let your science be human, and as such

1 Theodor W. Adorno: Minima Moralia. Berlin, Frankfurt/M.: Suhrkamp, 1951, 60 f.
2 Ebd., 108.
3 Friedrich Jodl: Leben und Philosophie David Hume's. Halle: C.E.M. Pfeffer 1872, 200 f .
4 Albert Einstein: Mein Weltbild. Frankfurt/M., Berlin, Wien: Ullstein, 1979 [1934], 37.

> may have a direct reference to action and society. ... Be a philosopher; but, amidst all your philosophy, be still a man."[5]
>
> *David Hume*

In den üblichen Darstellungen der Philosophiegeschichte wird *David Hume* (1711–1776) gerne als Nachfolger von *John Locke* und *George Berkeley* und als Vorläufer von *Immanuel Kant* dargestellt. Doch die Eigenständigkeit und die Außergewöhnlichkeit seines Denkens sollten viel stärker hervorgehoben werden. *David Humes* Philosophie ist eine Philosophie der vergesellschafteten Menschen und eine Philosophie der Aufklärung. Aufklärung heißt hier zunächst die Wahrnehmung des Menschen als eines gesellschaftlichen Wesens; Gesellschaft und Geselligkeit sind hierbei noch in einem hohen Maß verknüpft. *Humes* Philosophie taugt nicht für eine Vorstellung von atomisierten, isolierten Individuen. Im Gegenteil: er destruiert herkömmliche Konzepte von Persönlichkeit, Individualität[6], und bewahrt gleichzeitig eine Vorstellung vom moralischen Handeln der Einzelnen, wie von einem vernünftigen Zusammenleben, von einer möglichen Zivilisiertheit der Menschen überhaupt.

Diese Vorstellung von einer wahrhaft humanen und zivilisierten Gesellschaft macht eine Diskussion über die Art und Weise des menschlichen Zusammenlebens ebenso notwendig wie die permanente kritische Auseinandersetzung mit den bestehenden Verhältnissen – und die Befähigung der Individuen zu eben dieser Auseinandersetzung. *David Hume* mag immer wieder betonen, wie sehr er ein Mensch von ausgeglichenem Gemüt ist, der von keinem besonderen Eifertum beseelt ist; und wie wichtig es ist, die Welt mit nüchternem, distanziertem Blick zu betrachten – er ist unnachgiebig und voller Eifer gegen das bloße Hinnehmen des Überkommenen. Er ist nicht bereit, Gängiges, Modisches, Traditionelles einfach hinzunehmen, ohne es zu analysieren, hin und her zu wenden, zu überdenken und dabei neue Betrachtungsweisen zu entfalten, die es den Leserinnen und Lesern seiner Texte gestatten, selbst, eigenständig, weiterzudenken. Daher ist er auch immer wieder voller Ironie und voll des hintergründigen Spotts (insbesondere in Bezug auf alle religiösen Angelegenheiten); Spott und Ironie fördern durchaus das autonome, kritische Denken und den Eigensinn.

5 David Hume: An Enquiry Concerning Human Understanding. Edited by Tom L. Beauchamp. Oxford: Clarendon Press 2006, 7.

6 Siehe den Abschnitt "Of personal identity" in: David Hume: A Treatise of Human Nature. Edited with an introduction by Ernest C. Mossner. London: Penguin 1985. Vergleiche dazu auch die Auffassung von Ernst Mach (unter Bezugnahme auf Hume): Ernst Mach: Die Analyse der Empfindungen und das Verhältnis des Physischen zum Psychischen [1. Aufl. 1886; Nachdr. d. 9. Aufl. 1922]. Darmstadt: Wissenschaftliche Buchgesellschaft 1985, 2 f., 290 f.

David Humes Philosophie ist alltäglich angewandte Wissenschaftlichkeit; seine Wissenschaftlichkeit ist absolut modern. Die absolute Gewissheit, die die Aussagen der Offenbarungsreligionen behaupteten, ist vorbei; ebenso all die sicheren Wahrheiten, die die mittelalterliche christliche Religion zu bieten schien. Nun können und sollen diese vermeintlich sicheren Wahrheiten nicht (in quasi-religiöser Gestalt) in der modernen Wissenschaft wiederkehren – als „objektive" Wahrheit, als ewige, zeitlose Gesetzmäßigkeit. Was bei *Hume* immer wieder „Skeptizismus" geheißen wird, ist in Wirklichkeit ein kluges Abschätzen der Möglichkeiten der Erkenntnis, ohne dass dies zu einer prinzipiellen Geringschätzung des menschlichen Erkenntnisvermögens führt oder einer Einschränkung der Möglichkeiten der bewussten Weltgestaltung dient. Es ist daher kein Zufall, dass *Humes* Texte immer wieder von jenen mit Gewinn gelesen wurden, die versucht haben, eine wissenschaftliche Weltauffassung zu entfalten, die der Zivilisierung der jeweiligen Gesellschaft dient.

David Hume hat keine philosophische „Schule" geformt, keine durchgängige Tradition seiner Denkweise grundgelegt, aber in seinen Werken stets jene gestärkt, die als einigermaßen autonome Intellektuelle in schwierigen sozialen und politischen Verhältnissen agiert haben. Das, was bei ihm als skeptische Philosophie angesehen wird, ist – genau genommen – die konstruktive Überwindung eines jeden schlechten Skeptizismus; ist die Einübung selbst-aufklärerischen kritischen Denkens in praktischer Absicht. *Hume* ist hartnäckig in der Abwehr jeglicher Metaphysik und Religion, eines jeglichen Obskurantismus; und er insistiert auf Empirie in der Tradition von "my Lord BACON"[7]. Er verbindet Empirie mit einem geduldigen (nicht-dogmatischen) Rationalismus, dessen Grenzen er auch immer wieder bedenkt; aber nicht, indem er die menschliche Erkenntnisfähigkeit grundsätzlich infrage stellt, sondern indem er (wie etwa im 20. Jahrhundert *Otto Neurath*[8]) einen mit sinnlicher Wahrnehmung und Erfahrung verknüpften Rationalismus von metaphysischem Scheinrationalismus zu unterscheiden trachtet. So ist *Humes* Philosophie kein Rückfall in scholastische Spekulation, sondern eine Summe von Versuchen der dauerhaften Begründung moderner Wissenschaftlichkeit. Seine Grundlegungen einer aufklärenden und aufgeklärten Wissenschaft zielen ab auf ein gutes Leben, auf eine Philosophie der Praxis, die die Menschen befähigt, ihr Leben bewusst zu einem Besseren hin zu gestalten, und sich nicht mit dem Bestehenden abzufinden. *David Humes*

7 David Hume: A Treatise of Human Nature. Edited with an introduction by Ernest C. Mossner. London: Penguin 1985, 44.

8 Otto Neurath, Die Verirrten des Cartesius und das Auxiliarmotiv. Zur Psychologie des Entschlusses. In: Jahrbuch der Philosophischen Gesellschaft an der Universität Wien 1913. Leipzig: Johann Ambrosius Barth 1913, 43–59.

Texte erfordern mit- und weiterdenkende Leserinnen und Leser. Was die Lektüre seiner Texte erleichtert, sind seine Neigung zu Witz und Ironie und die Entwicklung eines Sinns für (mehr oder weniger) subtile Polemik.

Seine rhetorischen Strategien sind durchaus jenen der polemischen Kritiken eines *Gotthold Ephraim Lessing* vergleichbar, nur dass *Hume* eben innerhalb einer relativ entwickelten Gesellschaft zu schreiben vermag – ohne dass er diesen gesellschaftlichen Hintergrund seines Schreibens als selbstverständlich hinnimmt. Er reflektiert immer wieder die gesellschaftlichen Bedingungen seines Schreibens; er begreift den erreichten Grad der Zivilisation keineswegs als eine Art Naturzustand, sondern als ein Zustand, den es zu bewahren und weiter zu entwickeln gilt. Dies ist ein stetes Ziel seiner Bemühungen. So entspringt auch die wiederkehrende Klage über die mangelnde Rezeption seines ersten großen Traktats nicht der Eitelkeit eines Schriftstellers, der zu wenig öffentliche Anerkennung findet; es ist eher ein Beklagen eines Mangels an öffentlicher Diskussion (der von Hume vertretenen Auffassungen) – weil nur in dieser öffentlichen Diskussion der bereits erreichte, aber nach wie vor nicht zufriedenstellende Stand der Zivilisation der Gesellschaft begriffen, gesichert und eventuell erweitert werden kann. Das ist es, was Aufklärung in praktischer Absicht zu leisten versucht, und was *Hume* zu erreichen trachtete.

8.2 "That politics may be reduced to a science"

Im Jahr 1741 wurde in Edinburgh eine Sammlung von Texten von *David Hume* unter dem Titel „Essays, Moral and Political" veröffentlicht. Diese Sammlung enthält auch einen Artikel zum Thema „That politics may be reduced to a science". Der Essay beginnt mit dem Satz:

> "It is a question ... whether there be any essential difference between one form of government and another? and whether every form may not become good or bad, according as it is well or ill administered?"[9]

Hume hält von dieser Vorstellung gar nichts und betont vielmehr:

> "I ... should be very sorry to think, that human affairs admit of no greater stability, than what they receive from the casual humours and characters of particular men."[10]

9 David Hume: Political Essays. Edited by Knud Haakonssen. Cambridge: Cambridge UP 2006, 4.

10 A. a. O.

> "All absolute governments must very much depend on the administration; and this is one of the great inconveniences attending that form of government. But a republican and free government would be an obvious absurdity, if the particular checks and controuls, provided by the constitution, had really no influence, and made it not the interest, even of bad men, to act for the public good. Such is the intention of these forms of government, and such is their real effect, where they are wisely constituted: As on the other hand, they are the source of all disorder and of the blackest crimes, where either skill or honesty has been wanting in their original frame and institution."[11]

So kommt *Hume* zu dem Schluss:

> "So great is the force of laws and the particular forms of government, and so little dependence have they on the humours and tempers of men, that consequences almost as general and certain may sometimes be deduced from them, as any which the mathematical sciences afford us."[12]

Und nun beginnt *Hume* zu diskutieren, welche staatlichen Strukturen die besten wären. Beim Lesen seines Textes sollten wir uns vor Augen halten, dass es ihm nicht so sehr um eine genaue Analyse vergangener gesellschaftlicher Vorgänge und Institutionen geht, sondern vor allem um Argumente zur ausführlicheren Begründung seiner Auffassung einer wissenschaftlichen Untersuchung der Politik. Interessant ist dabei auch die rhetorische Strategie, derer sich Hume bedient. Es geht *Hume* nämlich gleichzeitig um die Begründung einer Wissenschaft von der Politik und um die theoretische Begründung dafür, dass die Verfassung Englands (die Gesetze und die politischen Institutionen – und die gesellschaftlichen Verhältnisse insgesamt) wohl die beste bestehende Verfassung für die Bevölkerung ist; und dass weitere Verbesserungen möglich sind, es sich dabei aber wesentlich um die Verbesserung der Strukturen handelt und nicht bloß um die Verbesserung der Moral und Sitten der politischen Akteure.

Bei der wissenschaftlichen Erforschung der Politik geht es *David Hume* um die *Untersuchung von Strukturen* (und nicht etwa der Psyche, der Gemütsverfassungen der jeweils Herrschenden); in der Praxis der Politik geht es um die *bewusste Gestaltung von Strukturen*. Er beginnt mit der historischen Erinnerung an das republikanische Rom der Antike.

11 Ebd., 5.
12 A. a. O.

> "The constitution of the ROMAN republic gave the whole legislative power to the people ... This unbounded power they possessed in a collective, not in a representative body. The consequences were: When the people, by success and conquest, had become very numerous, and had spread themselves to a great distance from the capital, the city-tribes ... carried almost every vote: They were, therefore, cajoled by every one that affected popularity: They were supported in idleness by the general distribution of corn, and by particular bribes, which they received from almost every candidate: by this means, they became every day more licentious, and the CAMPUS MARTIUS was a perpetual scene of tumult and sedition: ... so that the whole government fell into anarchy, and the greatest happiness, which the ROMANS could look for, was the despotic power of the CAESARS."[13]

Dies ist eine sehr verkürzte und vereinfachte (wenn auch keineswegs völlig falsche) Darstellung der wirklichen historischen Prozesse; aber es geht um eine Begründung der folgenden Aussage: "Such are the effects of democracy without a representative."[14] *David Hume* plädiert immer wieder für Strukturen oder die Ausformung von Strukturen in der Gesellschaft; das heißt, er tritt ein für die Formulierung von rechtlichen Regeln (die für alle gelten) und für die Einrichtung von politischen Institutionen, die sowohl für die Schaffung von Gesetzen wie auch für deren Einhaltung sorgen. Es geht also immer wieder um die politische Organisierung der Gesellschaft. Freiheit und ein gutes Leben sind nur möglich in geordneten gesellschaftlichen Verhältnissen – wobei bestehende Ordnungen von Menschen gestaltet und daher auch veränderbar sind.

David Hume führt in seinem Essay auch gleich mehrere Methoden der Wissenschaft von der Politik vor:

- das historische Beispiel, das die Beurteilung gegenwärtiger Verhältnisse ermöglichen soll
- den Vergleich der politischen Organisation verschiedener Gesellschaften

Und so vergleicht er die Republik Venedig (die ihm stets sehr vorteilhaft erschien) mit dem Königreich Polen.

> "A Nobility may possess the whole, or any part of the legislative power of a state, in two different ways. Either every nobleman shares the power as part of the whole body, or the whole body enjoys the power as composed of parts, which have each a distinct power and authority. The VENETIAN aristocracy

13 A. a. O.
14 A. a. O.

> is an instance of the first kind of government: the POLISH of the second. In the VENETIAN government the whole body of nobility possesses the whole power, and no nobleman has any authority which he receives not from the whole.
>
> In the POLISH government every nobleman, by means of his fiefs, has a distinct hereditary authority over his vassals, and the whole body has no authority but what it receives from the concurrence of its parts."[15]

So nebenbei weist *Hume* darauf hin, dass in Polen noch immer Feudalismus und Leibeigenschaft existieren; und das ist ein wesentlicher Unterschied in den sozio-ökonomischen Verhältnissen zwischen Polen und Venedig. In der Folge diskutiert *David Hume*, ob es günstiger wäre, einen Herrscher zu wählen oder das Herrscheramt einfach zu vererben, und er plädiert schließlich für eine Erbmonarchie. Allerdings ist dieses Plädoyer nicht sehr schmeichelhaft für das monarchische Prinzip; wichtig ist vor allem die politische Stabilität, die durch das Vererben des Herrscheramtes erreicht wird und nicht irgendeine besondere Qualität der Person des Herrschers. Insgesamt kommt *David Hume* zu dem Schluss:

> "It may therefore be pronounced as an universal axiom in politics, *That an hereditary prince, a nobility without vassals, and a people voting by their representatives, form the best* MONARCHY, ARISTOCRACY, *and* DEMOCRACY."[16]

Der Vergleich von politischen Strukturen (und die Pressefreiheit in England) gestatten *Hume*, in seinem Text die Vor- und Nachteile diverser Staats- und Regierungsformen zu diskutieren (und dabei stets republikanische Organisationsformen als beispielhaft zu verwenden) und ein freies Staatswesen zu propagieren.

8.3 *David Hume* über das gute Leben, über Religion und Wissenschaft

> "Laws, order, police, discipline; these can never be carried to any degree of perfection, before human reason has refined itself by exercise, and by an application to the more vulgar arts, at least, of commerce and manufacture. Can we expect, that a government will be well modelled by

15 Ebd., 5 f.
16 Ebd., 7.

> the people, who know not how to make a spinning-wheel, or to employ a loom to advantage? Not to mention, that all ignorant ages are infested with superstition, which throws the government off its bias, and disturbs men in the pursuit of their interest and happiness." [17]
>
> *David Hume*

> "**Religion**, n. A daughter of Hope and Fear, explaining to Ignorance the nature of the Unknowable. ..."[18]
>
> *Ambrose Bierce*

> "The various modes of worship, which prevailed in the Roman world, were all considered by the people as equally true; by the philosophers, as equally false; and by the magistrate, as equally useful. And thus toleration produced not only mutual indulgence, but even religious concord."[19]
>
> *Edward Gibbon*

David Hume hat immer wieder auf den Zusammenhang zwischen den Fortschritten in der ökonomischen Entwicklung mit den Entwicklungen in Wissenschaft und Kunst sowie den Fortschritten in der Kultivierung und Zivilisierung des menschlichen Zusammenlebens hingewiesen.

> "Another advantage of industry and refinements in the mechanical arts, is, that they commonly produce some refinements in the liberal; nor can one be carried to perfection, without being accompanied, in some degree, with the other. The same age, which produces great philosophers and politicians, renowned generals and poets, usually abounds with skilful weavers and ship-carpenters. We cannot reasonably expect, that a piece of the woollen cloth will be wrought to perfection in a nation, which is ignorant of astronomy, or where ethics are neglected. The spirit of age affects all the arts; and the minds of men, being once roused from the lethargy, and put into a fermentation, turn themselves on all sides, and carry improvements into every art and science. Profound ignorance is totally banished, and men enjoy the privilege of rational creatures, to think as well as to act, to cultivate the pleasures of the mind as well as those of the body."[20]

17 David Hume: Of Refinement in the Arts. Political Essays. Cambridge: Cambridge University Press 2006, 109.

18 Ambrose Bierce: The Devil's Dictionary. London: Folio Society 2003, 266.

19 Edward Gibbon: The History of the Decline and Fall of the Roman Empire. Volume I. Edited by David Womersley. Harmondsworth: Penguin 2005, 56.

20 David Hume: Of Refinement in the Arts. Political Essays. Cambridge: Cambridge University Press 2006, 107.

Vor dem Hintergrund der Durchsetzung der kapitalistischen Produktionsweise in England und der damit verbundenen enormen Steigerung des gesellschaftlichen Reichtums schreibt *Hume* hier nicht von einer Bewirtschaftung des materiellen Mangels und einem Reichtum der geistigen Betätigung, sondern preist die Vorzüge des allgemeinen Luxus und der leiblichen und geistigen Genüsse. Er nimmt den von ihm wahrgenommenen erarbeiteten gesellschaftlichen Reichtum zum Anlass für ein Plädoyer für eine reichhaltigere Lebensweise, für eine Vielfalt der Genüsse, für eine Verknüpfung von individueller Verfeinerung und luxuriöser Geselligkeit; und dies soll nicht nur für einige wenige Angehörige einer herrschenden „Elite", sondern durchaus für die große Zahl gelten.

Was sich liest wie eine Vorwegnahme der Darstellung der Verhältnisse in den avancierten kapitalistischen Gesellschaften der 70er-Jahre des 20. Jahrhunderts, entsprach der Wirklichkeit des (bei aller ungleichen Verteilung der erarbeiteten Reichtümer) im 18. Jahrhundert beträchtlich gestiegenen Wohlstands der Mittelklassen und daraus abgeleiteten weiteren Entwicklungstendenzen.

> "The more these refined arts advance, the more sociable men become; nor is it possible, that, when enriched with science, and possessed of a fund of conversation, they should be contented to remain in solitude, or live with their fellow-citizens in that distant manner, which is particular to ignorant and barbarous nations. They flock into cities; love to receive and communicate knowledge; to show their wit and their breeding; their taste in conversation or living, in clothes or furniture. Curiosity allures the wise, vanity the foolish; and pleasure both. Particular clubs and societies are everywhere formed: Both sexes meet in an easy and sociable manner; and the tempers of men, as well as their behaviour, refine apace. So that, beside the improvements which they receive from knowledge and the liberal arts, it is impossible but they must feel an encrease of humanity, from the very habit of conversing together, and contributing to each other's pleasure and entertainment. Thus industry, knowledge, *and* humanity, *are* linked together by an indissoluble chain, and are found, from experience as well as reason, to be peculiar to the more polished, and, what are commonly denominated, the more luxurious ages."[21]

David Hume war einer der ganz wenigen Philosophen, die für Urbanität, für das Leben in den Städten, eintraten, die zivilisierende Effekte urbanen Lebens wahrnahmen; und er betonte stets auch die politische Bedeutung der allgemeinen Kultivierung des Luxus.

21 Ebd., 107.

> "But industry, knowledge, and humanity, are not advantageous in private life alone: they diffuse their beneficial influence on the public, and render the government as great and flourishing as they make individuals happy and prosperous."[22]

Wenn, wie *Hume* es beschrieben hat, die Vergesellschaftung der Menschen fortschreitet, die Welt den Menschen zunehmend zu einer gemeinsam erkennbaren und gestaltbaren wird, dann nehmen auch alle Formen des Aberglaubens und der Furcht vor höheren Mächten ab. Nicht nur theoretische Aufklärung zersetzt religiöse Überzeugungen, sondern die massenhafte Verbesserung der Lebenslage der Menschen.

Was Wissenschaft beizutragen vermag, ist eine gewisse Systematisierung von Denkweisen, die wiederholte argumentative Auflösung überkommener religiöser Glaubensvorstellungen (und ihrer säkularen Verfallsformen). Dies hat *Hume* betrieben, und zwar in einer höchst eigentümlichen Art und Weise. Er greift Religion und Gottesglauben nicht unbedingt direkt an. Da mag ein göttlicher Weltenschöpfer durchaus existieren, er propagiert nicht offen Atheismus, schildert aber Gottheiten als Ebenbilder der Menschen (und nicht die Menschen als Ebenbilder von Gottheiten). Und es ist die Furcht vor den (noch) nicht erkannten Ursachen für Geschehnisse, sowie die Hoffnung auf Besseres, die bei *Hume* die Menschen Zuflucht bei der Religion suchen lässt.

> "We are placed in this world, as in a great theatre, where the true springs and causes of every invent are entirely concealed from us ... These (unknown causes), then, become the constant object of our hope and fear ..."
>
> "No wonder, then, that mankind, being placed in such an absolute ignorance of causes, and being at the same time so anxious concerning their future fortune, should immediately acknowledge a dependance on invisible powers, possessed of sentiment and intelligence."[23]

Überhaupt betreibt *Hume* – vergleichende – Religionsgeschichte; und nichts ist bedrohlicher für jeglichen religiösen Glauben, als wenn Religionen in ihren Entwicklungen beobachtet und untereinander verglichen werden. Denn die wissenschaftliche Betrachtung religiösen Glaubens beraubt diesen seiner Besonderheit und Einmaligkeit und ordnet ihn einer allgemeinen Erkennbarkeit der Welt zu – Religion wird zu einem Gegenstandsbereich wissenschaftlicher Erkenntnis wie Mineralien- oder Käferkunde und dies ist in den Augen der Re-

22 Ebd., 108.

23 David Hume: The Natural History of Religion [1757] (o.O.: Kessinger o.J.), 7 f.

ligiösen eine ungeheure Herabwürdigung. Daher wurde jegliche Relativierung von Religion (und jede historische und vergleichende Untersuchung bedeutet eine Relativierung von Religion) immer wieder so behandelt, als handelte es sich schon um einen direkten Angriff auf den jeweils wahren Glauben, bzw. um vollendete Gottlosigkeit.

David Hume findet die Ursprünge der Religion im Polytheismus:

> "If we would ... indulge our curiosity, in enquiring concerning the origin of religion, we must turn our thoughts towards polytheism, the primitive religion of uninstructed *mankind*."[24]

Den (Mono-)Theismus leitet er dann von diesen Ursprüngen ab und bringt bezüglich des Christentums verschiedene Hinweise und ironische Bemerkungen an, die keineswegs dazu angetan sind, daran etwas wirklich Gutes zu finden. So heißt es z. B.:

> "It must be allowed, that the Roman Catholics are a very learned sect; and that no one communion, but that of the church of England, can dispute their being the most learned of all the Christian churches: Yet Averroes, the famous Arabian ... declares, that, of all religions, the most absurd and nonsensical is that, whose votaries eat, after having created, their deity."[25]

Und weiter:

> "... the greatest crimes have been found, in many instances, compatible with a superstitious piety and devotion: Hence, it is justly regarded as unsafe to draw any certain inference in favour of a man's morals from the fervour or strictness of his religious exercises, even though he himself believe them sincere."[26]

Immer wieder hat *David Hume* die prinzipielle Fragwürdigkeit jeglicher Religiosität herausgearbeitet, ohne aber die Überzeugungen einzelner Personen infrage zu stellen. Insgesamt scheinen die Menschheit und das moralische Denken und Handeln der Menschen gut aufgehoben im Zusammenhang mit eigenständigem, an Rationalität und Empirie orientiertem Denken. Und so bemerkt er in Bezug auf seine Untersuchungen zur Religion:

24 Ebd., 5
25 Ebd., 30.
26 Ebd., 42.

> "Doubt, uncertainty, suspence of judgement appear the only result of our most accurate scrutiny, concerning this subject. But ... did we not enlarge our view, and opposing one species of superstition to another, set them quarrelling; while we ourselves, during their fury and contention, happily make our escape, into the calm, though obscure, regions of philosophy."[27]

David Hume hat das Feld der Philosophie und Wissenschaft gründlich von Metaphysik und Religiosität zu reinigen getrachtet und daran konnten Philosophen nach ihm immer wieder gut anknüpfen.

8.4 *David Hume* und die Demokratie

> "Hume, who much more than Kant deserves to be called the destroyer of metaphysics, ... wrote in his brilliant essay Of the Original Contract that the consent of the people is the best foundation of government, and in his essay Idea of a Perfect Commonwealth he sketched the constitution of a democratic republic."[28]
>
> *Hans Kelsen*

Der Essay „Of the Original Contract" scheint auf den ersten Blick nicht mehr zu sein als eine „ausgewogene" Betrachtung über die politische Philosophie der beiden Parteien im englischen Parlament. *David Hume* beginnt den Aufsatz damit, dass er die theoretischen Positionen der beiden parlamentarischen Parteien, „Konservative" und „Liberale" – „Tories" und „Whigs" gegenüberstellt.

> "The one party, by tracing up government to the Deity, endeavor to render it so sacred and inviolate, that it must be little less than sacrilege, however tyrannical it may become, to touch or invade it, in the smallest article. The other party, by founding government altogether on the consent of the PEOPLE, suppose that there is a kind of original contract, by which the subjects have reserved the power of resisting their sovereign, whenever they find themselves aggrieved by that authority, with which they have, for certain purposes, voluntarily entrusted him."[29]

Und er betont seine Absicht, zu zeigen, dass keine der beiden Parteien absolut recht habe – in einer gewissen Weise aber doch, nur nicht so, wie sie es selbst ger-

27 Ebd., 45 f.

28 Hans Kelsen, Foundations of Democracy. In: *Ethics. An International Journal of Social, Political, and Legal Philosophy* LXVI. No. 1, Part II (October 1955): 38.

29 David Hume: Of the Original Contract. Political Essays, Ed. Knud Haakonssen. Cambridge: Cambridge University Press 2006, 186.

ne hätten. Dies gehört zu seinen wiederkehrenden rhetorischen Strategien und Taktiken, wobei aber immer wieder auf seine Ironie, seinen Witz und durchaus bösartigen Spott zu achten ist: nichts oder wenig ist so, wie es zunächst scheint. *Hume* legt dann dar, wie ein Gesellschaftsvertrag zustande gekommen ist (und ohne dass *Hobbes* namentlich erwähnt wird, wird seine Theorie in Kurzform präsentiert):

> "When we consider how nearly equal all men are in their bodily force, and even in their mental powers and faculties, till cultivated by education; we must necessarily allow, that nothing but their own consent could, at first, associate them together, and subject them to any authority. The people, if we trace governement to its first origin in the woods and desarts, are the source of all power and jurisdiction, and voluntarily, for the sake of peace and order, abandoned their native liberty, and received laws from their equal and companion. ... Nothing but their own consent, and their sense of the advantages resulting from peace and order, could have had that influence."[30]

Doch in der Folge konfrontiert *Hume* diese theoretischen Konzeptionen und ihre aktuellen Verfechter mit gegenwärtigen und historischen Erfahrungen:

> "But would these reasoners look abroad into the world they would meet with nothing that in the least, corresponds to their ideas, or can warrant so refined and philosophical a system. On the contrary, we find, every where, princes, who claim their subjects as their property, and assert their independent right of sovereignty, from conquest or succession."[31]

> "Almost all the governments, which exist at present, or of which there remains any record in story, have been founded originally, either on usurpation or conquest, or both, without any pretence of a fair consent, or voluntary subjection of the people."[32]

Er beobachtet auch:

> "Obedience or subjection becomes so familiar, that most men never make any enquiry about its origin or cause, more than about the principle of gravity, resistance, or the most universal laws of nature."[33]

30 Ebd., 187 f.
31 Ebd., 188.
32 Ebd., 189 f.
33 Ebd., 189.

Und er stellt treffend fest:

> "Were you to preach, in most parts of the world, that political connexions are founded altogether on voluntary consent ore a mutual promise, the magistrate would soon imprison you, as seditious, for loosening the ties of obedience; if your friends did not before shut you up as delirious, for advancing such absurdities."[34]

Von der Vorstellung des ursprünglichen Gesellschaftsvertrages und der notwendigen dauernden Zustimmung des Volkes zur bestehenden Herrschaft scheint nichts übrig zu bleiben. Doch damit muss man sich nicht abfinden.

Bemerkenswert ist hier wohl die Einübung eines Möglichkeitssinns; die Einübung ins abwägende Argumentieren, in die Verknüpfung von Theorie und Empirie und – in subtiler Weise – die Einübung darin, nicht zu vergessen, dass die bestehenden Verhältnisse auch anders gedacht werden, und auch tatsächlich anders sein, könnten. Denn immerhin: in England dürfen diese politischen Philosophien, und auch die ihnen zuordenbaren politischen Praktiken, öffentlich diskutiert werden, ohne dass ihre Anhänger mit drakonischen Strafen bedroht werden. Mehr noch: das politische System ist prinzipiell so beschaffen, dass ein Machtwechsel infolge von Wahlen durchaus möglich ist. (Und, wie *Hume* es in seinen historischen Darstellungen beschrieben hat und es auch allen bewusst war: Der englische König war eben kein Herrscher von Gottes Gnaden; auch die konservativen Abgeordneten im House of Commons waren nicht durch göttliche Akte eingesetzt, sondern schlicht in ihren Wahlkreisen gewählt worden.) So kann *David Hume* denn gelassen feststellen:

> "My intention here is not to exclude the consent of the people from being one just foundation of government where it has place. It is surely the best and most sacred of any."[35]

Und entwickelt bald darauf Vorstellungen von Rechtsstaatlichkeit in einer zivilisierten Gesellschaft.

> "... men could not live at all in society, at least in a civilized society, without laws and magistrates and judges, to prevent the encroachment of the strong upon the weak, of the violent upon the just and equitable. The obligation to allegiance being of like force and authority with the obligation to fidelity,

34 A. a. O.
35 Ebd., 192.

> we gain nothing by resolving the one into the other. The general interests or necessities of society are sufficient to establish both."[36]

Unabhängig davon, ob die Theorien vom Gesellschaftsvertrag zutreffend sein mögen oder nicht, gibt es eine Vorstellung und eine Möglichkeit des zivilisierten Zusammenlebens der Menschen – und Stücke davon sind zu *Humes* Zeiten in England bereits realisiert. Abschließend betont *Hume*:

> "We shall only observe, before we conclude, that, though an appeal to general opinion may justly, in the speculative sciences of metaphysics, natural philosophy, or astronomy, be esteemed unfair and inconclusive, yet in questions with regard to morals, as well as criticism, there is really no other standard, by which any controversy can ever be decided."[37]

Das ist interessant und wichtig: wenn es um Fragen des menschlichen Zusammenlebens geht, sind allgemeine, öffentliche und wiederkehrende Diskussionen notwendig und soll schließlich auch das Urteil der Mehrheit entscheidend sein – das ist eine treffende Darstellung eines (noch immer nicht verwirklichten) wesentlichen Prinzips der Demokratie. Es wäre nicht *Hume* – mit seinen subtilen rhetorischen Taktiken und Strategien – wenn nicht ganz zum Schluss (unter Berufung auf die obige Aussage) der Eindruck erweckt würde, die Vorstellung von der notwendigen Zustimmung des Volkes zur jeweiligen Herrschaft sei völlig abwegig, weil dies ja nur in einem einzigen Königreich, nämlich in England selbst (aber sonst nirgendwo) zuträfe.

> "What authority any moral reasoning can have, which leads into opinions so wide of the general practice of mankind, in every place but this single kingdom, it is easy to determine."[38]

36 Ebd., 196 f.
37 Ebd., 200.
38 Ebd., 201.

9 *Thomas Paine* und der republikanische Wohlfahrtsstaat

9.1 Zur Aktualität von *Thomas Paine*

> "From what we now see, nothing of reform in the political world ought to be held improbable. It is an age of Revolutions, in which every thing may be looked for."[1]
>
> "Man is not the enemy of man, but through the medium of a false system of Government. Instead, therefore, of exclaiming against the ambition of Kings, the exclamations should be directed against the principle of such Governments; and instead of seeking to reform the individual, the wisdom of a Nation should apply itself to reform the system."[2]
>
> *Thomas Paine*

Thomas Paine (1737–1809) lebte und schrieb zu einer Zeit, in der die überwiegende Mehrheit der Bevölkerung von jeglicher Beteiligung an der politischen Gestaltung der Gesellschaft ausgeschlossen war. Es war daher notwendig, zugleich die politischen Rechte des Volkes, der Nation (die Bezeichnungen „the Nation" und „the People" wurden von Paine gleichbedeutend verwendet), zu begründen und die wesentlichen Prinzipien des Republikanismus, und zwar eines neuen, demokratischen Republikanismus, zu formulieren.

Im frühen 21. Jahrhundert sind in den Ländern, die über demokratische Regierungssysteme verfügen, wichtige Bestandteile demokratischer oder demokratisch-republikanischer Strukturen, Einstellungen, Denk- und Verhaltensweisen in Gefahr, verdrängt und abgebaut zu werden. Die engen Zusammenhänge zwischen den materiellen Lebensbedingungen der Bevölkerung und den Möglichkeiten politischer Gestaltung werden nicht länger wahrgenommen; politische Demokratie und individuelle und soziale Lebensgestaltung werden als getrennte Sphären angesehen, ja als solche propagiert. Krisenerscheinungen der politischen Sphäre (sinkende Wahlbeteiligung, Wiederkehr von Rassismus, Nationalismus und antidemokratischen Einstellungen) werden abgesondert von den ökonomischen Krisen, von den verschlechterten materiellen Lebensbedingungen und verschlechterten Lebensperspektiven der Masse der Bevölkerung betrachtet.

1 Thomas Paine: Rights of Man. In: Collected Writings. Edited by Eric Foner. New York: The Library of America 1995, 540.

2 Ebd., 539.

Eine der wichtigsten Errungenschaften in *Thomas Paines* politischem Denken war die Einsicht, dass alle staatlichen Vorgänge durch das Geld der Steuerzahler – und nur dadurch – ermöglicht würden; und dass auch die Ärmsten der Armen durch ihre Steuerbeiträge daran Anteil hätten (auch wer keine Lohn- oder Einkommenssteuern entrichtet, leistet über die Steuern, mit denen die einzelnen Waren belegt sind, Beiträge): nicht zuletzt von daher wird auch die Teilhabe aller an der Politik begründet.

Die eigentümliche Qualität und Beständigkeit der Schriften *Thomas Paines* liegt vielleicht darin begründet, dass in ihnen Argumente für die Entwicklungen einer demokratischen Gesellschaft, eines demokratisch-republikanischen Staatswesens ebenso zu finden sind wie auch Hinweise auf Probleme und Hindernisse dieser Entwicklungen; aber eben auch Hinweise für die Überwindung derselben. Dabei scheinen die Schriften *Paines* eine Fundgrube für Neoliberale und Neokonservative ebenso zu sein wie für Anhänger eines umfassend regulierten Wohlfahrtsstaates; ein Arsenal der Ideen und Argumente. Um der umfassenden Modernität und Radikalität Thomas Paines gerecht zu werden, muss allerdings der (nicht aufzulösende, sondern vielmehr oft erst herzustellende) Zusammenhang begriffen werden: zwischen Individualität und Kollektivität, zwischen Individualisierung und Vergesellschaftung, zwischen egoistischen und privaten, sowie öffentlichen und sozialen Interessen. *Thomas Paine* ging es um die Herstellung, den Ausbau und die Erhaltung zivilisierter Lebensweisen für alle; um die Schaffung einer Gesellschaft und eines Staatswesens (und dies war durchaus weltweit gedacht), in der die Bürger in Freiheit arbeiten und die Früchte ihrer Arbeit genießen könnten, in der sie die Möglichkeit der bewussten Gestaltung der politischen und sozialen Verhältnisse haben sollten. Die Mittel dazu würden den Menschen durch Wissen um die Vorgänge in Natur und Gesellschaft, durch Aufklärung und (Selbst-)Bildung ebenso wie durch die – gleichzeitige – Schaffung von politischen Strukturen (die der persönlichen Verfügungsgewalt von Menschen über Menschen ein Ende setzten) in die Hände gegeben.

Die dauerhafte Aktualität *Paines* ergibt sich wohl aus seinem unerschütterlichen Vertrauen in das Volk, in die große Zahl der Menschen:

> "... but as there is but one species of man, there can be but one element of human power; and that element is man himself".[3]

3 Ebd., 536.

9.2 „Common Sense", Staat und Gesellschaft

> "A government of our own is our natural right: And when a man seriously reflects on the precariousness of human affairs, he will become convinced, that it is infinitely wiser and safer, to form a constitution of our own in a cool deliberate manner, while we have it in our power, than to trust such an interesting invent to time and chance."[4]
>
> "Mankind being originally equals in the order of creation, the equality could only be destroyed by some subsequent circumstance."[5]
>
> *Thomas Paine*

Am 10. Jänner 1776 erschien in Philadelphia eine Schrift mit dem Titel „Common Sense; Adressed to the Inhabitants of America". Über den Autor war vermerkt: „written by an Englishman". Dies war jener Text, der dem Unabhängigkeitskampf der nordamerikanischen Kolonien eine neue Qualität verlieh. Von nun an ging es nicht mehr bloß um einen Konflikt zwischen diversen Siedlern und einer fernen Zentralregierung, sondern um einen revolutionären Freiheitskampf und – damit verbunden – um die Schaffung eines neuen Staatswesens. (Die Schrift erreichte innerhalb kürzester Zeit enorme Auflagen und fand weltweit Verbreitung.)

Thomas Paine führte eine in der politischen Theorie recht neuartige Argumentation ein: die Unterscheidung zwischen Staat (oder: Regierung) und Gesellschaft. Die Gesellschaft erschien hierbei als der Bereich der freien Selbstgestaltung der Menschen; als jene Sphäre, in der für das Glück der Menschen gesorgt werden kann. Der *Staat* jedoch wurde dargestellt als notwendiges Übel, als ein Bereich, der zwar der Sicherheit, der Einschränkung möglicher asozialer Neigungen und Aktivitäten (wie wir wohl heute sagen würden) der Individuen, diente; doch keineswegs der positiven Entfaltung der Individuen und der Gesellschaft.

> "Some writers have so confounded society with government, as to leave little or no distinction between them; whereas they are not only different, but have different origins. Society is produced by our wants, and government by our wickedness; the former promotes our happiness *positively* by uniting our effections, the latter *negatively* by restraining our vices. The one encourages intercourse, the other creates distinctions. The first is a patron, the last a

4 Thomas Paine: Common Sense. In: Collected Writings. Edited by Eric Foner. New York: The Library of America 1995, 34.

5 Ebd., 12.

punisher. Society in every state is a blessing, but government even in the best state is but a necessary evil; in its worst state an intolerable one ..."[6]

"*Wherefore*, security being the true design and end of government, it unanswerably follows that whatever *form* thereof appears most likely to ensure it to us, with the least expence and greatest benefit, is preferable to all others."[7]

Die Begrenzung der Staatsfunktionen auf ein unbedingt notwendiges Maß ist nicht geknüpft an eine Konzeption von selbstgenügsamen, isolierten Individuen, die im Rahmen einer „freien Marktwirtschaft" als Konkurrenten agieren, sondern vielmehr an eine Vorstellung von einer von allen Menschen zu ihrer aller Nutzen kollektiv gestalteten Gesellschaft.

Es geht *Thomas Paine* um die Vision einer in Freiheit selbstregulierten menschlichen Gesellschaft, um eine *demokratische* Gestaltung der Gesellschaft ebenso wie des Staates:

"... and that the *elected* might never form to themselves an interest separate from the *electors*, prudence will point out the propriety of having elections often; because as the *elected* might by that means return and mix again with the general body of the *electors* in a few months, their fidelity to the public will be secured by the prudent reflection of not making a rod for themselves. And as this frequent interchange will establish a common interest with every part of the community, they will mutually and naturally support each other, and on this (not on the unmeaning name of king) depends the *strength of government, and the happiness of the governed*."[8]

Die Darstellung der getrennten – oder jedenfalls systematisch zu unterscheidenden – Bereiche *Staat* und *Gesellschaft* ermöglichte die Eröffnung einer ungewöhnlichen Perspektive: dass die Masse der Bevölkerung, die große Zahl, in der Lage sein könnte, das individuelle und gesellschaftliche, das politische Leben, bewusst zu gestalten. Dies war ein Appell an diejenigen, die im englischen Mutterland überhaupt von der Politik ausgeschlossen waren (da mangels Besitzqualifikation ohne Wahlrecht), und die bei der Bewahrung der Unterordnung der nordamerikanischen Kolonien unter die englische Zentralmacht für sich nichts weiter zu erwarten hatten. Zugleich aber appellierte die Schrift „Common Sense" auch an die Angehörigen der besitzenden Klassen, an ihre besonderen Interessen bezüglich Selbstbestimmung und ungehinderter Entfaltung

6 Ebd., 6.
7 Ebd., 7.
8 Ebd., 8.

ihrer Geschäfte. Ein neues, selbständiges Staatswesen auf dem Boden der nordamerikanischen Kolonien hatte so für alle seine Bewohner Vorteile zu bieten, und dieses neue, selbständige Staatswesen (eine Union der einzelnen bisherigen Kolonialterritorien) sollte sogleich geschaffen werden:

> "The present time ... is that peculiar time, which never happens to a nation but once, *viz.* the time of forming itself into a government."[9]

„Common Sense" war wesentlich auch eine Kampfschrift gegen die Monarchie, gegen jede Form vererbbarer Herrschaft und Erbuntertänigkeit. Daher bestand *Paine* auf einem neuen Staatswesen mit einer eigenen Verfassung auf demokratisch-republikanischer Grundlage, in dem nicht länger Menschen anderen Menschen, sondern alle den von ihnen selbst gestalteten Gesetzen unterworfen sein sollten.

> "For as in absolute governments the King is law, so in free countries the law *ought* to be King; and there ought to be no other."[10]

In seiner Schrift „Rights of Man" wird *Thomas Paine* diesen Gedanken wieder aufnehmen:

> "The government of a free country, properly speaking, is not in the persons, but in the laws."[11]

9.3 Die demokratische Republik, der Kampf gegen die monarchisch-elitäre Organisation der Gesellschaft, und der materielle Wohlstand des Volkes

> "The independence of America, considered merely as a separation from England, would have been a matter but of little importance, had it not been accompanied by a revolution in the principles and practice of governments."[12]
>
> "The revolutions which formerly took place in the world, had nothing in them that interested the bulk of mankind. They extended only to a change of persons and measures but not of principles ..."[13]

9 Ebd., 42.

10 Ebd., 34.

11 Thomas Paine: Rights of Man. In: Collected Writings. Edited by Eric Foner. New York: The Library of America 1995, 571 f.

12 Ebd., 548.

13 Ebd., 550.

> "When it shall be said in any country in the world, my poor are happy: neither ignorance nor distress is to be found among them; my jails are empty of prisoners, my streets of beggars; the aged are not in want, the taxes are not oppressive; the rational world is my friend, because I am the friend of its happiness: when these things can be said, then may that country boast of its constitution and its government."[14]
>
> *Thomas Paine*

Im Gefolge der Amerikanischen und der Französischen Revolution verfasste *Thomas Paine* in den Jahren 1791 und 1792 eine zweiteilige Schrift mit dem Titel „Rights of Man". Darin verteidigte er nicht nur die großen Revolutionen in Amerika und in Frankreich gegen die Attacken des konterrevolutionären Ideologen *Edmund Burke*, sondern formulierte vor allem umfassende Vorstellungen von einem wahrhaft republikanischen Staatswesen, das an den Interessen und Bedürfnissen seiner Bürger orientiert und vom politischen Willen dieser Bürger getragen sein sollte. Wenn Staat, Verfassung und Recht nicht als eine Summe von Einrichtungen und Regeln, losgelöst von den übrigen gesellschaftlichen Bedingungen (und das heißt allemal: von den materiellen Lebensbedingungen der Menschen) angesehen werden, sondern – wie bei *Thomas Paine* – damit unauflösbar verknüpft, dann entstehen auch andere, ungewohnte Bilder von Republikanismus, Demokratie und repräsentativen Versammlungen.

> "What is called a *republic*, is not any *particular form* of government. It is wholly characteristical of the purport, matter, or object for which government ought to be instituted, and on which it is to be employed, *res-publica*, the public affairs, or the public good; or, literally translated, the *public thing*. ... Every government that does not act on the principle of a *Republic*, or, in other words, that does not make the *res-publica* its whole and sole subject, is not a good government. Republican government is no other than government established and conducted for the interest of the public, as well individually as collectively."[15]

Die Volksherrschaft in Form einer parlamentarischen Republik war für *Thomas Paine* ein durchaus ausgereiftes politisches System, das allerdings noch nicht eingeübt war und daher als ein höchst ungewöhnliches System erscheinen musste.

14 Ebd., 649.
15 Ebd., 565.

> "The case is that mankind (from the long tyranny of assumed power) have had so few opportunities of making the necessary trials on modes and principles of government, in order to discover the best, *that government is but now beginning to be known*, and experience is yet wanting to determine many particulars."[16]

„Rights of Man" macht deutlich, dass eine Konstitution, eine Verfassung, nicht das Ergebnis eines willkürlichen Gnadenaktes eines Monarchen – oder auch des Handelns einer Regierung – sein kann, sondern ein demokratisches Handeln zu seiner Voraussetzung haben muss.

> "A constitution is not a thing in name only, but in fact. It has not an ideal, but a real existence; and wherever it cannot be produced in a visible form there is none. A constitution is a thing antecedent to a government, and a government is only the creature of a constitution. The constitution of a country is not the act of its government, but of the people constituting a government."[17]

Staat (oder Regierung) wird folgendermaßen definiert:

> "Government is nothing more than a national association; and the object of this association is the good of all, as well individually as collectively."[18]

Monarchien, sowie *jede* Form der persönlichen Herrschaft waren für *Thomas Paine* Formen von Sklaverei und standen im absoluten Widerspruch zu jeglichem menschenwürdigen Leben und Menschenrecht. Daher bekämpfte er auch immer wieder alle Tendenzen zur schleichenden Wiedereinführung persönlicher Herrschaft im Rahmen eines nominell republikanischen und repräsentativen politischen Systems.

> "Considering government in the only light in which it should be considered, that of a NATIONAL ASSOCIATION; it ought to be so constructed as not to be disordered by any accident happening among the parts; and therefore, no extraordinary power capable of producing such an effect, should be lodged in the hands of any individual."[19]

16 Ebd., 586.
17 Ebd., 467 f.
18 Ebd., 585.
19 Ebd., 588.

Bemerkenswert sind auch hier die Betonung der organisatorischen Strukturen und rechtlichen Regelungen sowie das Misstrauen gegenüber jeder Ausstattung von Personen mit zu viel Macht und zu viel Bezahlung durch den Staat.

> "As extraordinary power ought not to be lodged in the hands of any individual, so ought there be no appropriations of public money to any person, beyond what his services in a state may be worth. It signifies not whether a man be called a president, a king, an emperor, a senator, or by any other name which propriety or folly may devise, or arrogance assume, it is only a certain service he can perform in the state ..."[20]

Menschenrechte waren für ihn auch keineswegs bloß papierene Prinzipien, die die Armen und Entrechteten über ihr Elend hinwegtäuschen, eine Fassade, hinter der die alten Formen der Willkürherrschaft sich umso besser praktizieren lassen. Menschenrechte zu verwirklichen bedeutete, die materiellen Bedingungen für ein gutes Lebens für alle zu schaffen.

> "Government does not consist in a contrast between prisons and palaces, between poverty and pomp; it is not instituted to rob the needy of his mite and increase the wretchedness of the wretched."[21]

Es ging *Thomas Paine* im Übrigen um eine wahrhaft republikanische Kultur, eng verbunden mit einer Kultur der Arbeit; um eine umfassende republikanische Lebensweise, gestützt auf die produktive Arbeit aller Bürger. *Thomas Paine* ist eines jener seltenen Beispiele für einen bürgerlichen Theoretiker, der in der kapitalistischen Produktionsweise eine Kultur der Arbeit sah. Das hieß aber auch: eine Lebensweise, in der alle arbeitenden Menschen zu ihrem Recht kommen sollten, nämlich: die Möglichkeit haben, sich der Produkte ihrer Arbeit auch erfreuen zu können. Davon wurde aber wurde auch eine politische Verfassung abgeleitet, die allen Anteil an der Gestaltung des Staatswesens gewähren sollte. Dieses Gewähren wiederum war kein Akt einer huldvollen Obrigkeit oder eines sonstigen höheren Wesens; das arbeitende Volk selbst war die Quelle und die Wurzel und der Grund der republikanischen Staatsverfassung.

Zugleich entwickelte *Thomas Paine* auch ein umfassendes Programm eines Wohlfahrtsstaates: Dies begründete er nicht nur mit dem Hinweis auf das Recht auf ein menschenwürdiges Leben auch für die Armen, sondern vor allem auch mit dem Hinweis darauf, dass die große Zahl der Armen wesentlichen Anteil

20 Ebd., 589.
21 Ebd., 590.

am Steueraufkommen hatten, und somit auch ein Recht auf öffentliche Versorgung, wenn sie selbst nicht mehr in der Lage sein sollten, für ihren Unterhalt zu sorgen. Die programmatische Losung *Thomas Paines* lautete: „justice, and not charity".[22]

9.4 Aufklärung, politische Selbst-Erziehung und die Überwindung der Untertänigkeit

> "Reason and Ignorance, the opposites of each other, influence the great bulk of mankind.
> If either of these can be rendered sufficiently extensive in a country, the machinery of Government goes easily on. Reason obeys itself; and Ignorance submits to whatever is dictated to it.
> The two modes of Government which prevail in the world, are, first, Government by election and representation: Secondly, Government by hereditary succession. The former is generally known by the name of republic, the latter by that of monarchy and aristocracy.
> Those two distinct and opposite forms, erect themselves on the two distinct and opposite basis of Reason and Ignorance, – As the exercise of Government requires talents and abilities, and as talents and abilities cannot have hereditary descent, it is evident that hereditary succession requires a belief from man, to which reason cannot subscribe, and which can only be established upon his ignorance; and the more ignorant any country is, the better it is fitted for this species of Government."[23]
>
> *Thomas Paine*

Thomas Paine war zutiefst davon überzeugt, dass das demokratisch-republikanische System, für das er eintrat, nur dauerhaft bestehen könnte, wenn das Volk sowohl *politisch gebildet* als auch ständig *politisch tätig* war. Bildung war für *Paine* wesentlich lebendige Erfahrung; eine Verbindung von Beobachtung und denkender Beurteilung der sinnlichen Wahrnehmungen; die Fähigkeit, Bücherwissen mit eigener lebensgeschichtlicher Erfahrung zu verknüpfen. Das Regieren sollte eine möglichst verbreitete Erfahrung in der Bevölkerung sein (politische Bildung durch politische Praxis); gleichzeitig sollte das Entstehen einer eigenen Schicht von Berufspolitikern verhindert werden. Das repräsentative System des Regierens bedeutete – nach *Paine* – für alle Bürger ein umfang-

22 "But it is justice, and not charity, that is the principle of the plan." Thomas Paine: Agrarian Justice [1797]. In: Collected Writings. Edited by Eric Foner. New York: The Library of America 1995, 406.

23 Thomas Paine: Rights of Man. In: Collected Writings. Edited by Eric Foner. New York: The Library of America 1995, 533.

reiches Wissen um gesellschaftliche Vorgänge, aber ebenso die Fähigkeit – und vor allem: die Gelegenheit – zu politischem Handeln.

Während das monarchisch-aristokratisch-elitäre System die überwiegenden Mehrheit der Bevölkerung sowohl an der politischen Praxis hinderte, als auch am Erwerb von Wissen um die politische Praxis, sollten in einer demokratischen Republik alle teilhaben an der politischen Gestaltung der Gesellschaft.

> "That which is called government, or rather that which ought to conceive government to be, is no more than some common center in which all the parts of society unite. This cannot be established by any method so conducive to the various interests of the community as by the representative system. It concentrates the knowledge necessary to the interests of the parts and of the whole. It places government in a state of constant maturity.
>
> It is ... never young, never old. It is subject neither to nonage nor dotage. It is never in the cradle nor on crutches. It admits not of separation between knowledge and power, and is superior, as government ought always to be, to all accidents of individual man, and is therefore superior to what is called monarchy."[24]

Die monarchisch-aristokratisch-elitären Prinzipien des Regierens bewirken, dass in der Politik immer wieder zwischen „Experten" und „Laien", zwischen „Wissenden" und „Unwissenden", unterschieden wird; gleichzeitig sollen unkontrollierte, autodidaktische, Zugänge zum Wissen um politische Geschehnisse versperrt werden: überhaupt tritt an die Stelle von Wissen die Darstellung pompöser Vorgänge, sollen Fassaden den Blick auf die Wirklichkeit verhindern. Dem gegenüber wäre das wahrhaft demokratisch-republikanische Regierungssystem eines, das Wissen für alle zu seiner entscheidenden Grundlage machte:

> "... the representative system diffuses such a body of knowledge throughout the nation, on the subject of government, as to explode ignorance and preclude imposition. ... There is no place for mystery; nowhere for it to begin. Those who are not in the representation know as much of the nature of business as those who are. An affectation of mysterious would there be scouted. Nations can have no secrets, and the secrets of courts, like those of individuals, are always the defects.
>
> In the representative system, the reason for everything must publicly appear. Every man is a proprietor in government, and considers it a necessary part of his business to understand. It concerns his interest, because it

24 Ebd., 568.

affects his property. He examines the cost, and compares it with the advantages; and above all, he does not adopt the slavish custom of following what in other governments are called LEADERS."[25]

Nunmehr, mehr als zwei Jahrhunderte später, haben wir uns noch immer mit den Einwänden herumzuschlagen, die von *Paines* Zeitgenossen formuliert worden waren – mit Vorstellungen von der notwendigen, natürlichen, Führerschaft in der Politik, von der Orientierung der Politik an Persönlichkeiten. Sie finden ihren Ausdruck z. B. in der Schwächung des repräsentativen Systems des Parlamentarismus und in der Forcierung von (angeblich besonders demokratischen) Praktiken wie etwa der Direktwahl von Bürgermeistern und anderen politischen Amtsträgern oder Volksabstimmungen.

Derartigen – angeblich modischen und zeitgeistigen – Strömungen gegenüber ist immer wieder daran zu erinnern, dass das demokratisch-republikanische System wesentlich darauf beruht, dass alle Bürger um die politischen Angelegenheiten Bescheid wissen und an ihnen Anteil nehmen und die gewählten Vertreter des Volkes vom Volk selbst kontrolliert werden können.

Zu Zeiten von *Thomas Paine* trat man daher für kurze Legislaturperioden (etwa jährlich zu wählende Parlamente) und für die kurze Dauer von Funktionsperioden in der politischen Verwaltung ein (was dazu führen sollte, dass möglichst alle Bürger einmal in ihrem Leben ein politisches Amt ausüben).

9.5 „The Rights of Man": ein Text der modernen Literatur

> "... the representative system of government ... inspires a language that, passing from heart to heart, is felt and understood."[26]
>
> "I wished to know the manner in which a work, written in a style of thinking and expression different to what had been customary in England, would be received, before I proceeded farther."[27]
>
> *Thomas Paine*

Thomas Paine präsentiert in seinen Schriften eine *Rhetorik der Freiheit*; die Sprache eines selbstbewussten Menschen, der davon weiß, dass er nicht allein ist, kein einsames Genie, sondern einer aus dem Volk und mit dem Volk. Da die Sprache *Thomas Paines* mit der Sache, die er präsentiert, eins ist, wirken die Botschaften, die er verkündet, auch überzeugend.

25 Ebd., 571.
26 Ebd., 569 f.
27 Ebd., 542.

Thomas Paine schrieb über politische Angelegenheiten in einer Weise und für ein Publikum, wie dies vor ihm nicht üblich gewesen war. Er schrieb für Personen, die politisch noch ohne Rechte waren; Handwerker, kleine Gewerbetreibende, die es nicht gewohnt waren, als ernst zu nehmendes und ernst genommenes Publikum angesprochen zu werden; für Autodidakten, für die Lesen buchstäblich ein Erkunden neuer, bisher unbekannter und unzugänglicher Sphären bedeutete.

Er, der selbst ein Autodidakt und von derselben sozialen Herkunft wie der größere Teil seines Publikums war, schrieb in der Sprache des gewöhnlichen Volkes. Den Gebildeten unter seinen Lesern erschienen seine Texte zunehmend roh und vulgär. Doch das „Volkstümliche", „Rohe", „Vulgäre" seiner Sprache war Ergebnis sorgfältiger Überlegung, handwerklicher Übung, planvoller Konstruktion: *Thomas Paines* Texte waren keine Ergebnisse roher „Natürlichkeit" des Autors, sondern Ergebnisse kunstvoller Arbeit. Dabei betonte er selbst immer wieder den Kontrast zwischen der eigenen Einfachheit und Klarheit in der sprachlichen Darstellung und den theatralischen Inszenierungen, den pompösen Darbietungen etwa eines *Burke*: unseriösem (und die Wirklichkeit beschönigend verschleierndem) monarchisch-aristokratischem Prunk setzte er republikanische Schlichtheit und Ernsthaftigkeit entgegen.

Die radikale Modernität in den Werken *Thomas Paines* besteht auch darin, dass es ihm gelingt, seine alltäglichen Lebenserfahrungen, seine Leiden, sein gesellschaftliches Scheitern, in Analysen der gesellschaftlichen Verhältnisse, der politischen Strukturen, sowie in kollektive politische Perspektiven zu transformieren. Aber *Thomas Paine* hat nicht nur Argumente für die Entwicklung eines demokratisch-republikanischen Staatswesens präsentiert, sondern auch bereits Probleme dieses Staatswesens gesehen. Die Einsicht in die Möglichkeit der Manipulation des Volkes zu seinem eigenen Nachteil bestärkte jedoch *Thomas Paine* in der Überzeugung, dass als Gegenmittel nur vollendete Aufklärung, ein Wissen um die Vorgänge in Natur und Gesellschaft, eine Sensibilität gegenüber der Sprache und gegenüber der pompösen und theatralischen Sprache jener Politiker, die das Volk gegen seine ureigensten Interessen zu mobilisieren trachteten, wirksam sein können, und keineswegs Rückfälle in autoritäre, monarchisch-aristokratische Verhältnisse (um das unmündige Volk vor sich selbst zu schützen.

10 *Joseph von Sonnenfels* und die Etablierung einer neuen Wissenschaft des Politischen in Mitteleuropa

Versuche der Schaffung einer säkularen, aufgeklärten und aufklärenden Staatsdoktrin der Habsburgermonarchie (verbunden mit der Einführung einer säkularen Sprache Deutsch als Amtssprache)

10.1 Vorbemerkung

Die habsburgische Gegenreformation nach 1600 hatte in Zentraleuropa die bereits vorhanden gewesenen Ansätze ökonomischer und politischer Erneuerung (die Überwindung der Leibeigenschaft, die Anfänge kapitalistischer Entwicklung, konstitutionelle Errungenschaften; die „Kultur des Buches" verknüpft mit einer „Kultur der Arbeit") gründlich zerstört und die hoch entwickelte Region in eine ökonomisch und kulturell unterentwickelte Zone zurückverwandelt (mit Wiedereinführung der Leibeigenschaft, Vernichtung der Alphabetisierungsprozesse ...). Unter der Herrschaft *Maria Theresias* und ihres Sohnes *Joseph II.* wurde der Versuch einer umfassenden Neugestaltung des Staates unternommen: einer Neugestaltung des Militärs, der Finanzen, der Verwaltung, der Erziehung, der Wirtschaft und (in einem gewissen Ausmaß) auch der Religion. Die Reformen dienten gleichzeitig der Stärkung der absolutistischen Herrschaft und der Aufholung von ökonomischer Rückständigkeit (die vom habsburgischen Absolutismus selbst bei seiner Etablierung im Zusammenhang mit der Gegenreformation im 17. Jahrhundert verursacht worden war).

Ernst Wangermann hat die Reformvorgänge in der Habsburgermonarchie im 18. Jahrhundert beschrieben:

> „Nach den militärischen Niederlagen gegen Preußen, nach dem Verlust Schlesiens, war Maria Theresia entschlossen, Schlesien in einem neuen Waffengang zurückzugewinnen. Dieser Entschluss war der Ausgangspunkt des großen Reformwerks, das mit ihrem und dem Namen ihres Sohnes Joseph verbunden ist. Angefangen wurde mit der Reform der Armee. Dies zog Reformen auf anderen Gebieten nach sich. Die erhöhten Militärausgaben machten eine wesentliche Erhöhung der Steuern notwendig, die aber nur durch weitreichende konstitutionelle, politische, wirtschaftliche und administrative Reformen erzielt werden konnte.

Um die Reformen zu verwirklichen, war ein neuer Verwaltungsapparat erforderlich, und um die notwendigen Staatsbeamten heranzubilden, musste ein von klerikaler Kontrolle ... befreites Unterrichtssystem aufgebaut werden. Der aufgeklärte Absolutismus entstand daher in Österreich, ähnlich wie in anderen Staaten, infolge gewisser praktischer Notwendigkeiten und nicht durch irgendeine Überzeugung. ...

Daraus darf natürlich nicht gefolgert werden, dass die Philosophie und die politischen Theorien des 18. Jahrhunderts für das Studium des aufgeklärten Absolutismus nicht von Bedeutung sind. Denn bei der praktischen Durchführung der Reformen spielten die Philosophen und ihre Schüler eine bedeutende und folgenreiche Rolle. Sie irrten sich in ihrem Glauben, sie hätten die Herrscher bekehrt. Es war jedoch die unverkennbare Übereinstimmung zwischen vielen Reformen und den von ihnen propagierten Grundsätzen, die zu dieser Illusion führte. Das war auch vollkommen berechtigt, insofern hierdurch eine gewisse, wenn auch begrenzte, Identität der Interessen der Monarchie und jener Klassen, die sich für die Aufklärung begeisterten, zum Ausdruck kam. Um ihre finanziellen Hilfsquellen zu vermehren, brauchte die Monarchie ein zahlreicheres und wohlhabenderes Bürgertum. Um die kurzsichtige Opposition des Adels und der Geistlichkeit gegen die Einschränkung ihrer Privilegien zu bekämpfen, benötigte sie die ideologischen Waffen der bürgerlichen Philosophen, Universitätsprofessoren und Publizisten. Zur Durchführung des großen Reformprogramms mußte sie sich auf die Initiative und den Enthusiasmus der von den Universitätsprofessoren ausgebildeten Beamten verlassen."[1]

Die an den maria-theresianisch-josephinischen Reformen beteiligten Intellektuellen mussten im Reich der Habsburger vor dem Hintergrund der kulturellen und ökonomischen Verwüstungen der Gegenreformation schreiben und politisch handeln, ohne die historischen Ursachen der bestehenden Probleme beim Namen nennen zu dürfen. Betrieben werden konnte eine Anpassung katholisch-religiöser Praktiken an die *gedachten* Erfordernisse fortgeschrittener Herrschaftspraktiken der Habsburger.

Gerne, und immer wieder, wird im Zusammenhang mit den Reformversuchen in der Ära *Maria Theresias* und *Josephs II.* und der Tätigkeit diverser Intellektueller von „gemäßigten" Aufklärern (ja geradezu „staatstreuen Intellektuellen") geschrieben; offenbar im Unterschied zu rabiateren, weil unabhängigen, der Sphäre der politischen Macht fernen Dichtern und Denkern in deutschen

1 Ernst Wangermann: Von Joseph II. zu den Jakobinerprozessen. Wien: Europa Verlag 1966, 14 f.

Landen. Aber die österreichischen Reform-Intellektuellen agierten oft als Beamte innerhalb des (zu erneuernden) Staatsapparates eines großen Imperiums – nicht eines kleinen Fürstentums. Ihre Tätigkeit zielte nicht auf Geniekult ab oder darauf, in ferner Zukunft in ihrer Bedeutung erkannt zu werden, sondern auf politische Wirksamkeit hier und jetzt, auf politische Praxis. Zieht man das Ausmaß der unmittelbaren Abhängigkeit der österreichischen Reform-Intellektuellen von den Herrschern ins Kalkül, dann sind ihr Sinn für eigenständiges Denken und Handeln, ihr Mut und ihre Ausdauer enorm gewesen und sind bis heute beispielhaft (und kaum je wieder erreicht worden). An der Spitze der Reformen standen zunächst drei Personen: der Schlesier *Friedrich Wilhelm von Haugwitz* (1702–1765), der Holländer *Gerhard van Swieten* (der Leibarzt Maria Theresias) (1700–1772) und der aus Mähren stammende spätere Staatskanzler *Wenzel Anton von Kaunitz* (1711–1794).[2]

Haugwitz setzte seine „Kreaturen" in die höchsten Stellen, aber auch in die mittleren Ränge der Länderverwaltungen; *Kaunitz* hatte „das Personale nach seiner Willkür ausersehen". So vernehmen wir es in den Klagen eines konservativen hohen Aristokraten, des Fürsten *Johann Josef Khevenhüller*, der voller Sorge geraten hatte, „dem Adel nicht die Hoffnung zu benehmen, zu den obristen Stellen in denen Ländern zu gelangen".[3]

Die 1748/49 begonnenen Staatsreformen stützten sich wesentlich auf die neue, bzw. sich mit den Reformideen identifizierende Beamtenschaft. Die Beamten sahen sich in der Folge nicht als Knechte der Fürsten, sondern als Diener des Staates und waren als solche auch an rechtlichen Regeln für alle und an der Vorstellung vom Herrscher als höchsten Diener des Staates interessiert.

Das besonders Bemerkenswerte an den österreichischen Aufklärern (und beispielhaft an *Joseph von Sonnenfels*) war, dass sie politische Praxis mit Theorieentwicklung und Bildungsarbeit im Beamtenapparat und an den Universitäten, sowie mit der Herstellung von Öffentlichkeit zu verbinden trachteten. Von außen wurde eher die schriftstellerische, die publizistische Tätigkeit gesehen – in ihrer wahren, umfassenden Bedeutung wurde ihr Wirken im Habsburgerreich aber kaum je wahrgenommen.

2 Grete Klingenstein: Staatsverwaltung und kirchliche Autorität im 18. Jahrhundert. Das Problem der Zensur in der theresianischen Reform. Wien: Verlag für Geschichte und Politik 1970, 80 ff.

3 Ebd., 82 f.

10.2 Die Wiedereinführung der Literarität im Habsburgerreich (verbunden mit Theorien eines konstitutionellen Wohlfahrtsstaates)

> „... so wie die durch die Erziehung und Lektür allgemeiner werdende Sprachverbesserung sich bis in die Kanzleyen verbreiten wird ...“[4]
>
> „Jede Wissenschaft, jede Kunst, jedes Handwerk hat seine Kunstsprache ... Warum soll, was vom Mathematiker an bis zum Hufschmiede, jedem in seinem Gewerbe erlaubt ist, dem Manne, der über Angelegenheiten der öffentlichen Verwaltung zu sprechen, zu schreiben hat, untersagt seyn ...“[5]
>
> „Jeder Schriftsteller muß deutlich seyn, bei Strafe ungelesen aus Händen gelegt zu werden. ... Sprachunrichtigkeit macht eine Schrift nur ekelhaft; Undeutlichkeit macht sie ekelhaft, und zugleich unbrauchbar. Bei einem jeden Aufsatze wird eine zwyfache Deutlichkeit gefordert: Deutlichkeit von der Seite des Stoffs, und Deutlichkeit von Seite der Sprache.“[6]
>
> „Es ist viel gewisser, schreibt [Cicero], daß weder jemand über das, was er versteht, gut sprechen könne, noch, wenn er auch der Sache wohl kundig, aber in der Beredsamkeit und in der Ausbildung des Stils unwissend ist, jemals fähig seyn wird, selbst das was er weis, gut vorzutragen. Sachenkenntnis macht also bei Geschäften eine geschickte Feder nicht entbehrlich; so wie nie jemand ohne Sachenkenntnis eine geschickte Feder gehabt hat.“[7]
>
> *Joseph von Sonnenfels*

Joseph von Sonnenfels (1733–1817) war ein Intellektueller, der sich weitgehend selbst gebildet hatte und in einer Zeit der Reformen in der Habsburgermonarchie Karriere machte; seinen sozialen Aufstieg verdankte er seinen Leistungen. Als Universitätsprofessor hatte er in Wien eine Lehrkanzel für Polizei- und Kameralwissenschaft inne und er bekleidete eine Reihe von beratenden und administrativen Funktionen im zentralen Staatsapparat. Er hatte einen gewissen Einfluss und Wirkung in den Bereichen des Rechts, der Sprache und des Theaters, der Amtssprache sowie der Theorien vom Staat und seinen Aufgaben.

Die Reorganisation, die Modernisierung des absolutistischen Habsburgerstaates zielte auf eine breite Infrastrukturpolitik ab, die die Entwicklung des Humankapitals ebenso beinhaltete wie die Reform des Rechts, die Schaffung eines

4 Joseph von Sonnenfels: Über den Geschäftsstil. Die ersten Grundlinien für angehende österreichische Kanzleybeamten. Wien: Verlegt bei Joseph Edlen von Kurzbek 1784, 40.

5 Ebd., 19.

6 Ebd., 23 f.

7 Joseph von Sonnenfels: An meine jungen Leser. In: Über den Geschäftsstil. Die ersten Grundlinien für angehende österreichische Kanzleybeamten. Wien: Verlegt bei Joseph Edlen von Kurzbek 1784, o. S.

neuen Staatsapparates mit Berufsbeamten, die Unterwerfung der Kirche unter den Staat (ohne dass dies Protestantismus bedeutet hätte). Die Ersetzung der Jesuiten (nach Aufhebung des Jesuitenordens) durch weltliche Gelehrte, etwa im Bereich der Universität, bedingte ebenso einen Mangel an qualifiziertem Personal, wie der Mangel an schriftlicher sprachlicher Artikulationsfähigkeit die neue staatliche Verwaltung beeinträchtigte.

Im Wirken von *Joseph von Sonnenfels* fielen die Ausformung einer neuen Staatstheorie, die Lehre von der reformierten Verwaltungspraxis und die Sprachlehre für Beamte zusammen; propagiert wurde Literarität in umfassender Weise.

Die Probleme einer modernen staatlichen Verwaltung sind eng verknüpft mit der Organisation von Arbeitsabläufen im Zusammenhang mit einer säkularen Kultur der Schriftlichkeit: Die in der Verwaltung erforderlichen einzelnen Abläufe sollen auch unabhängig von den handelnden Personen nachvollziehbar sein und müssen daher in schriftlicher Form dokumentiert werden. Genau diese Kultur der Schriftlichkeit (die in der Gegenreformation gründlich zerstört worden war) musste nun erst wieder richtig eingeführt werden. Wenn Deutsch dabei die Amtssprache sein sollte, dann bedurfte es einer besonderen Pflege der deutschen Sprache als Literatursprache, da man im Reiche des gegenreformatorischen Katholizismus nicht auf die Tradition reformatorischer Bibelübersetzungen zurückgreifen konnte. Sprachpflege und Sprachentwicklung traten daher in den deutschsprachigen Bereichen der Habsburgermonarchie im 18. Jahrhundert in besonderer Weise als Förderung einer säkularen deutschen Literatur-Sprache in Erscheinung: von der Gründung von „Sprach-Gesellschaften", dem Kampf um das Theater (als eine weltliche, literarische und sittliche Anstalt, und nicht als eine volksverdummende Einrichtung in der Tradition der Gegenreformation) bis hin zum Verfassen von Lehrbüchern der politischen Wissenschaft und über den „Geschäftsstil" der österreichischen Kanzleibeamten.

Beachtlich in diesem Zusammenhang ist auch die Notwendigkeit von neuen Lehrbüchern an der Universität sowie für die Aus- und Weiterbildung der Beamten und die „Notwendigkeit" der staatlichen Kontrolle der neuen Literarität durch Zensur.

In seinem Lehrbuch „Grundsätze der Polizey, Handlung, und Finanz. Zu dem Leitfaden des politischen Studiums" führte *Sonnenfels* aus:

> „Die grosse Gesellschaft ist der Staat. Der Uebergang in denselben hat den Mitgliedern einen neuen Namen erworben, hat sie in neue Verhältnisse versetzt: die Menschen sind Bürger geworden."[8]

8 Joseph von Sonnenfels: Grundsätze der Polizey, Handlung, und Finanz. Zu dem Leitfaden des politischen Studiums. Wien: Verlegt bei Joseph Edlen von Kurzbek 1787, 13. [„Polizey" bedeutete im damaligen Sprachgebrauch etwa „allgemeine Verwaltung".]

Und er schreibt auch vom Zweck des Staates, nämlich von der „Wohlfahrt" und dem „Besten" für alle Menschen.[9] Im Rahmen der Kameralwissenschaften werden in systematischer Weise Begriffe und Systeme eingeführt, die etwa in England im Rahmen eines ausgeprägten konstitutionellen und parlamentarischen Regierungssystems längst etabliert sind. In der Habsburgermonarchie aber müssen diese Denkweisen auf subtile Art importiert und verbreitet werden: hierbei wird allmählich ein Denken eingeübt, das einen monarchischen Wohlfahrtsstaat mit der Vorstellung von einem allgemeinen Dienst am Staat und einem Bürger-Staat verknüpft; und so wird auch eine Art konstitutionelle Grundhaltung eingeübt, bei den Regenten wie bei den Beamten. Insgesamt bedeutet dies auch die Einübung der Idee eines Rechtsstaates und eines „Patriotismus", der nicht an Blut und Boden, nicht an Unterwerfung unter einen despotischen Regenten, sondern an der Wohlfahrt aller orientiert ist.

Es ist höchst eigentümlich, dass die maßgeblichen Reformer in der Ära *Maria Theresias* und *Joseph II.* sich durchaus für Zensur stark machten; allerdings ging es ihnen keineswegs um die Etablierung eines despotischen Polizeistaates: die Zensur war ihnen vielmehr ein Mittel im Kampf gegen die konservativ-klerikalen und antiaufklärerischen Kräfte. Dies wird auch bei näherer Betrachtung der Argumente von *Sonnenfels* deutlich. Auffällig ist, dass die Aufklärung und ihre Notwendigkeit erst gar nicht infrage gestellt werden sollen:

> „Man hat zu einer akademischen Preisaufgabe gemacht, was niemals in Zweifel hätte gezogen werden sollen: ob es nützlich sey ein Volk aufzuklären? ... Das dumme Volk gehorcht, weil es muß: das unterrichtete, weil es selbst will. Eine billige und erleuchtete Regierung scheut die Einsicht ihrer Unterthanen nicht: sie sollen aufgeklärt seyn! um das gute zu erkennen, so ihnen erwiesen wird."[10]

Dann wird die Frage Druckerfreiheit und Zensur debattiert, im Vergleich mit England, und *Sonnenfels* kommt zu dem Schluss:

> „Aber worauf kommt es bey aller verschiedenheit der Meinungen an? darauf: ob, um keiner aufklärenden, unterrichtenden, Verstand, Herz und Geschmack verfeinernden Schriften auszuschlüssen, man allen irrigen, gefährlichen Meinungen, allen Verstand, Herz und Sitten verderbenden Blättern, allen die Religion und den bürgerlichen gehorsam untergrabenden Geburten den Eingang gestatten müsse? Die Frage, wie sie liegt, entscheidet

9 Ebd., 13.
10 Ebd., 57 f.

> sich selbst. Es ist niemanden noch in Sinn gekommen, daß man, um sich keiner Arzney zu berauben, auch den allgemeinen Verkauf des Gifts erlauben müsse.“[11]

Wir müssen uns vergegenwärtigen, dass die Reformer einen lange Jahre dauernden, zäh und geduldig ausgetragenen Kampf um die Zensur und die Entwindung dieses Instruments aus den Händen konservativ-klerikaler Kräfte geführt hatten und allmählich begannen, die Zensur auch in ihrem Sinne zur Förderung aufklärerischen Schrifttums einzusetzen.

> „Die Bestimmung einer Censur sey also! ohne irgendeinem nützlichen Werke den Eingang zu erschweren, nur dasjenige auszuschlüssen, durch welches irrige, ärgerliche und gefährliche Meinungen verbreitet werden könnten.“[12]

Joseph von Sonnenfels selbst hatte immer wieder mit Angriffen gegen seine Lehren an der Universität und Eingriffen des Hofes bezüglich seiner Lehren zu kämpfen. Am 25. Oktober 1768 schrieb *Sonnenfels* in einem Brief an einen deutschen Freund, *Christian Adolf Klotz*, über einige seiner Schwierigkeiten mit der katholischen Kirche und warum er diese hatte.

> „... stund die furchtbare Parthey des rothen Huts gegen mich auf, als ich auf meinem Lehrstuhle, und in meinem Wochenblatte, der Mann ohne Vorurtheil, die ketzerischen Lehren vorzutragen anfing: dass der geistliche Stand in engere Gränzen gezwungen, dass seinen Erwerbungen Ziel gesetzt, dass die Zahl der Studierenden, als die Pflanzschule der Geistlichen, und der Müssiggänger beschränket; dass die geistlichen Güter steuerbar seyn; in Nothfalle des Staates die Kirchenschätze dem Regenten in die Hände geliefert; dass die Freystätte aufgehoben; die verführung der Jugend unter dem Titel beruf gehindert; dass die ehen befördert, und alle Sorgen des regenten auf die Bevölkerung gerichtet seyn sollten.
>
> Urtheilen Sie, was ein Professor auf einer katholischen Universität, wo es so viele Mönche und andere Klöster giebt, mit solchen Neuerungen für Aergerniss geben müsse! Viele beschlossen sogleich, dieser Natter ... das Haupt zu zertreten.“[13]

11 Ebd., 66.

12 A. a. O.

13 Briefe von Sonnenfels. Als Beitrag zu seiner Biographie. Mit einer Einleitung und Anmerkungen herausgegeben von Hermann Rollett. Wien: Wilhelm Braumüller 1874, 4 f.

Es wurde heftig bei Hofe gegen *Sonnenfels* intrigiert – „aber anstatt mich zu stürzen, sahen sie mit Herzenswehe meine Grundsätze Wurzel schlagen".[14]

Seine Gegner ließen jedoch nicht locker, sie trachteten durchaus nach Vernichtung seiner Existenz.

> „Ueber einige bey meiner Disputation ausgesetzten Lehrsätze, ... z. B. dass man die Tortur, die Todesstrafen abstellen; dass man gefallenen Mädchen keine Kirchenbusse auflegen; dass man ihnen alle Beschämung ersparen, und sogar eine geheime Entbindung erleichtern soll; über solche Sätze, welche ich drucken liess, machten ein auserwältes Myrhenbündlein frommer Hofräthe einen Vortrag nach Hofe, worinnen sie unter andern Kleinigkeiten sagten: dieser junge Mensch – das war ich – setzt seinen Eigendünkel über die göttliche und menschliche Rechte hinweg. Es war daher auf nichts Geringeres angetragen, als mich des Lehrstuhls zu entsetzen."[15]

Und nun zeigt es sich, dass die Reformer ihresgleichen schützten und stützten:

> „Fürst Kaunitz vertrat meine Sätze im Staatsrath: und v. Swieten, dieser für unsere Wissenschaften so nothwendige Mann, dem wir das kleine Licht, so sich blicken lässt, einzig zu verdanken haben, der zum Nutzen der Philosophie bey uns ewig leben sollte, dieser vertheidigte, was er censirt hatte."[16]

Sonnenfels' Wirken und sein Einfluss vollzogen sich nicht an einem kleinen Fürstenhof und nicht an den Rändern eines Imperiums, sondern in dessen Zentrum; und er begnügte sich keineswegs mit einem Wirken, das der Öffentlichkeit verborgen blieb, sondern propagierte seine Vorstellungen in Lehrbüchern, Vorlesungen, in eigens gegründeten Zeitschriften; er agierte öffentlich, in schriftlicher Form aufklärend und er tat dies oft parallel zu seinem direkten oder indirekten Einfluss auf das Handeln der Herrschenden. Stets aber ging es um Macht, um machtvolles politisches Handeln.

Aufklärung dieser Art zielte auf politische Praxis verknüpft mit Theorie (nicht von ihr isoliert); zielte nicht bloß auf Einflüsterungen in die Ohren der Mächtigen (bei sonstiger politischer Enthaltsamkeit), sondern auf ein recht eigenständiges Denken und Handeln einer größer werdenden Gruppe von höheren und mittleren Beamten, die den neuen Staat mit zu gestalten trachteten, eine neue Politik auch selbst praktizierten. Es handelte sich hier um eine Gruppe von Macht ausübenden oder bewusst an der Ausübung der Macht teilhabenden

14 Ebd., 5.
15 Ebd., 6.
16 A. a. O.

Intellektuellen, die einige Jahrzehnte lang ihre eigene Rolle in dem von ihnen mitgeschaffenen erneuerten Staat mitbestimmend zu definieren vermochten.

Dies war eine Besonderheit in Europa – ohne diese Besonderheit wahrzunehmen, kann man das Denken und Handeln der Angehörigen der damaligen Reformbürokratie (für die *Sonnenfels* ein herausragendes Beispiel abgibt) nicht adäquat interpretieren.

Das seltene Exempel einer Aufklärung in Theorie und Praxis ist für Zeitgenossen und Nachfahren unbehaglich gewesen; lieber war und ist ihnen eine geordnete Welt der Untertänigkeit; Eigenständigkeit im Denken und Handeln, Selbstbewusstsein und ein gewisser Grad von Selbstbestimmtheit wirken bis heute verstörend.

11 Der Radikalismus der arbeitenden Klassen in England und die Verbindung von selbstorganisierter Bildung, eigenständiger Theorie und politischer Organisation, ca. 1830–1848

11.1 Vorbemerkung

Im Verlauf der Durchsetzung und Entwicklung der kapitalistischen Produktionsweise hatte es immer mehr den Anschein, als ob die wissenschaftliche Analyse der Gesellschaft (und so auch die Entfaltung von Theorien des Politischen) das Werk von hervorragenden Individuen wäre. Allerdings ist auch immer wieder zu beobachten, wie die berufsmäßigen Intellektuellen theoretische Vorstellungen, die in bruchstückhafter Form im Zusammenhang mit sozialen Bewegungen entstanden waren, in systematischer Weise zusammenfassten und ausformulierten. Im Rahmen der frühen englischen Arbeiterbewegung, in der ersten Hälfte des 19. Jahrhunderts, haben Angehörige der arbeitenden Klassen noch einmal selbst in kollektiver Weise Theorien der Gesellschaft und der Politik entwickelt und gleichzeitig versucht, diese Theorien in die Praxis umzusetzen. Ein zeitgenössischer Historiker, *Anton Heinrich Springer*, hat dies in seinen Vorlesungen 1848 an der Universität Prag in markanten Sätzen zusammengefasst:

> „Gleichwie die Arbeiter sich zu einem Bunde gegen ihre Herren vereinigt haben, um durch vereinigte Kräfte sich eine größere materielle Wohlfahrt zu sichern, so haben sie auch sich zusammengethan, um auf gemeinsame Kosten alle jene Bildungsmittel sich zu verschaffen, deren Besitz bisher den höherstehenden Classen das natürliche Uebergewicht über das Proletariat vergönnt."[1]

> „Bereits hat sich eine Arbeiterpresse und Arbeiterliteratur, zum Radicalismus in politischer wie in religiöser Beziehung geneigt, gebildet, bereits das Proletariat in der Poesie und in strengwissenschaftlichen Fächern namhafte Schriftsteller aufzuweisen. Byron und Shelley, Helvetius und Diderot, Strauß

1 Anton Heinrich Springer: Geschichte des Revolutionszeitalters (1789–1848). In öffentlichen Vorlesungen an der Prager Universität übersichtlich dargestellt. Prag: Verlag von Friedrich Ehrlich 1849, 683.

und Feuerbach haben den Geist des englischen Proletariats befruchtet, die Lehren der Aufklärung dasselbe stärker als jeden anderen Stand gefesselt."[2]

„Haben die Arbeiterverbindungen und Arbeiterbewegungen dem Proletariate seine gedrückte Lage und seine bedeutende Macht zum Bewußtsein gebracht, dienen die Lesevereine und das literarische Streben dazu, die intellectuelle Scheidewand zwischen ihm und den übrigen Volksclassen einzureißen, so ist der Chartismus der politische Ausdruck der Bewegung, welche die Arbeiterclassen erfaßt hat."[3]

„Auf den ersten Blick erscheint die Volkscharte als ein rein politisches Actenstück, und dennoch bildet sie den Brennpunkt der socialistischen Bestrebungen Englands. ... Die praktischen Chartisten, bei allem Radicalismus doch dem Grundwesen der englischen Verfassung zugetan, wollen zuerst einen gesetzlichen Träger ihrer Wünsche haben, ehe sie daran gehen, die letzteren unmittelbar auf ihre Fahnen zu schreiben, sie verlangen vorläufig nur eine solche Parlamentsreform, welche ihnen das Übergewicht daselbst sichert, in der Überzeugung, daß sie dann ihre socialen Forderungen durchsetzen werden ...

Übrigens ist den Chartisten der sociale Charakter ihres Strebens durchaus nicht fremd geblieben. ‚Der Chartismus', rief einer ihrer Redner aus, ‚ist keine politische Frage, wobei es sich handelt, daß Ihr das Wahlrecht bekommt, der Chartismus ist eine Messer- und Gabelfrage, die Charte, das heißt: gute Wohnung, gutes Essen und Trinken, gutes Auskommen und gute Arbeitszeit!' Die gleiche Tendenz offenbaren ihre gelegentlichen Bestrebungen ‚für einen ehrlichen Taglohn, für ehrliche Tagesarbeit', für die zehnstündige Dauer der Fabriksarbeit, für die Abschaffung des Armengesetzes, für eine garantirte Stellung des Arbeiters gegenüber dem Arbeitgeber. ‚Politische Macht ist das Mittel, sociale Glückseligkeit ist der Zweck des Chartismus', ist darum der echteste und gewichtigste Ausdruck der socialen Bewegung in England."[4]

2 Ebd., 684.
3 Ebd., 684 f.
4 Ebd., 686 f.

11.2 Der Radikalismus der arbeitenden Klassen und der Kampf um die politische Macht und die Umwälzung der gesellschaftlichen Verhältnisse

"Political revolutions seldom go beyond the surface of society. They seldom amount to more than a mere transfer of power from one set of political chiefs to another. At best they only substitute one aristocratic form of government for another, and hence all political revolutions of which history makes mention have left the world pretty much as they found it – not wiser – not happier – not improved in any one essentiel particular. ... Even the establishment of our 'commonwealth' after the death of Charles I was a mere political revolution. It gave parliamentary privilege a temporary triumph over royal prerogative. It enabled a few thousand landowners to disenthral themselves from the burdens of feudal services, and to *throw upon the* people at large the expenses of maintaining the government. ... For the millions it did nothing."[5]

James Bronterre O'Brien [1837]

SONG FOR THE LUDDITES

I

As the Liberty lads o'er the sea
Bought their Freedom, and cheaply, with blood,
So we, boys, we
Will die fighting, or live free,
And down with all kings but King Ludd !

II

When the web that we weave is complete,
And the shuttle exchanged for the sword,
We will fling the winding sheet
O'er the despot at our feet,
And dye it deep in the gore he has pour'd.

III

Though black as his heart its hue,
Since his veins are corrupted to mud,
Yet this is the dew
Which the tree shall renew
Of Liberty, planted by Ludd !

Lord Byron [1816][6]

5 Zitiert nach: Christopher Hill/Edmund Dell (Eds.): The Good Old Cause. London: Frank Cass 1969, 477 f.

6 Lord Byron: Poetical Works. Oxford: Oxford University Press 1974, 101.

> "The will of the people to change their government is an acknowledged right in the Constitution of England."[7]
> "For so dear is power that the tyrants themselves neither then, nor now, nor ever, left or leave a path to freedom but through their own blood."[8]
>
> "If the Houses of Parliament obstinately and perpetually refuse to concede any reform to the people, my vote is for universal suffrage and equal representation."[9]
>
> "The true patriot will endeavour to enlighten and to unite the nation and animate it with enthusiasm and confidence. For this purpose he will be indefatigable in promulgating political truth."[10]
>
> "The patriot will be foremost to publish the boldest truths in the most fearless manner ... He would encourage all others to the same efforts and assist them to the utmost of his power with the resources both of his intellects and fortune. He would call upon them to despise imprisonment and persecution and lose no opportunity of bringing public opinion and the power of the tyrants into circumstances of perpetual contest and opposition."[11]
>
> *Percy Bysshe Shelley, "A Philosophical View of Reform" [1819]*

> "Drive my dead thoughts over the universe
> Like withered leaves to quicken a new birth!
> And, by incarnation of this verse,
> Scatter, as from an unextinguished hearth
> Ashes and sparks, my words among mankind!
> Be through my lips to unawakened earth
> The trumpet of a prophecy! O, Wind,
> If Winter comes, can Spring be far behind?"[12]
>
> *Percy Bysshe Shelley, "Ode to the West Wind" [1819]*

Die Reform des Wahlrechts zum englischen Parlament von 1832 hatte einerseits eine gewisse Erweiterung des Wahlrechts mit sich gebracht (etwa ein Achtel der männlichen Bevölkerung hatte das Wahlrecht erlangt); aber zugleich waren die Angehörigen der arbeitenden Klassen gründlich desillusioniert worden. Die Durchsetzung der unverhohlenen Interessen der herrschenden Klassen im Staat und die von daher stammende Einschränkung der politischen Rechte war für alle sichtbar geworden. Es wurde deutlich gemacht, dass politische Rechte

7 P. B. Shelley: A Philosophical View of Reform. In: Shelley's Revolutionary Year. London: Redwords 1990, 34.
8 Ebd., 32.
9 Ebd., 75.
10 Ebd., 76.
11 Ebd., 78.
12 P. B. Shelley: Poetical Works. Oxford: Oxford University Press 1973, 577.

ausschließlich mit Besitz und Eigentum verbunden waren. Während der Kämpfe um die Erweiterung des Wahlrechts waren durchaus noch die wiederkehrenden Bilder von den gemeinschaftlichen Interessen derer, die ihr Einkommen aus produktiver Arbeit bezogen (seien es nun Lohnarbeiter oder Unternehmer), präsent, und der Gegensatz zu jenen, die ihre Einkünfte bloß dem (ererbten) Grundbesitz verdankten (der „unproduktiven" grundbesitzenden Aristokratie), war stark betont worden.

Nach 1832 verlief die Frontlinie zwischen den besitzenden und den arbeitenden Klassen; dass die Interessen einander völlig widersprachen, wurde durch die Exklusivität der politischen Rechte hervorgehoben und bedurfte nicht erst mühseliger sozialwissenschaftlicher Analyse und politischer Agitation.

Wenn das Parlament jedoch deutlich sichtbar ausschließlich den Interessen der Minderheit der Besitzenden diente, warum sollten die Angehörigen der arbeitenden Klassen überhaupt noch auf das Parlament als zu beeinflussende Institution setzen? War es nicht an der Zeit, eigenständige – demokratische – Organisationen der Arbeiter auf gesamtnationaler Ebene zu schaffen (auf der Basis der schon bestehenden Gewerkschaften und genossenschaftlichen Kooperationen) und dadurch schließlich auch das Parlament durch eine neue Körperschaft zu ersetzen? Derartige Vorstellungen von einer neuen Art der Gestaltung der gesellschaftlichen Macht fanden unmittelbar nach der Reformgesetzgebung von 1832 zunehmend Verbreitung in der englischen Arbeiterbewegung.

Dabei war ein wichtiger Grundgedanke, dass die Produktion von Gütern nicht nur dem Profit weniger, sondern dem Nutzen aller dienen sollte; damit verbunden war der Gedanke, dass all jene, die diese nützlichen Güter erzeugten, sowohl über die Ziele als auch über die Art und Weise der Produktion verfügen könnten. Und wenn schon die Arbeitsprozesse von den Arbeitern selbst kontrolliert würden, warum sollte von ihnen nicht auch die Kontrolle über *alle* gesellschaftlichen Vorgänge, die Erringung der politischen Macht auf demokratischem Wege, angestrebt werden? So ging es nicht länger bloß um eine Teilhabe an der politischen Macht, sondern vielmehr um die Verfügung über alle gesellschaftlichen Vorgänge in demokratischer Weise. Nicht der Besitz von Grund und Boden oder von Bergwerken, Fabriken, Handelshäusern und Banken wurde hierfür als maßgeblich betrachtet, sondern das Prinzip „Kontrolle durch Arbeit". Diese Vorstellungen von einer umfassenden *Produzentendemokratie* beinhalteten die Bewahrung des erarbeiteten gesellschaftlichen Reichtums für die Arbeiter selber und die dauerhafte Bestimmung über das je individuelle wie über das gesellschaftliche Leben, das hätte geheißen: die gleichzeitige Erringung der politischen und der sozialen Demokratie! Im *Poor Man's Guardian* vom 19. Oktober 1833 war (in einem von *James Bronterre O'Brien* verfassten Text) zu lesen:

> "A spirit of combination has grown up among the working classes, of which there has been no example in former times. A grand national organisation, which promises to embody the physical power of the country, is silently, but rapidly progressing; and the object of it is the sublimest that can be conceived, namely – to establish for the productive classes a complete dominion over the fruits of their own industry. ... an entire change in society – a change amounting to a complete subversion of the existing 'order of the world' – is contemplated by the working classes. They aspire to be at the top instead of at the bottom of society – or rather that there should be no bottom or top at all!"[13]

In der Geschichtsschreibung der Arbeiterbewegung, ebenso wie in diversen ideengeschichtlichen Darstellungen, ist der damalige Radikalismus unter den Angehörigen der arbeitenden Klassen gerne als „utopisches Denken", sowie als Ausdruck einer – entweder zu früh oder zu spät kommenden – Vorstellung von einer von den ökonomischen Zwängen befreiten Gesellschaft charakterisiert worden. Demnach träumten deklassierte (oder von Deklassierung bedrohte) Handwerker von der Bewahrung oder der Wiedererringung einer Idylle des von weitgehender Selbstbestimmung geprägten Handwerkerdaseins – die jedoch nie existiert hatte; und Arbeiter träumten von der Herstellung einer nicht-kapitalistischen, nicht-industriellen Lebensweise. Derartige Träume wiederum erscheinen den Geschichtsschreibern im Nachhinein als hoffnungslos, vergeblich und daher unsinnig.

Übersehen, oder nicht adäquat wahrgenommen, wird hierbei, dass der Radikalismus der frühen Arbeiterbewegung aus mehreren Quellen gespeist wurde, die allesamt auf die Möglichkeit des Erfolgs der arbeitenden Klassen verwiesen. Da waren zunächst die Traditionen des englischen Protestantismus, die auf Selbstunterrichtung, Selbsttätigkeit, selbstorganisierter kollektiver Diskussion und ebensolchem Handeln gründeten und nicht auf der Erwartung einer obrigkeitlichen oder gar jenseitigen Hilfe im Daseinskampf: die Reformation im 16. Jahrhundert war wie die Revolution im 17. und die politischen Reformbestrebungen im späten 18. und frühen 19. Jahrhundert mit Volksbewegungen verbunden gewesen; die Erinnerung daran war – ebenso wie die „Kultur des Buches" – nie völlig ausgelöscht worden. Dazu kamen die vielfältigen Erfahrungen des neuen und zahlenmäßig in relativ kurzer Zeit enorm angewachsenen Industrie-Proletariats – Erfahrungen mit gewaltigen Umwälzungen der Arbeits- und Lebensweisen wie mit alten und neuen Organisations- und Kampfformen, mit Niederlagen und gelegentlichen Erfolgen. Und es kamen hinzu die

13 Zit. n.: Max Beer: A History of British Socialism. Vol. 1. London: Bell and Sons 1929, 331.

durch Literatur (durch Lesen, Vorlesen und Diskutieren des Gelesenen) vermittelten Erfahrungen.

Wir sind heute daran gewöhnt, *Radikalität* eher (wenn überhaupt) im Denken, in einer Sphäre des Geistigen, zu suchen und zu finden, denn im Bereich des alltäglichen Lebens und Handelns. Weiters wird dann theoretische Radikalität einer individuellen Ideen-Produktion zugeordnet, während etwa die revolutionäre Aktion zwar kollektiv erfolgt, jedoch (angeblich) kaum, oder nicht ausreichend, je von Theorie angeleitet worden ist. Gemäß dieser Denkweise ist die Voraussetzung für das „richtige" politische Handeln, dass den Akteuren die wahren Ideen, die richtige politische Linie und das korrekte politische Handeln beigebracht wird. Unterdrückt und verdrängt werden bei solchen Vorstellungen die historischen Tatsachen: dass Kollektivität der Theorie und der Praxis nämlich durchaus existierten; dass dies zum Erfahrungszusammenhang des radikalen Protestantismus, vieler frühneuzeitlichen sozialer Bewegungen ebenso gehörte wie zu dem der frühen Arbeiterbewegung in England. Die Neigung zur direkten öffentlichen Aktion war ziemlich stark ausgeprägt; und unter Öffentlichkeit wurde damals nicht bloß die der Presse, nicht nur die veröffentlichte Meinung, verstanden, sondern vielmehr die öffentlichen Plätze und Straßen.

Aber gerade auch das Publikationswesen war von großer Bedeutung für die frühe Arbeiterbewegung; die „Kollektivität der Theorie" fand ja auch ihren Ausdruck in den Veröffentlichungen der Arbeiterpresse. Auffällig sind immer wieder Autoren, die aus der Arbeiterklasse stammen. Ein Mitglied der Bauarbeiter-Gewerkschaft schrieb im Dezember 1833 davon:

> "The Trades Unions will not only strike for less work, and more wages, but they will ultimately abolish wages, become their own masters, and work for each other; labour and capital will no longer be separate but they will be indissolubly joined together in the hands of the workmen and work-women."[14]

In der Geschichtsschreibung wird immer wieder betont, dass die Forderung nach dem allgemeinen Wahlrecht nur eine Forderung nach dem allgemeinen Männerwahlrecht war. Wann immer jedoch in Bezug auf politische Rechte nicht nur nach einer gütigen Gabe von oben, nach einem Nachgeben der Herrschenden, gestrebt wurde, sondern nach eigenständiger politischer Macht, nach Kontrolle der eigenen Arbeit wie der gesellschaftlichen Verhältnisse insgesamt, durch die Angehörigen der arbeitenden Klassen, war die Trennung zwischen

14 Zit. n.: E.P. Thompson: The Making of the English Working Class. Harmondsworth: Penguin 1968, 912.

den Rechten der Männer und den Rechten (bzw. der Rechtlosigkeit) der Frauen keineswegs so selbstverständlich.

Denn: der realen Lebenserfahrung der damaligen Arbeiter entsprach ja die gemeinsame Arbeit von Männern, Frauen und Kindern in den Bergwerken und Fabriken und noch nicht die Trennung der Lebenssphären in Arbeit, Familie, Schule (der dann später die geschlechts- und altersspezifische Rollenzuteilung von Mann, Frau, Kind entsprechen sollte).

So wird denn auch im oben angeführten Text die Vorstellung entwickelt, dass die Arbeiter und Arbeiterinnen die Politik in die eigenen Hände nehmen und auf der Basis der gewerkschaftlichen Organisationen in den Betrieben ein „Parlament der arbeitenden Klassen“ bilden sollten:

> “the Lodges send Delegates from local to district, and from district to National Assemblies. Here are Universal Suffrage, Annual Election, and No Property Qualification, instanter”.[15]

Dieses angestrebte „Parlament der arbeitenden Klassen” wurde in einem anderen Text (publiziert im Mai 1834) als „House of Trades“ bezeichnet,

> “which must supply the place of the present House of Commons, and direct the commercial affairs of the country, according to the will of the trades which compose associations of the industry. This is the ascendancy scale by which we arrive to universal suffrage. It will begin in our lodges, extend to our general union, embrace the management of trade, and finally swallow up the whole political power”.[16]

Die Vorstellung von der Schaffung neuer, eigenständiger politischer Institutionen durch die auf nationaler Ebene demokratisch organisierten arbeitenden Klassen wurde von Zeitgenossen kritisiert als eine Abstinenz von der Realpolitik, als eine Art von Realitätsbewältigung durch Realitätsverleugnung; tatsächlich verschwinden bestehende politische Einrichtungen ja nicht einfach, indem andere geschaffen werden: sie müssen wirklich gestürzt werden (zugleich mit der Schaffung der neuen Institutionen).

Der im Baugewerbe tätige Theoretiker des Syndikalismus *James Morrison* erklärte in einem Artikel (in der Zeitschrift *Pioneer,* 31. Mai 1834), dass alle bisherigen Versuche der Reformen im Rahmen herkömmlicher Politik eben nur zur Gesetzgebung von 1832 geführt hätten und das angestrebte Ziel des

15 Ebd., 912.
16 Ebd., 913.

allgemeinen Wahlrechts und der damit verbundenen Machtausübung durch die Arbeiter nicht erreicht worden wäre; ebenso wenig hätten die Arbeiter irgendwelche praktischen Fertigkeiten in der politischen Machtausübung erworben:

> "There is only one way of gaining them, and that is by a general association of the people for the purpose of initiating themselves into the practice of conducting those affairs in which they have some experience. The Unions are of all the other means the only mode by which universal suffrage can safely be obtained, because it is obtained by practice, by serving an apprenticeship. Here they start to manage their own affairs on a small scale before they get management of larger affairs. The growing power and growing intelligence of trades unions, when properly managed, will draw into its vortex all the commercial interests of the country, and, in so doing, it will become, by its own self-acquired importance, a most influential, we might almost say dictatorial part of the body politic. When this happens we have gained all that we want ..."[17]

Im Rückblick mögen die Auseinandersetzungen zwischen den Anhängern einer weiter gehenden Parlaments- und Wahlrechtsreform und den Vertretern der Schaffung völlig neuer politischer Vertretungskörperschaften basierend auf den Gewerkschaftsorganisationen (also den Vertretern des revolutionären Syndikalismus) wie eine Vorwegnahme der Konflikte zwischen verschiedenen Strömungen der Arbeiterbewegungen auf dem europäischen Kontinent im späten 19. und frühen 20. Jahrhundert erscheinen. Doch derartige Rückprojektionen späterer Geschichte auf frühere Ereignisse verleiten zu historischer Fehlinterpretation.

Auffällig an den Positionen des revolutionären Syndikalismus sind der Radikalismus und vor allem der relativ (im Vergleich zu später und zu heute) hohe Bewusstseinsstand der Arbeiter selbst, sowie eben das hohe theoretische Niveau der aus der Arbeiterklasse stammenden selbstgebildeten Intellektuellen. Wer damals ernsthaft für das allgemeine Wahlrecht eintrat, musste sich darüber im Klaren sein, dass dies die Erringung der Macht durch die arbeitenden Klassen bedeutete. Schon 1819 hatte *Shelley* erklärt:

> "I do not understand why those reasoners who propose at any price an immediate appeal to universal suffrage, because it is that which it is injustice to withhold, do not insist on the same ground on the immediate abolition, for instance, of monarchy and aristocracy, and the levelling of inordinate

17 Zit. n.: Max Beer: A History of British Socialism. Vol. 1. London: Bell and Sons 1929, 340.

wealth, and an agrarian distribution, including the parks and chases of the rich, of the uncultivated districts of the country. No doubt the institution of universal suffrage would by necessary consequence immediately tend to the temporary abolition of these forms; because it is impossible that the people, having attained power, should fail to see what the demagogues now conceal from them, the legitimate consequence of the doctrines through which they had attained it."[18]

Auch das Eintreten für Bildung bedeutete unter den arbeitenden Klassen keineswegs den *Ersatz* für Aktivität, für politische Militanz, sondern vielmehr den Erwerb von Klassenbewusstsein durchaus im Zusammenhang mit politischen Aktionen, wie etwa Streiks. Der frühen Arbeiterbewegung in England fehlt oft der Hang zur Entbehrung; bei allem realen Mangel wird nicht nur die ewige Bewirtschaftung dieses Mangels imaginiert; es wird die Einsicht verbreitet, dass der Kapitalismus in Wirklichkeit kein System des Mangels ist, vielmehr eines der steten Anhäufung von Reichtümern durch die organisierte Arbeit der großen Zahl.

(Erst infolge vieler Niederlagen wird den arbeitenden Klassen dieser „Möglichkeitssinn" wieder *verlernt* und stattdessen ein Bewusstsein des wiederkehrenden „notwendigen" Mangels und dessen ständiger Bewirtschaftung anerzogen.)

Dem Radikalismus der frühen englischen Arbeiterbewegung waren noch Vorstellungen vom kollektiven Reichtum und vom glücklichen Leben eigen (und zwar nicht erst für die Enkel, sondern hier und jetzt). Es sind die arbeitenden Menschen, die den Reichtum erzeugen und darum haben sie auch Anspruch auf eine gleichmäßige Verteilung der Güter; ebenso wie sie Anspruch haben und erheben auf die Produzentendemokratie, die ganze Macht für die arbeitenden Klassen und die Beendigung der Ausbeutung durch die besitzenden Klassen. Bildung diente dazu, die Einsicht in die bestehenden Verhältnisse zu gewinnen und zugleich die Mittel zu ihrer Überwindung. Wissen selbst ist keineswegs schon Macht, kann aber – richtig erworben und angewendet – zum Erringung der Macht dienen.

Die Bestrebungen des revolutionären Syndikalismus in England in den Jahren 1833 und 1834 wurden durch eine Kombination von Aussperrungen durch die Unternehmer und staatlichen Repressionsmaßnahmen zum Scheitern gebracht. Doch wesentliche Elemente der radikalen Ansätze der frühen Arbeiterbewegung gingen durch die Niederlagen nicht verloren; sie fanden Eingang in die große Bewegung des Chartismus.

18 P.B. Shelley: A Philosophical View of Reform. In: Shelley's Revolutionary Year. London: Redwords 1990, 69.

Im Chartismus wurden die Erfahrungen mit der Durchsetzung der (wie immer eingeschränkten) Wahlrechtsreform von 1832 dahingehend interpretiert, dass ausreichender politischer, öffentlicher Druck schon dafür sorgen könnte, Veränderungen durch parlamentarische Gesetzgebung zu erwirken. Was dabei immer wieder (und gerade heutzutage von Neuem) fasziniert, ist die ungebrochene und durch keine politische Niederlage zu brechende Vorstellung von der Verfügung über das eigene Leben, über die individuelle und gemeinschaftliche Lebensgestaltung. Verfügt werden soll über die Arbeitsprozesse und darüber, welche Güter wie und wofür erzeugt werden; ebenso wie über die eigene Erziehung, die Erziehung der Kinder und die Gestaltung der Freizeit. Dabei ist Individualität, ist die Autonomie des Individuums stets verknüpft mit dem kollektiven, gemeinschaftlichen Denken und Handeln.

Bemerkenswert und faszinierend ist aber auch, in welchem Ausmaß in der frühen Arbeiterbewegung in England in Angelegenheiten der Theorie kollektiv gehandelt wurde.

Da wurden Zeitungen abonniert und gelesen, und ihre Inhalte gruppenweise diskutiert. Männer und Frauen, die sich selbst das Lesen (und eventuell auch das Schreiben) beigebracht hatten, teilten einander in den Publikationen des radikalen Druckereiwesens ihre Gedanken mit: die Vorstellungen von einem besseren Leben hier und jetzt; die Visionen von einer Demokratisierung und wahrhaften Sozialisierung aller Lebensbereiche. Und dies wurde nicht nur theoretisch propagiert, sondern ansatzweise auch gelebt. Der revolutionäre Syndikalismus, ebenso wie der Chartismus, war eng verbunden mit dem Grad der Literarität der arbeitenden Klassen.

> "Britain was an area of comparatively high literacy levels among the working population. Chartism was preceded by a number of movements of varying size and influence in which printed journals, pamphlets and broadsides played an important part. It was itself organised and made into a national movement by the growth of a national working-class press ...
>
> Protestantism, dissent and the vulgar traditions of broadsides and ballads had in the past contributed to the leaven of literacy in the population, to which the more recent dissemination of radical journals in the main urban centres had added a political dimension and a further incentive to master the basic skills of literacy."[19]

Der Radikalismus der frühen Arbeiterbewegung in England war eng verknüpft mit der Ausbildung einer größeren Zahl von eigenständigen Intellektuellen aus

19 Dorothy Thompson: The Chartists. New York: Pantheon Books 1984, 6.

den arbeitenden Klassen selbst. Charakteristisch für diese Intellektuellen aus den arbeitenden Klassen war auch, dass sie keineswegs in lokaler und provinzieller Engstirnigkeit verharrten, nicht bloß den nationalen Charakter ihrer Bewegung betonten, sondern von Anfang an (und immer wieder) ihren Radikalismus aus den internationalen Erfahrungen sozialer Bewegungen in Geschichte und Gegenwart schöpften und sich mit den zeitgenössischen revolutionären Aktivitäten überall in der Welt solidarisierten.

11.3 Die „Partei der selbstbewussten Bourgeoisie" in ihrem Verhältnis zur Aristokratie und zu den politischen Rechten der arbeitenden Klassen

> "Those who imagine that their personal interest is directly or indirectly concerned in maintaining the power in which they are clothed by the existing institutions of English Government do not acknowledge the necessity of material change in those institutions ...
> With this exception, there is no inhabitant of the British Empire of mature age and perfect understanding not fully persuaded of the necessity of Reform. Let us believe not only that [it] is necessary because it is just and ought to be, but necessary because it is inevitable and must be."[20]
>
> *Percy Bysshe Shelley, "A Philosophical View of Reform" [1819]*

> "It is not by the intermeddling of ... the omniscient and omnipotent state, but by the prudence and energy of the people, that England has hitherto been carried forward in civilisation; and it is to the same prudence and the same energy that we now look with comfort and good hope. Our rulers will best promote the improvement of the nation by strictly confining themselves to their own legitimate duties, by leaving capital to find its most lucrative course, commodities their fair price, industry and intelligence their natural reward, idleness and folly their natural punishment, by maintaining peace, by defending property, by diminishing the price of law, and by observing strict economy in every department of the state. Let the Government do this: the People will assuredly do the rest."[21]
>
> *Thomas Babington Macaulay [1830]*

Die englische Arbeiterbewegung sah sich in ihren Kämpfen in den 30er- und 40er-Jahren des 19. Jahrhunderts keinem *ançien regime* gegenüber, das gleichsam seinem Untergang entgegenzitterte, sondern vielmehr einer machtbe-

20 P.B. Shelley: A Philosophical View of Reform. In: Shelley's Revolutionary Year. London: Redwords 1990, 29.

21 Thomas Babington Macaulay: Critical and Historical Essays Contributed to the Edinburgh Review. Vol. 1. London: Longman 1858, 121.

wussten herrschenden Klasse, die über ihre eigenen Interessen einigermaßen Klarheit hatte: Die am höchsten entwickelte Arbeiterklasse der Welt stand der in gesellschaftlichen Auseinandersetzungen erfahrensten herrschenden Klasse gegenüber. Gewiss, es gab Differenzen zwischen aristokratischen Großgrundbesitzern und neueren kapitalistischen Industrieunternehmern, es gab Uneinigkeiten über strategische und taktische Vorgangsweisen gegenüber den unteren Klassen, es gab unterschiedliche, ja gegensätzliche Interessenlagen etwa in Fragen der Besteuerung und des Freihandels; doch durch die Reformgesetzgebung von 1832 war die große Allianz zwischen den arbeitenden Klassen, den Mittelklassen und Industrieunternehmern zerbrochen worden.

Dazu kam, dass die englische Aristokratie ja kein Haufen von verkommenen Feudalherren war, sondern selbst eine relativ junge soziale Klasse, die auf die eine oder andere Weise revolutionär gewesen war: Ihre Angehörigen hatten Könige stürzen, hinrichten aber auch wieder restaurieren, hatten Dynastien aufbauen und beseitigen helfen. Aber vor allem hatten die aristokratischen Großgrundbesitzer im Verlauf des 17. Jahrhunderts gelernt, als agrarkapitalistische Unternehmer zu agieren (lange vor der industriellen Revolution des späten 18. und frühen 19. Jahrhunderts). Bei allen möglichen Mängeln war die englische Aristokratie durchaus in der Lage, Veränderungen innerhalb der kapitalistischen Wirtschaftsweise nicht nur mitzuvollziehen, sondern sogar zu befördern und zugleich auf ihren besonderen Vorteil dabei zu achten.

Die englische Aristokratie war auch stets fähig gewesen, sich der Intellektuellen politisch zu bedienen, sie finanziell zu fördern und an sich zu binden; sodass insgesamt unter den maßgeblichen konservativen wie liberalen Intellektuellen (von *Edmund Burke* über *Samuel Taylor Coleridge* bis hin zu *Disraeli* und *Gladstone*) die tiefe Überzeugung verbreitet war, ohne die Bewahrung der Interessen des aristokratischen Grundbesitzes wäre buchstäblich kein Staat zu machen. Und schließlich hatte die englische Aristokratie sich stets behauptet, ohne die Interessen kapitalistischen Unternehmertums überhaupt preiszugeben und hatte so innerhalb der herrschenden Klassen ihre politische Vorrangstellung behalten. Am 25. August 1852 erschien in der *New-York Daily Tribune* der Artikel eines Londoner Korrespondenten mit dem Titel „The Chartists".[22] Darin hieß es eingangs:

> „Die Partei, die die moderne englische Gesellschaft, jenes England, das den Weltmarkt beherrscht, offiziell repräsentiert, ist die der Freihändler (der Manchestermänner, der Parlaments- und der Finanzreformer). Sie sind die

22 Karl Marx: The Chartists. In: Political Writings. Vol. 2, Harmondsworth: Penguin 1973, 262–271.

Partei der selbstbewußten Bourgeoisie, des industriellen Kapitals, das seine soziale Macht auch als politische Macht ausnützen und die letzten arroganten Reste der Feudalgesellschaft ausrotten will. Diese Partei wird geführt von dem aktivsten und energischsten Teil der englischen Bourgeoisie, von den Fabrikanten. Was sie verlangen, ist die völlige, unverhüllte Vorherrschaft der Bourgeoisie, ist die offene, offiziell vollstreckte Unterwerfung der ganzen Gesellschaft unter die Gesetze der modernen Bourgeoisproduktion und unter die Herrschaft jener Männer, die diese Produktion leiten. Sie verstehen unter Freihandel die ungehemmte Bewegung des von allen politischen, nationalen und religiösen Fesseln befreiten Kapitals. Der Grund und Boden soll verkäufliche Ware und seine Ausbeutung den allgemeinen Gesetzen des Warenverkehrs unterworfen sein. So wie es Garn- und Baumwollfabrikanten gibt, soll es Nahrungsmittelfabrikanten, aber keine Grundherren geben. Kurz, es sollen keine wie auch immer gearteten politischen oder sozialen Einschränkungen, Bestimmungen oder Monopole geduldet werden, es sei denn, sie entsprängen ‚den ewigen Gesetzen der politischen Ökonomie', d. h. den Bedingungen, unter denen das Kapital produziert und distributiert. Die Losung im Kampfe dieser Partei gegen die alten englischen Einrichtungen, jenen Produkten eines überalteten, im Schwinden begriffenen Stadiums der sozialen Entwicklung, lautet: Produziere, so billig du kannst, und räume auf mit den faux frais der Produktion (das heißt mit allen überflüssigen, unnötigen Produktionskosten). Und diese Losung wendet sich nicht nur an die einzelne Privatperson, sondern an die ganze Nation."[23]

Was sich liest wie eine heutige Anpreisung neokonservativer und neoliberaler Programmatik, was klingt wie die Erläuterung des Triumphes von freier Marktwirtschaft und Shareholder-Values, entstammt jenen heroischen Zeiten des kapitalistischen Unternehmertums, als dieses noch um seine ökonomische wie politische Vorherrschaft zu kämpfen hatte. Die heute sogenannten Manchesterliberalen waren damals jene aufstrebenden Industrieunternehmer, die eine Beseitigung aller sie und ihr Wachstum und ihre ökonomische Expansion (kurz: ihre ständige und wachsende Bereicherung) beschränkenden rechtlichen Regulierungen wünschten; aber ebenso eine angemessene Beteiligung an der politischen Macht (also eine entsprechende Repräsentation im Parlament). Politisch war diesen Unternehmern 1832 schon Zugeständnisse gemacht worden, rechtlich und ökonomisch aber noch keineswegs. Daher mochten sie durchaus weiter für umfangreiche Reformen im Bereich der staatlichen Institutionen

23 Karl Marx: Die Chartisten. In: Karl Marx/Friedrich Engels: Werke. Band 8, Berlin: Dietz 1960, 342 f.

kämpfen und gegen die Begünstigungen für die grundbesitzende Aristokratie; sie mussten dies jedoch nach 1832 allein tun und konnten sich nicht mehr auf eine breite anti-aristokratische Allianz aller produktiv Arbeitenden stützen.

> „Diese Kämpen der britischen Bourgeoisie, diese Männer der Manchesterschule sehen eben in jeder Einrichtung Old Englands eine Maschinerie, die ebenso kostspielig wie nutzlos ist und die keinen andern Zweck erfüllt, als die Nation daran zu hindern, soviel wie möglich und so billig wie möglich zu produzieren und ihre Produkte frei auszutauschen. Ihr letztes Wort ist notwendigerweise die Bourgeoisrepublik, in der die freie Konkurrenz auf allen Gebieten unumschränkt herrscht und in der nur jenes Minimum an Regierungsgewalt übrigbleibt, das unerläßlich ist für die äußere und innere Administration der allgemeinen Klasseninteressen und Geschäfte der Bourgeoisie, wobei auch dieses Minimum so einfach, so sparsam wie nur möglich organisiert sein soll."[24]

Jenes „Minimum an Regierungsgewalt" bedeutete auch, dass etwa in Angelegenheiten der Erziehung an ein staatliches Schulwesen nicht zu denken war. Allerdings zeigten die heftigen Auseinandersetzungen mit den klassenbewussten Arbeitern, dass die Überlassung der Erziehung im Bereich der individuellen Initiative zu – vom Unternehmerstandpunkt – keineswegs wünschenswerten Ergebnissen führte: nämlich zur Ausbildung eigenständigen Bewusstseins, eigenständiger Überzeugungen und eigenständiger Organisationsweisen.

Ohne die massive staatliche Unterstützung wären die Auseinandersetzungen zwischen Arbeitern und Unternehmern 1833/34 auch kaum zugunsten der Unternehmer ausgegangen. Die „Partei der selbstbewussten Bourgeoisie" konnte sich daher keinesfalls auf einen allzu dogmatischen, ja gar gnadenlosen, Kampf mit der grundbesitzenden Aristokratie und den überkommenen Formen politischer und anderer sozialer Institutionen einlassen. „Ist aber die Aristokratie ihr schwindender Gegner, so ist die Arbeiterklasse ihr aufkommender Feind. Lieber aber wollen sie mit dem schwindenden Gegner paktieren, als den heranwachsenden Feind, dem die Zukunft gehört, durch Konzessionen stärken, die von mehr als nur scheinbarer Bedeutung sind. Darum suchen sie jeden heftigen Zusammenstoß mit der Aristokratie zu vermeiden."[25]

Eine durchgehende – mehr oder weniger offen ausgesprochene – Vorstellung von der politischen Gestaltung der englischen Gesellschaft bestand darin, die Mittelklassen von einer jeden Verbindung mit den radikaldemokratischen

24 Ebd., 343.
25 Ebd., 344.

Strömungen unter den arbeitenden Klassen fernzuhalten und sie vielmehr an die Aristokratie und/oder an das große Unternehmertum zu binden. Die Mittelklassen bekamen auch ein politisches Betätigungsfeld auf der Ebene der Gemeindeverwaltungen zugewiesen, das sie ab Mitte der 30er-Jahre des 19. Jahrhunderts nützten. Die *berufsmäßigen* Intellektuellen begannen in der gleichen Zeit verstärkt, Fragen der Bildung und Kultur anstelle der älteren Sorgen um die drohende Zerstörung des Eigentums durch die Demokratie (in Form des erweiterten Wahlrechts) zu thematisieren.

Im weiteren Verlauf des 19. Jahrhunderts werden konservative wie liberale Politiker (Tories und Whigs) in der Regierung so wie im Parlament die – informelle – Klassenallianz von oben in alltägliches politische Handeln umsetzen und insbesondere im Erziehungsbereich ein System schaffen, das allen künftigen Gefahren eigenständigen Denkens und Handelns der Angehörigen der arbeitenden Klassen entgegenzuwirken vermag.

11.4 Die Chartisten und die Verbindung von (Selbst-)erziehung und politischer Organisation

> „**Chartismus**, der Name für eine Arbeiterbewegung in England, ... deren Zweck es war, die Staatsgewalt in die Hände der arbeitenden Klassen zu bringen, um dann Rechts- und Wirtschaftsordnung im Interesse der Arbeiter zu ändern. Der Name C. rührte daher, daß die Partei 1838 ihr Programm in die Form eines Gesetzentwurfs (Bill) faßte, welche [der Anführer der Chartisten] O'Connell, als Charte (Volkscharte im Gegensatz zur Magna Charta) bezeichnete. ...“[26]
>
> „Shelley, der geniale prophetische Shelley, und Byron mit seiner sinnlichen Glut und seiner bittern Satire der bestehenden Gesellschaft haben ihre meisten Leser unter den Arbeitern; die Bourgeois besitzen nur kastrierte Ausgaben, 'family editions', die nach der heuchlerischen Moral von heute zurechtgestutzt sind.“[27]
>
> *Friedrich Engels*
>
> „Die sechs Punkte der Charte, für die sie kämpfen, enthalten weiter nichts als die Forderung des allgemeinen Wahlrechts und jener Bedingungen, ohne die das allgemeine Wahlrecht für die Arbeiterklasse illusorisch wäre – z. B. geheime Abstimmung, Diäten für die Parlamentsmitglieder,

26 Meyers Konversations-Lexikon. Dritter Band (Leipzig und Wien: Bibliographisches Institut 1897) 1023.

27 Friedrich Engels: Die Lage der arbeitenden Klassen in England [1845]. In: Karl Marx/Friedrich Engels: Werke. Band 2. Berlin: Dietz 1990. 455.

> alljährliche allgemeine Wahlen. Das allgemeine Wahlrecht ist aber für die Arbeiterklasse Englands gleichbedeutend mit politischer Macht; denn das Proletariat bildet dort die große Majorität der Bevölkerung und hat sich in langem, wenn auch versteckt geführten Bürgerkrieg zum klaren Bewußtsein seiner Klassenlage durchgerungen. Ja sogar die ländlichen Distrikte Englands kennen keine Bauern mehr, sondern nur Grundherren, kapitalistische Unternehmer (Pächter) und Lohnarbeiter. Das Durchsetzen des allgemeinen Wahlrechts wäre daher in England in weit höherem Maße eine Errungenschaft sozialistischen Inhalts als irgendeine Maßnahme, die auf dem Kontinent mit dieser Bezeichnung beehrt worden ist.
> Hier wäre ihr unvermeidliches Ergebnis die politische Herrschaft der Arbeiterklasse."[28]
>
> *Karl Marx*

Die englischen Arbeiterinnen und Arbeiter konnten sich in den 30er-Jahren des 19. Jahrhunderts (im Unterschied zu den herrschaftserfahrenen Regierenden) auf keinerlei besondere historische Erfahrung in der Politik stützen; alles politische Handeln war neu für sie, war eine Summe von Experimenten mit ungewissen Ausgängen. Nach den Niederlagen des revolutionären Syndikalismus mochte es für viele höchst fragwürdig erscheinen, ob eine organisierte Vertretung der eigenen Interessen überhaupt einen Sinn ergab; doch noch scheint die Einsicht verbreitet gewesen zu sein, dass, wer für seine Interessen nicht kämpft, auch schon verloren hat. Nach den Niederlagen der Gewerkschaften und der Streikbewegungen war eine wichtige Frage jedenfalls die nach dauerhaften Organisationsstrukturen massenhafter, landesweiter politischer Bewegungen.

Innerhalb der Massenbewegung der Chartisten – „dem politisch aktiven Teil der britischen *Arbeiterklasse*"[29] – wurde auch ein Konzept der selbstorganisierten, massenhaften, kontinuierlichen Erziehung entwickelt, das zwar als eine Ablenkung von den wahren Zielen kritisiert wurde, doch im Rückblick als eine hervorragende Vorstellung der Verbindung von Erziehung, politischer Organisation und planvoller demokratischer Gestaltung der Gesellschaft erscheint. *William Lovett* und *John Collins* (zwei führende Männer des Chartismus) hatten – während sie im Gefängnis saßen – ein Buch verfasst, mit dem Titel „Chartism: a New Organisation of the People" [1840], "which contained a plan for the organization of the Chartists throughout the kingdom"[30].

Hier flossen die Erfahrungen der revolutionären Syndikalisten ebenso ein wie die der Chartisten; es geht um die Selbstorganisation der arbeitenden Klas-

28 Karl Marx: Die Chartisten. In: Karl Marx/Friedrich Engels: Werke. Band 8. Berlin: Dietz 1960, 344.

29 A. a. O.

30 R.C. Gammage: History of the Chartist Movement 1837–1854. London: Merlin 1976, 195.

sen (wobei Bündnisse mit Angehörigen anderer sozialer Klassen nicht ausgeschlossen werden); um die eigenständige Verfügung über das individuelle wie kollektive Leben der Arbeiterinnen und Arbeiter; um die Einübung in demokratisches Handeln; um das Erlernen all jener Kenntnisse und Fertigkeiten, die schließlich die Erringung und den Gebrauch der politischen Macht ermöglichen. Mit den Worten eines zeitgenössischen Historikers der Chartisten-Bewegung, *R.C. Gammage*, wird dieses Konzept wie folgt beschrieben:

> "This plan embraced the appointment of missionaries, the printing and circulating of tracts, the establishing of circulating libraries, the erection of public halls and schools for the education of the people in physical, mental, moral, and political science, and the establishment of normal schools for the training of teachers of both sexes. It was shown that if every person who signed the National Petition would subscribe less than one penny per week, there might be established every year eighty district halls, or normal, or industrial schools, at £ 3000 each, £ 240,000; seven hundred and ten circulating libraries at £ 20 each, £ 14,200; that four missionaries might be employed at £ 200 per annum each, travelling expenses included, £ 800; 20,000 tracts, at fifteen shillings per thousand, might be circulated every week, £ 780; for printing, postage, salaries, &c., £ 700: thus expending every year, for the purpose of promoting the enlightenment and organization of the people, £ 256,200."[31]

Bildung oder Erziehung sollte hier keineswegs den politischen Kampf ersetzen; im Gegenteil: indem hier – dem Konzept nach – Organisation der Erziehung völlig mit der dauerhaften politischen Organisation des arbeitenden Volkes identifiziert wird und die autonome Organisation der Bildung der Erwachsenen wie auch der Erziehung der Kinder durch die direkte Selbstfinanzierung ermöglicht wird, hätte die Umsetzung dieses Konzeptes die Schaffung einer historisch einzigartigen politischen Massenorganisation bedeutet.

> "With regard to the plan of Lovett and his friends, there was in it all the elements of the people's regeneration, supposing it to be fully, faithfully and honestly carried out, which it might have been if set about in a proper manner. Happy would it have been if that plan had met with general adoption, always taking care that it was never perverted to mere middle class purposes. We might then have seen a popular power built up, of sufficient strength to have withstood all the blasts of the enemies of Democracy. ...

31 A. a. O.

> The building of halls and schools, and the establishment of circulating libraries, would not only have led to the better instruction of the people, but it would have given them a material interest, not only in joining, but in sustaining the movement ..."[32]

Eine derart eigenständige und zugleich permanente politische Massenorganisation der arbeitenden Klassen wäre nicht Gewerkschaft und nicht politische Partei gewesen, sondern eine Summe von zugleich dezentralen und nationalen Bildungs- und Kulturzentren, von Lernstätten der Demokratie, sowie von zeitweiligen Rückzugsräumen für die in den Klassenkämpfen Geschlagenen. In der damaligen Situation in England hätte dies die Grundlage für die Bewahrung eines krisenunabhängigen, autonomen Bewusstseins unter den Arbeiterinnen und Arbeitern bedeutet, sowie den Aufbau und Erhalt von institutionellen Ausgangspunkten für autonome Organisationen und Interessenvertretungen der arbeitenden Klassen. Verhindert worden wäre auf diese Weise die Integration des englischen Proletariats in das bestehende politische System. Da noch kein staatliches Erziehungssystem vorhanden war, wäre der Aufbau eines autonomen Systems säkularer Kindererziehung und Volksbildung möglich gewesen. Geradezu prophetisch wirkt in diesem Zusammenhang der letzte Absatz des Vorwortes von *William Lovett* und *John Collins* zu ihrem Buch, in dem es heißt:

> "There is also so much evil to be apprehended from placing the education of our children In the hands of any government, especially of an irresponsible one, that it becomes one of the most important duties of the working and middle classes, to take the subject into their own hands, and to establish a just and liberal system of education, lest the power of educating their own children be taken from them by the arbitrary act of a corrupt and exclusive government."[33]

Wer nicht den Staat machtvoll kontrolliert oder die staatlichen Einrichtungen und ihre Gestaltung maßgeblich beeinflussen kann, ist der staatlichen Politik auf allen Gebieten (und erst recht auf dem der Erziehung) hilflos ausgeliefert, es sei denn es gäbe eigenständig organisierte Bereiche, die auch bewahrt werden können.

32 Ebd., 196 f.

33 William Lovett and John Collins: Chartism. A New Organization of the People. Leicester University Press 1969, vi.

12 *Karl Marx* und *Friedrich Engels* über die Bedeutung der Gesellschaftstheorie und der historischen Analyse der Gesellschaft für die politische Praxis

12.1 Materialistische Weltauffassung und produktive Arbeit

> „Die Frage, ob dem menschlichen Denken gegenständliche Wahrheit zukomme – ist keine Frage der Theorie, sondern eine praktische Frage. In der Praxis muß der Mensch die Wahrheit, i. e. Wirklichkeit und Macht, Diesseitigkeit seines Denkens beweisen.“[1]
>
> *Karl Marx*

> „Die Voraussetzungen, mit denen wir beginnen, sind keine willkürlichen, keine Dogmen, es sind wirkliche Voraussetzungen, von denen man nur in der Einbildung abstrahieren kann.
> Es sind die wirklichen Individuen, ihre Aktion und ihre materiellen Lebensbedingungen, sowohl die vorgefundenen wie die durch ihre eigne Aktion erzeugten. Diese Voraussetzungen sind also auf rein empirischem Wege konstatierbar.“[2]
>
> *Karl Marx & Friedrich Engels*

Schon in ihren frühesten Schriften haben sich *Karl Marx* und *Friedrich Engels* mit Fragen der wissenschaftlichen Erkenntnis der Welt und ihrer praktischen Umgestaltung auseinandergesetzt; sie betonen dabei sowohl die eigene Position der materialistischen Weltauffassung als auch deren Unterschied zu allen bisherigen materialistischen Anschauungen. Zum Wesen des *modernen* Materialismus von *Marx* und *Engels* gehört, dass die Frage, ob und was denn der Mensch überhaupt erkennen könne, ebenso bedeutungslos wird wie die, ob eine Welt unabhängig vom menschlichen Bewusstsein existiere. Für den Menschen erfolgt die Erkenntnis der Welt nicht bloß durch Anschauung und Denken, sondern durch tätige Aneignung, durch Arbeit. Daher existieren für den Menschen niemals die Welt an sich, die äußere Natur an sich, als Gegenstände der bloßen

1 Karl Marx: Thesen über Feuerbach. In: Karl Marx/Friedrich Engels: Werke. Band 3. Berlin: Dietz 1959, 5.

2 Karl Marx, Friedrich Engels: Die deutsche Ideologie. Kritik der neuesten deutschen Philosophie in ihren Repräsentanten Feuerbach, B. Bauer und Stirner, und des deutschen Sozialismus in seinen verschiedenen Propheten [1845/46]. In: Karl Marx/Friedrich Engels: Werke. Band 3. Berlin: Dietz 1959, 20.

Betrachtung, der reinen Erkenntnis, sondern stets schon als vom Menschen bearbeitete Welt, als durch menschliche Arbeit angeeignete Natur. *Arbeit* ist die zentrale Kategorie des modernen Materialismus.

Es geht nicht um die Suche nach Wahrheit, nach absolut und ewig gültigen Werten, sondern um das gute Leben für möglichst alle Menschen – und dieses gute Leben für alle kann nur ermöglicht werden durch die ausreichende Produktion der für das Leben (und zwar auch ein Leben in Luxus) notwendigen Güter und eine Verteilung dieser Güter an die große Zahl der Menschen (und nicht nur an einige wenige); an jene Menschen also, die diese Güter produziert haben. *Karl Marx* und *Friedrich Engels* haben ihre Vorstellung von *produktiver* Arbeit keineswegs eingeschränkt auf die einfache Gütererzeugung, auf die Herstellung der zum elementaren Lebensunterhalt notwendigen Mittel, sondern *produktive Arbeit* durchaus auch bezogen auf die Herstellung gesellschaftlicher Verhältnisse insgesamt; das heißt, dass *produktive Arbeit* nicht nur definiert wird durch die bestehenden kapitalistischen Verhältnisse, sondern schon deren künftige Überwindung stückweise vorwegzunehmen mag: dazu kann dann die Ausformung von Elementen einer neuen politischen Kultur, neuer Formen von politischer Organisation, sowie neuer Formen kollektiven Denkens und Handelns ebenso gehören, wie die Herstellung neuartiger Kunstwerke. Der Maßstab dafür, ob menschliche Handlungen gut, vernünftig, richtig sind, ist nur zu entwickeln durch Beobachtung und Erfahrung *verknüpft* mit theoretischer Reflexion und betrieben, – *organisiert* – als wiederkehrende Abfolgen von kollektiven Diskussions- und demokratischen Entscheidungs-Prozessen.

Ausgegangen wird bei *Marx* und *Engels* nicht von Ideen, von irgendwelchen Vorstellungen über die Welt, sondern von der menschlichen Tätigkeit, von Arbeit, Produktion – von der gesellschaftlichen Praxis.

> „Die Weise, in der die Menschen ihre Lebensmittel produzieren, hängt zunächst von der Beschaffenheit der vorgefundenen und zu reproduzierenden Lebensmittel selbst ab. Diese Weise der Produktion ist nicht bloß nach der Seite hin zu betrachten, dass sie die Reproduktion der physischen Existenz der Individuen ist.
>
> Sie ist vielmehr schon eine bestimmte Art der Tätigkeit dieser Individuen, eine bestimmte Art, ihr Leben zu äußern, eine bestimmte Lebensweise derselben. Wie die Individuen ihr Leben äußern, so sind sie. Was sie sind, fällt also zusammen mit ihrer Produktion, sowohl damit, was sie produzieren, als auch damit, wie sie produzieren. Was die Individuen also sind, das hängt ab von den materiellen Bedingungen ihrer Produktion.“[3]

3 Ebd., 21.

Wichtig dabei ist, dass Natur und menschliche Gesellschaft als *historisch* geworden und daher auch als *veränderbar* angesehen werden, d. h., dass die Welt als eine von den Menschen gestaltete und so auch weiter gestaltbare, und vor allem: verbesserbare, Welt betrachtet wird. Der moderne Materialismus von *Marx* und *Engels* ist nicht ausgerichtet an einer Vorstellung von einer unabhängig vom Menschen existierenden Welt (die Welt ohne die Menschen zu denken, ist unsinnig – das hatte *Marx* schon in seinen frühen Schriften formuliert[4]), sondern an einer tätigen Gestaltung dieser Welt. Es gibt keine absolute Wahrheit, keine absolute Gewissheit theoretischer Erkenntnis – aber die Möglichkeit einer theoretisch reflektierten gesellschaftlichen Praxis, einer vernünftigen und humanen Gestaltung menschlichen Lebens und Zusammenlebens.

12.2 Zu Bildung, Kultur und Organisation der arbeitenden Klassen

> „Die Waffe der Kritik kann allerdings die Kritik der Waffen nicht ersetzen, die materielle Gewalt muß gestürzt werden durch materielle Gewalt, allein auch die Theorie wird zur materiellen Gewalt, sobald sie die Massen ergreift."[5]
>
> *Karl Marx*

> „Der Kommunismus unterscheidet sich von allen bisherigen Bewegungen dadurch, daß er die Grundlage aller bisherigen Produktions- und Verkehrsverhältnisse umwälzt und alle naturwüchsigen Voraussetzungen zum ersten Mal mit Bewußtsein als Geschöpfe der bisherigen Menschen behandelt, ihrer Naturwüchsigkeit entkleidet und der Macht der vereinigten Individuen unterwirft."[6]
>
> *Karl Marx & Friedrich Engels*

> „Um die allgemein menschliche Natur so zu modifizieren, daß sie Geschick und Fertigkeit in einem bestimmten Arbeitszweig erlangt, entwickelte und spezifische Arbeitskraft wird, bedarf es einer bestimmten Bildung und Erziehung, welche ihrerseits eine größere oder geringere

4 Siehe: Karl Marx: Ökonomisch-philosophische Manuskripte aus dem Jahre 1844. In: Karl Marx/Friedrich Engels: Werke. Ergänzungsband. Erster Teil. Berlin: Dietz 1977, 545.

5 Karl Marx: Zur Kritik der Hegelschen Rechtsphilosophie [1843/44]. In: Karl Marx/Friedrich Engels: Werke. Band 1. Berlin: Dietz 1956, 385.

6 Karl Marx, Friedrich Engels: Die deutsche Ideologie. Kritik der neuesten deutschen Philosophie in ihren Repräsentanten Feuerbach, B. Bauer und Stirner, und des deutschen Sozialismus in seinen verschiedenen Propheten [1845/46]. In: Karl Marx/Friedrich Engels: Werke. Band 3. Berlin: Dietz 1959, 70.

Summe von Warenäquivalenten kostet. Je nach dem mehr oder minder vermittelten Charakter der Arbeitskraft sind ihre Bildungskosten verschieden. Diese Erlernungskosten, verschwindend klein für die gewöhnliche Arbeitskraft, gehn also ein in den Umkreis der zu ihrer Produktion verausgabten Werte."[7]

„Wir betrachten die Tendenz der modernen Industrie, Kinder und Jugendliche beiderlei Geschlechts zur Mitwirkung an dem großen Werk der gesellschaftlichen Produktion heranzuziehen, als eine fortschrittliche, gesunde und berechtigte Tendenz, obgleich die Art und Weise, auf welche diese Tendenz unter der Kapitalherrschaft verwirklicht wird, eine abscheuliche ist."[8]

Karl Marx

„Wenn die Umstände, unter denen dies Individuum lebt, ihm nur die einseitige Entwicklung einer Eigenschaft auf Kosten aller andern erlauben, wenn sie ihm Material und Zeit zur Entwicklung nur dieser Einen Eigenschaft geben, so bringt dies Individuum es nur zu einer einseitigen, verkrüppelten Entwicklung. Keine Moralpredigt hilft. Und die Art, in der sich diese Eine, vorzugsweise begünstigte Eigenschaft, entwickelt, hängt wieder einerseits von dem ihr gebotenen Bildungsmaterial, andererseits von dem Grade und der Art ab, in denen die übrigen Eigenschaften unterdrückt bleiben."[9]

Karl Marx & Friedrich Engels

„Gehen wir von der physischen auf die geistige Lage der Arbeiter über. Wenn die Bourgeoisie ihnen vom Leben soviel läßt, als eben nötig ist, so dürfen wir uns nicht wundern, wenn sie ihnen auch nur so viel Bildung gibt, als im Interesse der Bourgeoisie liegt."[10]

„Diese Hunderttausende von allen Klassen und aus allen Ständen, die sich da aneinander vorbeidrängen, sind sie nicht alle Menschen mit denselben Eigenschaften und Fähigkeiten und mit demselben Interesse, glücklich zu werden? und haben sie nicht alle ihr Glück am Ende doch durch ein und dieselben Mittel und Wege zu erstreben?"[11]

Friedrich Engels

7 Karl Marx: Das Kapital. Erster Band. In: Karl Marx/Friedrich Engels: Werke. Band 23. Berlin: Dietz 1970, 186.

8 Karl Marx: Instruktionen für die Delegierten des Provisorischen Zentralrats zu den einzelnen Fragen [1866]. In: Karl Marx/Friedrich Engels: Werke. Band 16. Berlin: Dietz 1981, 193.

9 Karl Marx, Friedrich Engels: Die deutsche Ideologie. Kritik der neuesten deutschen Philosophie in ihren Repräsentanten Feuerbach, B. Bauer und Stirner, und des deutschen Sozialismus in seinen verschiedenen Propheten [1845/46]. In: Karl Marx/Friedrich Engels: Werke. Band 3. Berlin: Dietz 1959, 245f.

10 Friedrich Engels: Die Lage der arbeitenden Klasse in England [1845] In: Karl Marx/Friedrich Engels: Werke. Band 2. Berlin: Dietz 1990, 338.

11 Ebd., 257.

> „... in England, Frankreich, Deutschland und Italien ... finden gleichzeitige Versuche zur Reorganisation der Arbeiterpartei statt. Ein Element des Erfolges besitzt sie, die Zahl.
> Aber Zahlen fallen nur in die Waagschale, wenn Kombination sie vereint und Kenntnis sie leitet.“[12]
>
> *Karl Marx*

Die Bedingungen der kapitalistischen Produktionsweise erweitern einerseits – prinzipiell und allgemein – die Bildungsmöglichkeiten, beschränken und zerstören aber gleichzeitig die Möglichkeiten der arbeitenden Menschen, tatsächlich eine umfassende Bildung und allseitige Entwicklung zu erreichen. Die ständigen ungeheuren Umwälzungen, die Entwicklungen der großen Industrie machen zwar ein gewisses Ausmaß an Erziehungs- und Ausbildungsmaßnahmen notwendig, doch da alle Ausbildungsmaßnahmen Kosten verursachen, werden sie schon aus Profitinteresse auf ein Minimum verringert.

> „Die moderne Industrie betrachtet und behandelt die vorhandne Form eines Produktionsprozesses nie als definitiv. Ihre technische Basis ist daher revolutionär, während die aller früheren Produktionsweisen konservativ war. Durch Maschinerie, chemische Prozesse und andre Methoden wälzt sie beständig mit der technischen Grundlage der Produktion die Funktionen der Arbeiter und die gesellschaftlichen Kombinationen des Arbeitsprozesses um. Sie revolutioniert damit ebenso beständig die Teilung der Arbeit im Innern der Gesellschaft und schleudert unaufhörlich Kapitalmassen und Arbeitermassen aus einem Produktionszweig in den andern. Die Natur der großen Industrie bringt daher Wechsel der Arbeit, Fluß der Funktion, allseitige Beweglichkeit des Arbeiters.
>
> Andrerseits reproduziert sie in ihrer kapitalistischen Form die alte Teilung der Arbeit mit ihren knöchernen Partikularitäten. Man hat gesehn, wie dieser absolute Widerspruch alle Ruhe, Festigkeit, Sicherheit der Lebenslage des Arbeiters aufhebt, ihm mit dem Arbeitsmittel beständig das Lebensmittel aus der Hand zu schlagen und mit seiner Teilfunktion ihn selbst überflüssig zu machen droht; wie dieser Widerspruch im ununterbrochnen Opferfest der Arbeiterklasse, maßlosester Vergeudung der Arbeitskräfte und den Verheerungen gesellschaftlicher Anarchie sich austobt.“[13]

12 Karl Marx: Inauguraladresse der Internationalen Arbeiter-Assoziation [1864]. In: Karl Marx/Friedrich Engels: Werke. Band 16. Berlin: Dietz 1981, 12.

13 Karl Marx: Das Kapital. Erster Band. In: Karl Marx/Friedrich Engels: Werke. Band 23. Berlin: Dietz 1970, 510 f.

Es gibt hier keine Illusionen über die Bildung und ihre Bedeutung in der kapitalistischen Gesellschaft. Bei allen Umwälzungen erhalten die Individuen stets nur so viel Bildung, wie es jeweils notwendig und gerade noch profitabel erscheint. Stets werden neue Qualifikationen vermittelt und auch wieder zerstört, wird der allseits gebildete Mensch, die „flexible" Arbeitskraft, gefordert und zugleich nach der Verhinderung dieser umfassenden Bildung gestrebt. Gewiss bedeutet(e) die große Industrie für die Individuen eine Befreiung aus den angestammten Verhältnissen, aus der „Naturwüchsigkeit" der Landwirtschaft. Die große Industrie brachte allein schon durch die Organisation der Arbeitsprozesse ungeheure Lern- und Bildungsprozesse für die Individuen mit sich – das Vertrautwerden mit modernen Massenorganisationen, das Erlernen von Kollektivität und Solidarität am Arbeitsplatz. Wann immer aber die einzelnen Arbeiterinnen und Arbeiter tatsächlich nach umfassender, oder auch nur nach für sie nützlicher (also den Wert, die Verkaufbarkeit ihrer Arbeitskraft steigernder) Bildung gestrebt haben, ist ihnen diese verwehrt worden – weil der Preis für die Ware Arbeitskraft sonst zu hoch geworden wäre. (Der sogenannte freie Markt ist nur frei für die Profitinteressen der Unternehmen, nicht aber für die ökonomischen Interessen der Arbeitskräfte.)

Was der großen Industrie im Allgemeinen eigen ist, das muss nicht unbedingt für die einzelnen Arbeiterinnen und Arbeiter von Vorteil sein. Die „allseitige Beweglichkeit des Arbeiters", die Vielfalt der Qualifikationen, muss keineswegs zur allseitigen Bildung der Individuen führen: wenn es nur ein ausreichend großes Reservoir von Arbeitskräften (in Form von Arbeitslosen) gibt, dann braucht keine weitere Vorsorge für umfassende Erziehungsmaßnahmen getroffen werden; es genügt meist, die jeweils notwendigen Arbeitskräfte durch kurzfristige Umschulungsmaßnahmen den je besonderen Anforderungen anzupassen. Das moderne Proletariat hat daher in Fragen der Bildung sich niemals auf technische Notwendigkeiten der Industrie, auf die menschenfreundliche Gesinnung der Unternehmer, auf die „naturwüchsigen Notwendigkeiten" des Kapitalismus, auf die „Logik" kapitalistischer Entwicklung etc. etc. verlassen können, sondern höchstens auf die eigene (individuelle und kollektive) Organisationsfähigkeit.

Marx und *Engels* waren auch nie der Meinung, dass *der* Staat schlechthin je für eine den umfassenden Anforderungen und Ansprüchen genügende Erziehung der Kinder und Jugendlichen aus den arbeitenden Klassen sorgen würde. Nur in dem Ausmaß, in dem die arbeitenden Klassen in der Lage sind, ihre Interessen tatsächlich wahrzunehmen, d. h. sowohl theoretisch zu begreifen, als auch organisiert zu vertreten, kann es gelingen, den Staat zu Regelungen, zur Schaffung von Institutionen zu bringen, die den Kindern des Proletariats ein gewisses Maß an Erziehung gewährleisten. So schrieb *Karl Marx* im Jahr 1866:

> „Der aufgeklärtere Teil der Arbeiterklasse begreift jedoch sehr gut, daß die Zukunft seiner Klasse und damit die Zukunft der Menschheit völlig von der Erziehung der heranwachsenden Arbeitergeneration abhängt. Er weiß, daß vor allem andern die Kinder und jugendlichen Arbeiter vor den verderblichen Folgen des gegenwärtigen Systems bewahrt werden müssen. Das kann nur erreicht werden durch die Verwandlung gesellschaftlicher Einsicht in gesellschaftliche Gewalt, und unter den gegebenen Umständen kann das nur durch allgemeine Gesetze geschehen, durchgesetzt durch die Staatsgewalt. Bei der Durchsetzung solcher Gesetze stärkt die Arbeiterklasse keineswegs die Macht der Regierung. Im Gegenteil, sie verwandelt jene Macht, die jetzt gegen sie gebraucht wird, in ihre eigenen Diener. Sie erreicht durch einen allgemeinen Gesetzesakt, was sie durch eine Vielzahl isolierter individueller Anstrengungen vergeblich erstreben würde.“[14]

Die wesentliche Erziehungsarbeit zur Wahrnehmung der eigenen Interessen (die Erziehung zum Klassenbewusstsein und der Erwerb der zur politischen Durchsetzung der Klasseninteressen notwendigen Fertigkeiten) sollte im Rahmen eigenständiger Bildungseinrichtungen der arbeitenden Klassen erfolgen. *Friedrich Engels* hatte bereits 1845 über seine Wahrnehmungen bezüglich der englischen Arbeiterklasse berichtet:

> „Diese verschiedenen, oft zusammenfallenden, oft getrennten Sektionen von Arbeitern – Mitglieder der Verbindungen, Chartisten und Sozialisten – haben auf ihre eigene Faust eine Menge Schulen und Lesezimmer zur Hebung der geistigen Bildung gegründet. Jede sozialistische und fast jede chartistische Institution hat eine solche Anstalt, ebenso viele einzelne Handwerke. Hier wird den Kindern eine echt proletarische Erziehung gegeben, frei von allen Einflüssen der Bourgeoisie, und in den Lesezimmern liegen nur oder fast nur proletarische Journale und Bilder auf.“[15]

Zugleich registrierte *Friedrich Engels* auch, wie seitens der Bourgeoisie auf diese autonomen Bildungsbestrebungen der Arbeiter reagiert wurde:

> „Diese Anstalten sind sehr gefährlich für die Bourgeoisie, der es gelang, eine Anzahl ähnlicher Institute, die ‚Mechanics' Institutions', dem proletarischen Einfluß zu entziehen und sie in Organe zur Verbreitung der für die Bour-

14 Karl Marx: Instruktionen für die Delegierten des Provisorischen Zentralrats zu den einzelnen Fragen [1866]. In: Karl Marx/Friedrich Engels: Werke. Band 16. Berlin: Dietz 1981, 167 f.

15 Friedrich Engels: Die Lage der arbeitenden Klasse in England [1845] In: Karl Marx/Friedrich Engels: Werke. Band 2. Berlin: Dietz 1990, 453.

geoisie nützlichen Wissenschaften unter den Arbeitern zu verwandeln. Hier werden jetzt die Naturwissenschaften gelehrt, die die Arbeiter von der Opposition gegen die Bourgeoisie abziehen und ihnen vielleicht die Mittel an die Hand geben zu Erfindungen, die der Bourgeoisie Geld einbringen – während dem Arbeiter jetzt die Naturerkenntnis wahrhaft ganz nutzlos ist, da er oft gar nicht einmal die Natur zu sehen bekommt in seiner großen Stadt und bei seiner langen Arbeit; hier wird die Nationalökonomie gepredigt, deren Abgott die freie Konkurrenz und deren einziges Resultat für den Arbeiter das ist, daß er nichts Vernünftigeres tun kann, als in stiller Resignation zu verhungern; hier ist alle Bildung zahm, geschmeidig, dienstfertig gegen die herrschende Politik und Religion gerichtet, so daß sie eigentlich für den Arbeiter nur eine fortwährende Predigt des ruhigen Gehorsams und der Passivität, der Ergebung in sein Schicksal ist.

Natürlich will die Masse der Arbeiter von diesen Instituten nichts wissen und wendet sich den proletarischen Lesezimmern, den Diskussionen von Verhältnissen zu, welche unmittelbar ihre eigenen Interessen betreffen ...“[16]

Friedrich Engels konnte auf die autonomen Bildungseinrichtungen und auf die eigenständigen Lektüren der englischen Arbeiter hinweisen, ohne dass dies bloßes Wunschdenken oder gar Legendenbildung gewesen wäre:

„Daß übrigens die Arbeiter auch für ‚solide Bildung‘, wenn sie unvermischt mit der interessierten Weisheit der Bourgeoisie vorgetragen wird, Sinn haben, beweisen die häufigen Vorlesungen über naturwissenschaftliche, ästhetische und nationalökonomische Themata, die an allen proletarischen Instituten, besonders den sozialistischen, häufig gehalten und sehr gut besucht werden. Ich habe manchmal Arbeiter, deren Samtröcke nicht mehr zusammenhalten wollten, mit mehr Kenntnis über geologische, astronomische und andre Gegenstände sprechen hören, als mancher gebildete Bourgeois in Deutschland davon besitzt. Und wie sehr es dem englischen Proletariat gelungen ist, sich eine selbständige Bildung zu erwerben, zeigt sich besonders darin, daß die epochemachenden Erzeugnisse der neueren philosophischen, politischen und poetischen Literatur fast nur von den Arbeitern gelesen werden. Der Bourgeois, der Knecht des sozialen Zustandes und der mit ihm verbundenen Vorurteile ist, fürchtet, segnet und bekreuzigt sich vor allem, was wirklich einen Fortschritt begründet; der Proletarier hat offne Augen dafür und studiert es mit Genuß und Erfolg.

In dieser Beziehung haben besonders die Sozialisten Unendliches zur

16 Ebd., 454.

Bildung des Proletariats getan, sie haben die französischen Materialisten, Helvétius, Holbach, Diderot usw., übersetzt und nebst den besten englischen Sachen in billigen Ausgaben verbreitet.

Strauß' ‚Leben Jesu' und Proudhons ‚Eigentum' zirkulieren ebenfalls nur unter Proletariern. Shelley, der geniale prophetische Shelley, und Byron mit seiner sinnlichen Glut und seiner bittern Satire der bestehenden Gesellschaft haben ihre meisten Leser unter den Arbeitern; die Bourgeois besitzen nur kastrierte Ausgaben, ‚family editions', die nach der heuchlerischen Moral von heute zurechtgestutzt sind. Die beiden größten praktischen Philosophen der letzten Zeit, Bentham und Godwin, sind, namentlich letzterer, ebenfalls fast ausschließliches Eigentum des Proletariats; wenn auch Bentham unter der radikalen Bourgeoisie eine Schule besitzt, so ist es doch nur dem Proletariat und den Sozialisten gelungen, aus ihm einen Fortschritt zu entwickeln. Das Proletariat hat sich auf diesen Grundlagen eine eigene Literatur gebildet, die meist aus Journalen und Broschüren besteht und an Gehalt der ganzen Bourgeoisie-Literatur bei weitem voraus ist."[17]

Sichtbar gemacht wird hier auch der enge Zusammenhang zwischen Bildung, Arbeit und Lebenspraxis. Der Erwerb von Bildung, die Aneignung von Kenntnissen und Fertigkeiten dient ebenso der Verbesserung der individuellen Lebenslage wie der Verbesserung der gesellschaftlichen Verhältnisse. Bildung bedeutete für die Arbeiterinnen und Arbeiter erweiterte Wahrnehmung der Welt, Förderung der Intellektualität, erweiterte Möglichkeiten der Genussfähigkeit und der bewussten Lebensgestaltung und hat daher stets einen eminent politischen Charakter, da sie auf gesellschaftliche Praxis abzielt. Bildung wurde damals noch nicht bewiesen durch das Ablegen von Prüfungen, durch das Erlangen von Zeugnissen; es gab noch kein staatliches Erziehungswesen. Maßgeblich war das Kriterium der Praxis: ob jemand etwas tatsächlich gelernt und verstanden hat und es auch nutzbringend anzuwenden weiß. Die Schaffung und Erhaltung von eigenständigen Bildungseinrichtungen war für die Arbeiterbewegung von Anfang an von großer Wichtigkeit: wer was wozu lernte, konnte auf diese Weise einigermaßen selbst bestimmt werden.

Es ist bemerkenswert, dass *Karl Marx* und *Friedrich Engels* keineswegs für den Auf- und Ausbau eines allgemeinen staatlichen Erziehungswesens als eines von der produktiven Arbeit losgelösten Bereichs eintraten.[18] So verabscheuungswürdig das damals bestehende System der Kinderarbeit für *Marx* und

17 Ebd., 454 f.

18 Siehe dazu insbesondere: Karl Marx: Instruktionen für die Delegierten des Provisorischen Zentralrats zu den einzelnen Fragen [1866]. In: Karl Marx/Friedrich Engels: Werke. Band 16. Berlin: Dietz 1981, 190–195.

Engels auch war, so erschien ihnen eine bloße Lern- und Drillschule, die nichts mehr unmittelbar mit der industriellen Produktion zu tun hatte, in ihrer Wirkung auf Denkvermögen und Persönlichkeitsentwicklung der Kinder als mindestens ebenso einengend und zerstörend wie die vorherrschende Praxis der hemmungslosen Ausbeutung kindlicher Arbeitskraft.

Schon im „Kommunistischen Manifest" (1848) war für die „Vereinigung der Erziehung mit der materiellen Produktion"[19] eingetreten worden und später hatte *Marx* eine *polytechnische Ausbildung* gefordert, „die die allgemeinen Prinzipien aller Produktionsprozesse vermittelt und gleichzeitig das Kind und die junge Person einweiht in den praktischen Gebrauch und die Handhabung der elementaren Instrumente aller Arbeitszweige"[20]. *Marx* hegte auch die Hoffnung:

> „Die Verbindung von bezahlter, produktiver Arbeit, geistiger Bildung, körperlicher Übung und polytechnischer Ausbildung wird die Arbeiterklasse weit über das Niveau der Aristokratie und Bourgeoisie heben." [21]

Diese Hoffnung gründete sich auf den Erfahrungsberichten der englischen Fabriksinspektoren, die bemerkt hatten, „daß die Fabrikkinder, obgleich sie nur halb soviel Unterricht genießen als die regelmäßigen Tagesschüler, ebensoviel und oft mehr lernen".[22]

Marx folgerte u.a. daraus, dass das beste Erziehungssystem darin bestehen würde, „für alle Kinder über einem gewissen Alter produktive Arbeit mit Unterricht und Gymnastik" zu verbinden und er hielt dies nicht nur für „eine Methode zur Steigerung der gesellschaftlichen Produktion", sondern für „die einzige Methode zur Produktion vollseitig entwickelter Menschen".[23]

Das bedeutete aber, dass bei einer derartigen Gestaltung der Kindererziehung sowohl die üblichen Schulen, als auch die Fabriken (die Arbeitsorganisation und die Arten der Tätigkeiten) gründlich verändert gehörten. Durch die Verbindung von produktiver Arbeit und schulischem Unterricht wären die Frauen- und Kinderarbeit nicht zurück gedrängt (also auch die Frauen nicht auf das Gebiet der Haushaltsführung und Kindererziehung zurück gedrängt), und somit die Probleme der Arbeitswelt nicht aus dem Familienbereich verdrängt worden; somit hätte die Schule nicht als eine von allem Wirklichen (insbeson-

19 Karl Marx, Friedrich Engels: Manifest der Kommunistischen Partei. In: Karl Marx/Friedrich Engels: Werke. Band 4. Berlin: Dietz 1959, 482.

20 Karl Marx: Instruktionen für die Delegierten des Provisorischen Zentralrats zu den einzelnen Fragen [1866]. In: Karl Marx/Friedrich Engels: Werke. Band 16. Berlin: Dietz 1981, 195.

21 A.a.O.

22 Karl Marx: Das Kapital. Erster Band. In: Karl Marx/Friedrich Engels: Werke. Band 23. Berlin: Dietz 1970, 507.

23 Ebd., 508.

dere jedoch von der Sphäre der Arbeit) völlig abgetrennte und isolierte Institution eingerichtet werden können.

Karl Marx und *Friedrich Engels* betrachteten Bildung keineswegs als Selbstzweck und auch nicht als eine Sphäre losgelöst von allen anderen Lebensbereichen der Menschen. Für die meisten Menschen war schon der Erwerb von elementarem Wissen, und erst recht die Bestimmung über die Auswahl von Bildungsinhalten und die Gestaltung der Art und Weise des Wissenserwerbs nur zusammen oder im Gefolge von langwierigen sozialen Auseinandersetzungen möglich. Gerade für die Angehörigen der arbeitenden Klassen war die Aneignung elementarer Kenntnisse und Fertigkeiten, und erst recht die theoretische Auseinandersetzung mit den vorgefundenen gesellschaftlichen Verhältnissen, mit Mühsal und Entbehrungen verbunden. Theoretische Bildung war stets verknüpft mit organisatorischen Anstrengungen, mit der Organisation des individuellen Lebens wie mit der Bildung von Organisationen, die der besseren Vertretung und Durchsetzung der Arbeiterinteressen dienen sollten: mit dem Aufbau von Gewerkschaften, von einzel- und überbetrieblichen Interessenvertretungen, und später (wenn und sobald es überhaupt Parlamente gab, bzw. parlamentarische Demokratien und allgemeines Wahlrecht erkämpft worden waren) mit dem Aufbau von Arbeiterparteien.

Schon die Organisation von Lesezirkeln mochte als umstürzlerische Tätigkeit gelten; Bildung war in der Arbeiterbewegung die längste Zeit individuelle und kollektive Selbst-Bildung. Die Motivation für den Erwerb von Kenntnissen und Fertigkeiten bestand in der Chance der Gestaltung und Verbesserung der jeweiligen Lebensumstände.

Die Kultur der Arbeiterklasse ist – im Unterschied von der des Bürgertums – keine individualistische Kultur, sondern eine kollektive: die einzelne Arbeiterin, der einzelne Arbeiter, ist hilf- und wehrlos den Bedingungen der kapitalistischen Gesellschaft ausgeliefert; nur wenn die Arbeiterinnen und Arbeiter sich in möglichst großen Organisationen zusammenschließen, sind sie in der Lage, ihre Interessen wahrzunehmen, sich gegen die sozialen Unbilden einigermaßen zu schützen. Was die Arbeiterinnen und Arbeiter produzieren, in den Fabriken, aber auch kulturell, das produzieren sie kollektiv; zu den kulturellen Errungenschaften zählen: Solidarität, gemeinschaftliche Vorsorge gegen gesellschaftliche Risken, Ausformung von Massenorganisationen (Gewerkschaften, Arbeiterparteien).

Für die Arbeiterklasse bedeutet daher Bildung nicht bloß den Neuerwerb von Kenntnissen und Fertigkeiten, sondern wesentlich auch die Weitergabe der selbst hervorgebrachten kulturellen Werte, bedeutet Bildung die Selbstaufklärung über bestehende gesellschaftliche Verhältnisse, wie das Verständnis für die teilweise Vorwegnahme künftiger gesellschaftlicher Entwicklungen in den eigenen Organisationen.

12.3 *Karl Marx* und *Friedrich Engels* über Staat und Revolution

Karl Marx und *Friedrich Engels* hatten in der „Deutschen Ideologie" (geschrieben 1845–46) den Staat definiert als „die Form der Organisation, welche sich die Bourgeoisie sowohl nach außen als nach innen hin zur gegenseitigen Garantie ihres Eigentums und ihrer Interessen notwendig geben".[24]

Und im „Kommunistischen Manifest" von 1848 hieß es:

> „Die moderne Staatsgewalt ist nur ein Ausschuß, der die gemeinschaftlichen Geschäfte der ganzen Bourgeoisieklasse verwaltet".[25]

Friedrich Engels wies dann vor allem auf die Unterdrückungsfunktionen des Staates hin:

> „Die bisherige, sich in Klassengegensätzen bewegende Gesellschaft hatte den Staat nötig, d. h. eine Organisation der jedesmaligen ausbeutenden Klasse zur Aufrechterhaltung ihrer äußern Produktionsbedingungen, also namentlich zur gewaltsamen Niederhaltung der ausgebeuteten Klasse".[26]

> „Da der Staat entstanden ist aus dem Bedürfnis, Klassengegensätze im Zaum zu halten, da er aber gleichzeitig mitten im Konflikt dieser Klassen entstanden ist, so ist er in der Regel Staat der mächtigsten, ökonomisch herrschenden Klasse, die vermittelst seiner auch politisch herrschende Klasse wird und so neue Mittel erwirbt zur Niederhaltung und Ausbeutung der unterdrückten Klasse."[27]

Karl Marx hat allerdings im Zusammenhang seinem Werk „Das Kapital. Kritik der politischen Ökonomie" den zwiespältigen Charakter des bürgerlichen Staates aufgezeigt: sowohl Garant der kapitalistischen Produktionsbedingungen als auch fallweise Garant der rechtlichen Errungenschaften des Proletariats zu sein.[28]

24 Karl Marx, Friedrich Engels: Die deutsche Ideologie. Kritik der neuesten deutschen Philosophie in ihren Repräsentanten Feuerbach, B. Bauer und Stirner, und des deutschen Sozialismus in seinen verschiedenen Propheten [1845/46]. In: Karl Marx/Friedrich Engels: Werke. Band 3. Berlin: Dietz 1959, 62.

25 Karl Marx/Friedrich Engels: Werke. Band 4. Berlin: Dietz 1959, 464.

26 Karl Marx/Friedrich Engels: Werke. Band 19. Berlin: Dietz 1959, 223.

27 Karl Marx/Friedrich Engels: Werke. Band 21. Berlin: Dietz 1972, 166 f.

28 Karl Marx: Das Kapital. Erster Band. In: Karl Marx/Friedrich Engels: Werke. Band 23. Berlin: Dietz 1970, 320.

Überhaupt ist der Kapitalismus ein gesellschaftliches System, das nicht vornehmlich durch außerökonomische Gewalt aufrechterhalten wird, sondern, einmal etabliert, sich stetig selbst reproduziert.[29]

> „Im Fortgang der kapitalistischen Produktion entwickelt sich eine Arbeiterklasse, die aus Erziehung, Tradition, Gewohnheit, die Anforderungen jener Produktionsweise als selbstverständliche Naturgesetze anerkennt. Die Organisation des ausgebildeten kapitalistischen Organisationsprozesses bricht jeden Widerstand, [...] der stumme Zwang der ökonomischen Verhältnisse besiegelt die Herrschaft des Kapitalisten über den Arbeiter. Außerökonomische, unmittelbare Gewalt wird zwar immer noch angewandt, aber nur ausnahmsweise. Für den gewöhnlichen Gang der Dinge kann der Arbeiter den Naturgesetzen der Produktion überlassen bleiben."[30]

Deswegen aber kann es nach Einschätzung von *Marx* und *Engels* bei einer Revolution nicht einfach darum gehen, die Macht im Staate zu ergreifen, allenfalls den Staat als Instrument für weitere Veränderungen zu benützen. Denn während bisher die „Art der Tätigkeit stets unangetastet blieb und es sich nur um eine andere Distribution der Tätigkeit handelte", richtet sich die „kommunistische Revolution" gegen „die bisherige Art der Tätigkeit" und hebt „die Herrschaft aller Klassen mit den Klassen selbst" auf. Dazu ist die „massenhafte Veränderung der Menschen" nötig, die wiederum „nur in einer praktischen Bewegung, in einer Revolution vor sich gehen kann".[31]

Im Zusammenhang mit der Pariser Kommune hat dann *Marx* hervorgehoben: „die Arbeiterklasse kann nicht die fertige Staatsmaschinerie einfach in Besitz nehmen und diese für ihre eigenen Zwecke in Bewegung setzen"[32]; es ginge vielmehr darum, „nicht mehr wie bisher die bürokratisch-militärische Maschinerie aus einer Hand in die andere zu übertragen, sondern sie zu zerbrechen" und, fügte *Marx* hinzu, „dies ist die Vorbedingung jeder wirklichen Volksrevolution auf dem Kontinent".[33]

29 Ebd. 595 f.

30 Ebd., 765.

31 Karl Marx, Friedrich Engels: Die deutsche Ideologie. Kritik der neuesten deutschen Philosophie in ihren Repräsentanten Feuerbach, B. Bauer und Stirner, und des deutschen Sozialismus in seinen verschiedenen Propheten [1845/46]. In: Karl Marx/Friedrich Engels: Werke. Band 3. Berlin: Dietz 1959, 69 f.

32 Karl Marx/Friedrich Engels: Werke. Band 17. Berlin: Dietz 1962, 336.

33 Ebd., 709.

13 *Hans Kelsen*, die Wissenschaft von der Politik und die Theorien von der demokratischen Gestaltung der Gesellschaft

13.1 Vorbemerkung

Heute wäre es höchst ungewöhnlich, wenn ein Jurist (oder überhaupt irgendein Wissenschaftler) in einer klaren und schönen Sprache schreibt, Texte von literarischer Qualität verfasst, die zugleich bedeutsame wissenschaftliche Aussagen enthalten. Ende des 19. und zu Beginn des 20. Jahrhunderts war es nicht nur in den Naturwissenschaften, sondern auch in der Rechtswissenschaft möglich, wissenschaftliche Originalität und Kreativität mit höchster sprachlicher Qualität zu verbinden: *Ernst Mach*, *Sigmund Freud*, später *Albert Einstein*, aber eben auch *Kelsen* sind Beispiele dafür.

Hans Kelsen wird vor allem als Rechtswissenschaftler gesehen, aber es ist wichtig, wahrzunehmen, dass er schon sehr früh eine sozialwissenschaftliche Betrachtungsweise des Rechts (und der Politik) gepflegt und sich in Österreich wie in Deutschland und (nach den faschistischen Machtergreifungen in diesen Ländern) im Exil in den USA in hervorragender Weise als Politikwissenschaftler betätigt hat.

13.2 Recht, Politik und Wissenschaft in der späten Habsburgermonarchie (im Spiegel der Bemerkungen von *Hans Kelsen*)

> "Concerning Government, it is a part of knowledge secret and retired, in both these respects in which things are deemed secret; for some things are secret because they are hard to know, and some because they are not fit to utter. We see all governements are obscure and invisible ...
> But contrariwise, in the governors toward the governed, all things ought, as far as the frailty of man permitteth, to be manifest and revealed. ... the natures and dispositions of the people, their conditions and necessities, their factions and combinations, their animosities and discontents, ought to be ... clear and transparent."[1]
>
> *Francis Bacon*

1 Francis Bacon: The Advancement of Learning. London: Dent 1965, 205 f.

> „Die Erkenntnis, daß es ohne Rechtsstaat kein Staatsrecht gibt, will allmählich verloren gehen. Die Selbstverständlichkeit, daß nur ein der Rechtsordnung unterworfener Staat, nur die durch Rechtsnormen gebundene Staatsgewalt juristisch begriffen werden, daß nur der als Subjekt von Pflichten und Rechten gedachte Staat juristisch konstruiert werden kann, weil juristisch begreifen, juristisch konstruieren nichts anderes heißt, als zur Rechtsordnung in Relation setzen, dieses Grundpostulat aller Rechtslogik ist im Begriffe, vergessen zu werden."[2]
>
> *Hans Kelsen*

Im Jahr 1913 setzte sich *Hans Kelsen* in mehreren Aufsätzen mit Fragen der Rechtsstaatlichkeit und der Verfassung auseinander. Dabei machte er auch deutlich, welche Aufgaben einer Rechtswissenschaft zukommen sollten und wie Rechtswissenschaft andernfalls nur zur ideologischen Rechtfertigung bestehender Herrschaft diente. Bemerkenswert an diesen Aufsätzen sind sowohl die Zeit ihrer Abfassung als auch das jeweilige methodische Verfahren. Das methodische Verfahren *Kelsens* zeichnet sich durch eine eigentümliche indirekte Zugangsweise zu den ihm wichtig erscheinenden Problemen aus. Aus den Titeln der einzelnen Aufsätze erschließt sich nicht ohne Weiteres, wovon sie tatsächlich handeln. *Kelsen* schrieb seine Artikel zu einer Zeit, zu der in Kreisen des Hofes und der Regierenden die ohnehin kümmerlichen Ansätze des Parlamentarismus und der Verfassung als Verursacher aller möglichen Probleme des Reiches eingeschätzt wurden. Noch bestand die Illusion, der alte Kaiser (oder eben der Thronfolger) solle mithilfe des Militärs handeln und seinen Staat vermittels eines Staatsstreiches, der den monarchischen Absolutismus wiederherstellt, vor den vielfältigen ihm drohenden Gefahren retten.

Charakteristisch für diese Stimmung ist ein im Jahre 1913 erschienener Roman mit dem Titel „Quo vadis, Austria?", in dem der Autor dem Kaiser empfehlen lässt:

> „Er soll mit eiserner Faust der Hydra den
> Kopf zerschmettern und die nicht vergessen, die
> seines Wortes harren.
> Und soll mit Blut und Feuer Ilions Wiedergeburt
> feiern – denn anders geht es nicht.
> Und soll auf seine Offiziere bauen und auf
> seine alte Armee."[3]

2 Hans Kelsen: Rechtsstaat und Staatsrecht. In: *Österreichische Rundschau.* Band xxxvi (Juli–September 1913), 90.

3 Wolfgang Sieber: Quo vadis, Austria? Berlin: „Vita". Deutsches Verlagshaus 1913, xii.

Gleichzeitig waren diverse Rechtsgelehrte eifrig bemüht, die bestehenden rechtsstaatlichen Normen, die konstitutionellen Regeln zugunsten obrigkeitlicher Willkür umzuinterpretieren.

In einem Aufsatz mit dem Titel „Politische Weltanschauung und Erziehung" setzt *Kelsen* sich mit Fragen der politischen Bildung auseinander, wobei seine Feststellungen auf fatale Weise aktuell klingen. Für die Zeit um 1900 stellt er fest:

> „Man konnte – und man kann auch jetzt noch – sich ohne Widerrede zu den ‚Gebildeten' zählen, ohne auch nur die primitivsten politischen Kenntnisse zu besitzen."[4]

> „Wird die Unkenntnis politischer Tatsachen ohne weiteres geduldet ..., so wird politische Überzeugung und politische Betätigung seitens der Gebildeten oft direkt oder indirekt abgelehnt; nicht zuletzt mit dem Hinweis darauf, daß es gerade nicht die Gebildetsten sind, die heute im politischen Leben den Ton angeben. Die Flucht vor der Politik ist ein allgemeines Schlagwort."[5]

In Bezug auf die Situation der Habsburgermonarchie und die Voraussetzungen und Möglichkeiten der politischen Bildung bemerkt er:

> „Wenn sich die staatliche Einheit für eine soziale Wirklichkeitsbetrachtung nicht erkennen läßt, wenn der Staat nicht auch im sozialen Sinne eine Einheit der ihm rechtlich zugehörigen Menschen ist, wenn die juristische Konstruktion der einheitlichen Staatsperson sich als politische Fiktion erweist, weil die wirtschaftlichen Klassengegensätze, weil nationale und religiöse Differenzen das nur juristische Ganze des Staatsvolkes in zahlreiche feindliche Gruppen zerreißen, die kein anderes gemeinsames Band umschlingt, als die Soll-Geltung einer Rechtsordnung, die selbst wieder nur das Diktat einer einzelnen Gruppe oder Klasse ist – dann erhebt sich die Frage, ob solcher Staat das höhere sittliche Recht, ja ob er überhaupt die psychologische Möglichkeit hat, all die von ihm Beherrschten nicht bloß ihn denken, ihn auch lieben und wollen zu lassen."[6]

Damit spricht er ein zentrales Problem eines jeglichen Staatswesens an, das nicht auf bloßer Sklaverei aufgebaut ist. So sehr nämlich für jede Herrschaft der mögliche Rückgriff auf die offene Gewaltanwendung von entscheidender

4 Hans Kelsen: Politische Weltanschauung und Erziehung. In: Annalen für soziale Politik und Gesetzgebung (1913) 1.

5 Ebd., 2.

6 Ebd., 15.

Bedeutung ist, so sehr war und ist auch ein jegliches modernes Staatswesen bemüht gewesen, in irgendeiner Weise (zumindest den Anschein von) Legitimität zu erzeugen; bei der Bevölkerung, die zu einem Staatswesen zählt, zumindest Duldung (besser aber: Anerkennung der Berechtigung) der jeweils bestehenden Herrschaft zu erreichen.

Die Erklärung der Berechtigung von Herrschaft ist in den parlamentarischen Demokratien mit der Durchsetzung des allgemeinen Wahlrechts ein wenig in den Hintergrund getreten – in allen früheren und anderen politischen Systemen hingegen spielt dies eine bedeutende Rolle. Dabei geht es im modernen, im neuzeitlichen Staat zunehmend um die Rechtsförmigkeit von Herrschaft, die wiederum der Legitimation der Herrschaft dient. Das heißt, dass auch schon (wie etwa am Beispiel Englands zu sehen ist) in den absoluten Monarchien der frühen Neuzeit Gesetze und Gerichtsbarkeit, die rechtsförmige Austragung von Konflikten unter sozial Gleichgestellten, aber zunehmend auch zwischen Angehörigen verschiedener sozialer Klassen enorm an Bedeutung gewonnen haben.

Damit aber war auch die schließliche Ausdehnung der Geltung der Gesetze auf alle Angehörigen eines Staatswesens angelegt, also auch auf die Herrschenden. Nun bestand in der Habsburgermonarchie einerseits durchaus eine weitgehende Verrechtlichung (vor allem im Bereich der privaten Rechtsgeschäfte), andererseits aber auch stets die Möglichkeit des Monarchen und seiner Regierung, bei der Besorgung der Staatsgeschäfte Willkür walten zu lassen. *Hans Kelsen* war bemüht, auf dem Gebiet der Rechtswissenschaft rationale Argumente zu finden, die der Eindämmung obrigkeitlicher Willkür dienen konnten. Dabei hatte er gegen Juristenmeinungen anzukämpfen, die besagten, dass die Exekutive (sprich: der Monarch, die Regierung und der Verwaltungsapparat) „auf allen vom Gesetze nicht erfaßten Gebieten, Rechtssätze aufstellen“ könnte.[7] Er wandte sich gegen alle Bestrebungen, der Exekutive einen Freiraum der rechtsschöpferischen Tätigkeit zu verschaffen, sei es durch rechtstheoretische Begründungen, sei es mittels Blankovollmachten und – inhaltsleeren – Ermächtigungsgesetzen. Er benützte dabei das Argument der Erhaltung der staatlichen Einheit, des einheitlichen Staatswillens, um umso mehr auf dem Prinzip der Konstitution und der Herrschaft der Gesetze bestehen zu können.

> „Daß die Gesetzgebung als die einzige und ausschließliche Quelle des Staatswillens betrachtet werden muß, hat seinen Grund in der Notwendigkeit eines einheitlichen Staatswillens.

7 Hans Kelsen: Zur Lehre vom Gesetz im informellen und materiellen Sinn, mit besonderer Berücksichtigung der österreichischen Verfassung. In: *Juristische Blätter*, Nr. 20 (18. Mai 1913), 232.

> Nähme man etwa neben der Gesetzgebung, das ist dem Prozesse, der durch das Zusammenwirken von Parlament und Monarch entsteht, noch einen zweiten selbständigen und von dem ersteren unabhängigen Ausgangspunkt des Staatswillens an, etwa den Monarchen allein, dann wäre die Annahme einer einheitlichen Staatsperson mangels eines einheitlichen Staatswillens nicht möglich."[8]

Kelsen fährt an dieser Stelle fort:

> „Denn, sind beide Willenszentren tatsächlich voneinander unabhängig, ist die Möglichkeit eines Widerspruches zwischen beiden Willensäußerungen gegeben und damit jede Konstruktion einer Staatsperson unmöglich. Glaubt man durch eine Kompetenzabgrenzung zwischen beiden Abhilfe schaffen zu können, so ist zu bemerken, daß darin eine arge Selbsttäuschung gelegen ist, da diese Abgrenzung von der einen der beiden Willensquellen ausgehen müßte, womit die Unabhängigkeit der anderen unvereinbar wäre."[9]

Und er kommt zu dem Schluss:

> „Für die österreichische Verfassung muß somit an dem Grundsatze festgehalten werden, daß die Rechtsordnung nur in Form des Gesetzes Veränderungen erfahren darf, daß zum Erlaß von Rechtsverordnungen eine gesetzliche Ermächtigung notwendig ist. Die österreichische Verfassung ist die vollkommene Realisierung des Prinzips, daß alles materielle Gesetz ein formelles Gesetz sein muß, außer wenn in einem formellen Gesetz die Delegation an die Exekutive ausgesprochen ist. Und sofern die Bedeutung solcher Delegation für die juristische Konstruktion erkannt ist, kann auch die österreichische Verfassung zur Exemplifikation des Dogmas dienen: daß die notwendige Form des Rechtssatzes das Gesetz ist."[10]

In diesem Zusammenhang können wir übrigens auch sehen, woher die Betonung des Formellen, des korrekten Verfahrens, der strengen Einhaltung von Spielregeln (die dann nach 1918 so wichtig für die neue österreichische Bundesverfassung werden sollte) eigentlich kommt: Für die politisch Ohnmächtigen, für die sozial Schwachen ist es ungeheuer wichtig, dass die Mächtigen sich wenigstens an die formalen Spielregeln halten (müssen). Wo und wann immer

8 Hans Kelsen: Zur Lehre vom Gesetz im informellen und materiellen Sinn, mit besonderer Berücksichtigung der österreichischen Verfassung. In: *Juristische Blätter*, Nr. 20 (18. Mai 1913), 231.

9 A. a. O.

10 Ebd., 232.

daher eine Verächtlichmachung des „nur" Formalen, der „inhaltsleeren" Verfahrensregeln vorkommt, kann angenommen werden, dass selbst der Schutz, den die Schwachen durch Einhaltung von Verfahrensregeln genießen, beseitigt werden soll.

Hans Kelsen hat sich in einem weiteren Aufsatz – „Rechtsstaat und Staatsrecht" – mit Tendenzen juristischer Lehrmeinungen auseinandergesetzt, die auf eine Rückkehr zur absolutistischen Herrschaft, bzw. auf deren Legitimierung, abzielten. Dabei wird auch deutlich, was seine Auffassung von Rechtswissenschaft von der anderer Juristen unterscheidet: die Rechtswissenschaft sollte nicht der ideologischen Rechtfertigung der jeweils gerade vorherrschenden politischen Tendenz dienen. *Kelsen* verurteilt heftig jene Juristen, die unter dem Deckmantel der Objektivität hemmungsloser Opportunität huldigen.

> „... niemals hat selbst die schrankenloseste Staatsgewalt darauf verzichtet, sich das Mäntelchen einer Rechtsterminologie umzuhängen und es haben sich zu allen Zeiten Juristen gefunden, die vielleicht ohne Täuschungsabsicht, sicherlich aber nicht ohne Täuschungserfolg, selbst die schrankenloseste sich bewußt über die Rechtsordnung stellende Staatsgewalt mit den Mitteln der Begriffsdehnung und Begriffsverschiebung als Staatsrecht bezeichnet, und dieser Gewalt mit dem Namen auch den Schein und Geltungsanspruch des Rechtes zugesprochen haben."[11]

Dem stellt *Kelsen* als rechtswissenschaftliche Aufgabe auf dem Gebiet der Staatsrechtslehre gegenüber: „Den Staat im ganzen Umfang seiner Tätigkeiten, seiner zahlreichen verschiedenartigen Machtäußerungen als Rechtspersönlichkeit konstruieren, das ist das Fundament des Staatsrechtes, dessen logische Voraussetzung der Rechtsstaat ist."[12]

> „‚Rechtsstaat' natürlich nicht im Sinne eines auf Strafe und Exekutionsgewalt, auf den Gerichtsapparat beschränkten Staates, sondern Rechtsstaat im Sinne eines in allen seinen Tätigkeiten, durch die Rechtsordnung determinierten, nach allen wesentlichen Richtungen juristisch begreifbaren Staates, das ist die Idee des Rechtsstaates ..."[13]

11 Hans Kelsen: Rechtsstaat und Staatsrecht. In: Österreichische Rundschau. Band xxxvi (Juli–September 1913) 89.

12 Ebd., 91.

13 A. a. O.

Er argumentiert durchaus historisch, indem er darauf verweist:

> „Schritt für Schritt ist die Staatsgewalt der Rechtsordnung unterworfen worden. Erst in vermögensrechtlicher Beziehung: der Staat als Fiskus; dann ist aber die Forderung erhoben worden, auch die spezifisch herrschaftlichen Beziehungen des Staates zu den Untertanen unter die Rechtsordnung zu beugen und damit die Denkmöglichkeit zu schaffen, die herrschaftlichen Funktionen des Staates als Inhalt von Rechtspflichten und Berechtigungen zu begreifen und den Staat dabei dennoch als Träger der verpflichtenden und berechtigenden Rechtsordnung vorzustellen.“[14]

Dann wendet *Kelsen* sich jenen Juristen zu, die die konstitutionellen Errungenschaften wieder teilweise oder zur Gänze beseitigen wollen:

> „Und doch sind Stimmen laut geworden, welche die Rechtsstaatsidee für überwunden erklären und ein modernes Staatsrecht für möglich, ja für notwendig halten, das den Rechtsstaat nicht mehr zu seiner Voraussetzung hat. Sie weisen auf die Verwaltung des modernen Staates, die in ihrer Vielseitigkeit, die mit ihren mannigfachen und zahlreichen Zwecken sich einer rechtlichen Reglementierung ... ihrer Natur nach entziehe. ... Die Verwaltung wird als die ‚freie' Tätigkeit des Staates zur Erfüllung seiner Zwecke definiert.“[15]

Kelsen hat diese Neigungen dahingehend charakterisiert: „Man strebt für einen Teil der Staatsgewalt Absolutismus an, will aber auch für diesen Teil nicht auf die Terminologie des Rechtes verzichten.“[16]

Er entlarvt „das Bestreben, die hoheitliche Tätigkeit des Staates, die nicht Rechtsprechung und nicht Gesetzgebung ist, in eine rechtsfreie Sphäre zu rücken“, als auf einer Vorstellung beruhend, „die in dem Ideenkreise des absoluten Polizeistaates wurzelt ...: daß die Staatsperson allen übrigen Subjekten übergeordnet ist, während diese einander gleichgeordnet sind“. Und er besteht darauf: Nach dem Rechtsstaatsprinzip ist „das einzig rechtlich relevante Über- oder Unterordnungsverhältnis das zwischen den Rechtssubjekten und der Rechtsordnung“.[17]

Die Erinnerung an die damaligen rechtstheoretischen Auseinandersetzungen trägt nicht nur zum besseren Verständnis der bestehenden Verfassung der demokratischen Republik Österreich bei. In einer Zeit, in der die staatlichen

14 Ebd., 90 f.
15 Ebd., 91.
16 Ebd., 93.
17 A. a. O.

Repressionsfunktionen ausgeweitet, die Bürger überwacht, ausgespäht, obrigkeitlicher Willkür unterworfen werden sollen, gleichzeitig jedoch in neokonservativer, neoliberaler Weise „weniger Staat, mehr privat“ propagiert wird, gelangen die theoretischen Analysen und Argumente von *Hans Kelsen* zu einer geradezu unheimlichen Aktualität.

13.3 Zur Theorie der Demokratie und zur Kritik der Religion und Metaphysik

> “Modern thought is distinguished from ancient by its cultivation of the ‘relative’ spirit in place of the ‘absolute’. Ancient philosophy sought to arrest every object in an eternal outline, to fix thought in a necessary formula, and the varieties of life in a classification by ‘kinds’, or genera. To the modern spirit nothing is, or can be rightly known, except relatively and under conditions. The philosophical conception of the relative has been developed in modern times through the influence of the sciences of observation. ...
> The growth of those sciences consists in a continual analysis of facts of rough and general observation into groups of facts more precise and minute. The faculty for truth is recognised as a power of distinguishing and fixing delicate and fugitive detail. ...
> The moral world is ever in contact with the physical, and the relative spirit has invaded moral philosophy from the ground of the inductive sciences. ... Hard and abstract moralities are yielding to a more exact estimate of the subtlety and complexity of our life.”[18]
>
> *Walter Pater*

> „Das ist nämlich die entscheidende Frage: ob es eine Erkenntnis absoluter Wahrheit, eine Einsicht in absolute Werte gibt oder nicht. Das ist der prinzipielle Gegensatz der Lebens- und Weltanschauungen, in denen sich der Gegensatz von Autokratie und Demokratie einfügt: Der Glaube an absolute Wahrheit und absolute Werte schafft die Voraussetzung für eine metaphysische und insbesondere religiös-mystische Weltanschauung. Die Negation dieser Voraussetzung aber, die Meinung, daß nur relative Wahrheiten, nur relative Werte der menschlichen Erkenntnis erreichbar sind und sohin jede Wahrheit und jeder Wert – so wie der Mensch, der sie findet – allzeit bereit sein muß, abzutreten und anderen Platz zu machen, führt zur Weltanschauung des Kritizismus und des Positivismus, sofern man darunter jene Richtung der Philosophie und der Wissenschaft versteht, die vom Positiven, das heißt vom Gegebenen, Erfaßbaren, von der wandelbaren und stets sich wandelnden Erfahrung ausgeht

18 Walter Pater: Appreciations. With an Essay on Style. London: Macmillan 1944, 65 f.

> und sohin die Annahme eines dieser Erfahrung transzendierenden Absoluten ablehnt. Diesem Gegensatz der Weltanschauungen entspricht ein Gegensatz der Wertanschauungen, speziell der politischen Grundeinstellung. Der metaphysisch-absolutistischen Weltanschauung ist eine autokratische, der kritisch-relativistischen die demokratische Haltung zugeordnet.“[19]
>
> „Eine ... von aller Metaphysik und Mystik befreite Erkenntnis des Staates kann sich seines Wesens nicht anders bemächtigen, als indem sie dieses soziale Gebilde als eine Ordnung menschlichen Verhaltens begreift.“[20]
>
> „Die ‚Überweltlichkeit‘ Gottes – ihr entspricht die Überrechtlichkeit des Staates – wird von der Theologie darum immer wieder und mit solchem Nachdruck betont, weil die pantheistische Identifikation Gottes mit der Welt jede Theologie aufheben und nur Naturwissenschaft bestehen lassen müßte.“[21]
>
> *Hans Kelsen*
>
> “Kelsen is a positivist of positivists, whose real spiritual father is Hume rather than Kant.”[22]
>
> *Dennis Lloyd*

Wann immer wir es mit politischen Ordnungen der Gesellschaft, mit Staat und Recht zu tun haben, werden gerne höhere Werte, Gottheiten, ewige (absolut gültige) Wahrheiten beschworen. Dagegen werden eher herabgesetzt: die kritische Betrachtung des Überkommenen, der historische Vergleich gesellschaftlicher und politischer Entwicklungen, der Mangel an positiver Religiosität, Aufklärung, Moderne, und die Demokratie überhaupt (die vor dem Volke und der tatsächlichen Volks-Herrschaft beschützt werden soll).

Moderne Demokratien (in Form von Republiken oder konstitutionellen Monarchien) sind das Ergebnis politischer Revolutionen in der Neuzeit gewesen: in den Niederlanden, in England, in Nordamerika, in Frankreich; in Europa infolge des Ersten Weltkrieges ab 1917.

Gegenwärtig wird getrachtet, demokratische Errungenschaften einzudämmen und rückgängig zu machen. Nicht in Form der Errichtung von Diktaturen, sondern durch mehr oder weniger subtile Veränderungen der politischen

19 Hans Kelsen: Allgemeine Staatslehre. Berlin: Julius Springer 1925, 369 f.

20 Hans Kelsen: Reine Rechtslehre. Einleitung in die rechtswissenschaftliche Problematik. Leipzig und Wien: Franz Deuticke 1934, 117.

21 Hans Kelsen: Das Verhältnis von Staat und Recht im Lichte der Erkenntniskritik [1921]. Die Wiener Rechtstheoretische Schule, Ed. Hans Klecatsky, René Marcic, and Herbert Schambeck. Wien: Europa Verlag 1968, 116.

22 Dennis Lloyd: Introduction to Jurisprudence. London: Stevens 1965, 187.

Strukturen (Abschaffung von Mitbestimmungsrechten, Abbau von Selbstverwaltung, Verlängerung von Legislaturperioden); durch Herstellung politischer Resignation infolge massenhafter Verelendung, durch Sinnentleerung politischer Begriffe und Theorien. Daher ist es wichtig, an philosophische, wissenschaftliche Traditionen bezüglich der Bestimmung von Staat, Recht und Demokratie zu erinnern.

Die moderne Demokratie kennt keine absoluten Wahrheiten, keine ewigen, absoluten Werte; nichts dem Willen der Mehrheit (wenn erst alle Menschen politisch berechtigt sind) Übergeordnetes.

Das macht es notwendig, sich mit den jeweiligen Verhältnissen sowohl kritisch denkend als auch praktisch gestaltend auseinanderzusetzen. Die moderne Demokratie ist (wie die Moderne überhaupt) ein unvollendetes Projekt. Das Zeitalter der Moderne ist eines der Offenheit, aber eben auch der Unsicherheit: die Himmel sind leer, das Paradies auf Erden ist noch nicht geschaffen.

Hans Kelsen hat sich immer wieder mit Fragen moderner Wissenschaft und der modernen Demokratie beschäftigt und dabei bemerkt, wie sehr religiöse Einstellungen, theologische Denkmuster und diverse metaphysische Elemente juristisches Denken prägen. *Kelsen* war bemüht, die Rechtswissenschaft von religiösen, theologischen, metaphysischen Einflüssen zu befreien. Er bewegte sich hierbei in einer philosophischen und wissenschaftlichen Tradition der Moderne, die ihre Wurzeln in *Francis Bacon* und *Thomas Hobbes* hatte und in ihrer Fortsetzung von *David Hume* bis *Ernst Mach* und der wissenschaftlichen Weltauffassung des Wiener Kreises reichte.[23]

Schon in seiner 1911 publizierten Habilitationsschrift setzt sich *Hans Kelsen* ausführlich mit Grundlagen und Prinzipien wissenschaftlicher Denkweisen auseinander, „geleitet von dem Bestreben möglichster Ökonomie der Begriffsbildung".

> „Indem ich es ablehne, ein zwischen Staat und Untertanen bestehendes tatsächliches Herrschaftsverhältnis juristisch zu konstruieren, weil ich es eben juristisch nicht für erfaßbar halte, muß ich des Einwandes einseitig privatrechtlicher Betrachtungsweise gewärtig sein. Allein, meine Arbeit wird vielleicht zeigen, daß ich nicht das Privatrechtssystem ungebührlich überspannt, sondern daß ich das Staatsrecht weit über seine bisherigen Gren-

23 Siehe dazu: Clemens Jabloner and Friedrich Stadler, eds.: Logischer Empirismus und Reine Rechtslehre. Beziehungen zwischen dem Wiener Kreis und der Hans Kelsen-Schule. Wien, New York: Springer 2001.
Clemens Jabloner: Bemerkungen zu Kelsens „Vergeltung und Kausalität", besonders zur Naturdeutung der Primitiven. In: *Rechtstheorie* Beiheft 4 (1982): 47–62.

> zen ausgedehnt habe, daß ich nicht auf dem Standpunkte stehe: Alles Recht ist Privatrecht, – sondern gerade umgekehrt, den Grundsatz vertrete: Alles Recht ist Staatsrecht. Jedenfalls halte ich an dem Postulate einer einzigen allgemeinen Rechtslehre und einheitlicher juristischer Grundbegriffe fest, die allen Rechtsgebieten gemeinsam sind und für alle Gebiete nach denselben methodologischen Prinzipien zu konstruieren sind."[24]

Die Rechtswissenschaft wird im Zusammenhang mit naturwissenschaftlichen Denk- und Arbeitsweisen betrachtet; dabei wird immer wieder darauf eingegangen, in welchem Ausmaß magische, religiöse, theologische Vorstellungen Eingang in die Wissenschaft gefunden haben. Dies kann nämlich auch noch im Zuge diverser Säkularisierungsprozesse (d.h. immer wieder) stattfinden, wenn wissenschaftliche, philosophische Arbeit nicht ständig und ausreichend reflektiert wird. *Hans Kelsen* zeichnet sich dadurch aus, dass er in seinen frühen ebenso wie in späten Arbeiten stets auf der Höhe des jeweiligen natur- und sozialwissenschaftlichen Erkenntnisstandes war und in kompetenter Weise zu allgemeinen wissenschaftstheoretischen Debatten Stellung zu nehmen vermochte. So stellt er in seiner Habilitationsschrift treffend fest:

> „Das Naturgesetz ist nur ein erklärendes Urteil. Seine ‚Geltung' besteht in seiner Wahrheit, d.h. es ‚gilt' nur insofern, als die von ihm behaupteten Beziehungen richtig sind, und nicht weil es selbst wirkt, d.h. als verursachende Kraft in den Dingen Veränderungen hervorruft." [25]

In einer darauffolgenden Fußnote zitiert *Kelsen* den schönen Satz:

> „Eine leere rhetorische Phrase ist es, von Naturgesetzen so zu sprechen, als ob die bloße Formel eine magische Macht über die Erscheinung[en] übte und ihnen etwas zumutete, was nicht in ihrer eigenen Natur von selbst folgte. Gesetze können nie Gründe des wirklichen Geschehens sein, sondern nur die konstante Art und Weise ausdrücken, wie reale Dinge sich verhalten."[26]

Und er bezieht sich dann auf *Ernst Mach*:

> „Sehr fein charakterisiert auch Mach jenen Prozeß, durch den, was nur Prinzip gedanklicher Zusammenfassung und Orientierung ist, in die Außenwelt projiziert wird"[27]:

24 Hans Kelsen: Hauptprobleme der Staatsrechtslehre, entwickelt aus der Lehre vom Rechtssatze. Tübingen: J.C.B. Mohr 1911, X.

25 Ebd., 13.

26 Ebd., 14.

27 A.a.O.

> „Es ist sehr natürlich, daß in Zeiten geringer Schärfe der erkenntnistheoretischen Kritik die psychologischen Motive in die Natur projiziert und dieser selbst zugeschrieben worden sind. Gott oder die Natur strebt nach Einfachheit und Schönheit, dann nach strenger Gesetzmäßigkeit und Bestimmtheit, endlich nach Sparsamkeit und Ökonomie in allen Vorgängen, nach Erzielung aller Wirkungen mit dem kleinsten Aufwand."[28]

Schon früh kommt hier die Nähe zur wissenschaftlichen Weltauffassung im Wien des späten 19. und frühen 20. Jahrhunderts (später einmündend in den Wiener Kreis um *Moritz Schlick*) zum Ausdruck. Und obwohl *Kelsen* immer wieder in eine Tradition des Neukantianismus eingeordnet wird, lässt sich zeigen, dass besonders die im Rahmen des Wiener Kreises und seiner unmittelbaren Vorläufer vorhandenen Anknüpfungen an die Philosophie von *David Hume* auch für ihn von großer Bedeutung gewesen sind.

Über *Kant* heißt es bei *Kelsen*:

> „In dem Kampfe, den dieses philosophische Genie, gestützt auf das Faktum der Wissenschaft, gegen die Metaphysik geführt und der ihm den Namen des „Alles-Zermalmers" gebracht hat, ist er in Wahrheit nicht bis an das Ende gegangen. ... Man wird daher bei ihm auch vergeblich nach einem offenen und rückhaltlosen Bekenntnis zum Relativismus suchen, der die unausweichliche Konsequenz jeder wirklichen Überwindung der Metaphysik ist. Sich von dieser ganz zu emanzipieren, war einer so tief noch im Christentum wurzelnden Persönlichkeit wohl unmöglich."[29]

David Hume wird in einer 1921 publizierten Schrift kurz, zusammen mit *Mach* und *Avenarius*, erwähnt[30]; ausführlich wird *Hume* allerdings in dem Buch „Society and Nature" in Bezug auf das Kausalitätsproblem behandelt.[31] Und gerade hier wird deutlich, wie hoch *Kelsen* die Bedeutung *Humes* für den gründlichen Kampf gegen jegliche Metaphysik einschätzt:

> "Hume's real achievement does not consist in pointing out that no necessary connection of cause and effect can be assumed on the basis of experience.

28 Ernst Mach: Erkenntnis und Irrtum [Nachdruck der 5. Aufl. 1926]. Darmstadt: Wissenschaftliche Buchgesellschaft1976, 454.

29 Hans Kelsen: Die philosophischen Grundlagen der Naturrechtslehre und des Rechtspositivismus. Charlottenburg: Pan-Verlag Rolf Heise 1928, 75 f.

30 Hans Kelsen: Das Verhältnis von Staat und Recht im Lichte der Erkenntniskritik. In: Die Wiener Rechtstheoretische Schule, Ed. Hans Klecatsky, René Marcic, and Herbert Schambeck. Wien: Europa Verlag, 1968, 102.

31 Hans Kelsen: Society and Nature. A Sociological Inquiry. London: Kegan Paul 1946.

That had already been ascertained before his time. It consisted rather in the fact that he gave up looking for the necessity of the causal nexus in the will of God and abandoned this idea together with the entire previous notion of causality. The law of causality ceased to be an expression of the divine will, a norm. The only element to which absolute necessity could be attached, the transcendental will which established the objective connection between cause and effect, was now put aside."[32]

Auch in der deutschsprachigen Fassung dieses Werkes hebt *Kelsen* hervor:

> „Erblickt man die entscheidende Wendung in der Entwicklung des Kausalbegriffs darin, dass dieser nicht mehr eine absolute Notwendigkeit, sondern eine bloss statistische Wahrscheinlichkeit zum Ausdruck bringt, dann ist diese Wendung im wesentlichen schon mit HUME's Kritik erreicht oder doch zur Genüge vorbereitet. Ist die Kausalität kein objektives Band zwischen Ursache und Wirkung, dann ist jenes Element beseitigt, dem allein die absolute Notwendigkeit, die Unverbrüchlichkeit anhaften kann: der transzendente Wille, der diese objektive Verknüpfung stiftet."[33]

Hans Kelsen hat eigentlich von früh an gegen diverse Formen des Absolutismus Stellung bezogen – gegen Absolutismus in der Politik, in der Religion, in der Wissenschaft, gegen jeglichen Glauben an absolute Herrschaft und absolute Wahrheit. Er ordnete sich so in eine Tradition der modernen Wissenschaft und der modernen Demokratie ein. Immer wieder erinnerte er daran, dass dic radikalen Aufklärer der Antike, die Sophisten, absolute Wahrheiten relativierten. Den Sophisten entsprach als politische Organisationsweise die Demokratie; ihre philosophischen und politischen Gegner hingegen (*Platon* und seine Anhänger) traten für aristokratische, elitäre Denkweisen und für die dementsprechenden politischen Strukturen ein. Es war für *Kelsen* wohl von Jugend an ziemlich klar, dass die Kritik an allen Erscheinungsweisen des Absolutismus weder in eine theoretische Erkenntnisschwäche und einen hilflosen Skeptizismus einmündete (oder: einmünden sollte), noch in eine Hilflosigkeit bezüglich der praktischen Gestaltung der Welt; sondern: dass das permanente kritische Denken, die Aufklärung der bestehenden Verhältnisse in Natur und Gesellschaft, auch zu einer

32 Ebd., 262.

33 An dieser Stelle fährt Kelsen fort: „Zwar versuchte Kant etwas von dieser Unverbrüchlichkeit zu retten, indem er die Kausalität als apriorische Kategorie erklärte, ohne die Erkenntnis schlechthin unmöglich sei. Aber darin ist eher ein Rückschritt als ein Fortschritt gegenüber HUME zu erblicken."
Hans Kelsen: Vergeltung und Kausalität. Eine soziologische Untersuchung. Mit einer Einleitung von Ernst Topitsch. Wien, Köln, Graz: Böhlau 1982, 276.

bewussten Gestaltung von Natur und Gesellschaft führen musste (oder: sollte). Schon die Erkenntnis von Natur und Gesellschaft in wissenschaftlicher Weise war für die Vertreter der wissenschaftlichen Weltauffassung des Wiener Kreises eine Sache möglichst aller Menschen gewesen: erreicht werden sollte Wissenschaftlichkeit im Alltag (nicht nur im Alltag der Gelehrten). Die bewusste Gestaltung der Gesellschaft aber erfolgt dann durch möglichst alle Menschen in der politischen Form der Demokratie.

Wenn *Kelsen* sich auf *David Hume* bezieht, so geschieht dies wohl deswegen, weil *Hume* in höchst eigenwilliger und äußerst konsequenter Weise „absolutistische" Denkweisen destruiert hatte. Besonders bemerkenswert ist jedoch, dass *Kelsen* in *Hume* auch einen Vordenker der Demokratie zu sehen meinte. So schreibt er in einem umfangreichen Aufsatz mit dem Titel „Foundations of Democracy" im Jahre 1955:

> "Hume, who much more than Kant deserves to be called the destroyer of metaphysics, ... wrote in his brilliant essay Of the Original Contract that the consent of the people is the best foundation of government, and in his essay Idea of a Perfect Commonwealth he sketched the constitution of a democratic republic."[34]

Und *Kelsen* hatte durchaus recht, wenn er *Hume* als einen frühen Anwalt von Demokratie und Republikanismus beschrieb.

Wir haben gesehen, dass Philosophie und Wissenschaft in gesellschaftlichen Zusammenhängen und nicht nur als geistige Vorgänge zu betrachten sind. So hat *Hans Kelsen* in schwierigen Zeiten, angesichts der Feinde der Demokratie nach dem Ersten Weltkrieg und angesichts des Kalten Krieges, immer wieder versucht, theoretisch zu begründen, warum die Demokratie eine gute und entwicklungsfähige Form der politischen Organisation ist, und warum zu ihrem Erhalt und ihrem Ausbau die ständige Diskussion darüber notwendig ist.

Dies hat er eingekleidet in die Kritik des Absolutismus:

> „Wer mit absoluter Gewißheit weiß, welches die richtige, die beste soziale Ordnung ist, der muß die Zumutung mit Entschiedenheit zurückweisen, die Verwirklichung dieser Ordnung davon abhängig zu machen, daß wenigstens die Mehrheit der Menschen, für die die Ordnung gelten soll, diese Ordnung

34 Hans Kelsen: Foundations of Democracy. In: *Ethics. An International Journal of Social, Political, and Legal Philosophy* LXVI. No. 1, Part II (October 1955): 38. Hiezu ist es wichtig zu wissen, dass diese Hume-Texte nicht ohne Weiteres zugänglich waren; ihre Kenntnis muss wohl Ergebnis gezielter Lesebemühungen gewesen sein.

als beste erkannt und zum Inhalt ihres politischen Wollens gemacht hat, um diese Ordnung selbst erzeugen zu können."[35]

Kelsen hat auch die damit verknüpfte „Kreuzzugsmentalität" treffend beschrieben:

> „Und in der Tat: Was kann es gegenüber der alles überragenden Autorität des absolut Guten anderes geben, als den Gehorsam derer, denen es das Heil bringt, den bedingungslosen und dankbaren Gehorsam gegenüber demjenigen, der – im Besitz des absolut Guten – dieses weiß und will; ein Gehorsam, der freilich in demselben Maße nur auf dem Glauben daran beruhen kann, daß die autoritäre Person des Gesetzgebers im Besitz des absolut Guten, also in Verbindung mit der Gottheit sei, als eine Erkenntnis derselben der großen Menge der Normunterworfenen versagt bleibt."[36]

Überhaupt hat *Kelsen* auch immer wieder Stücke bemerkenswerter politischer Psychologie formuliert. Der autoritäre, anti-demokratische Charakter ist dem Absolutismus jeder Art verbunden, hasst Komplexität und die Mühen der argumentativen Auseinandersetzung; andererseits sind Relativismus, argumentatives Vertreten von Interessen, Eigenständigkeit im Denken dem nicht-autoritären Charakter und der Demokratie zuzuordnen.

Hans Kelsen ist in einer Zeit, da viele Demokratien gerade entstanden, umkämpft und wieder zerstört wurden, für die Sache der Demokratie und der demokratischen Republik eingetreten; dabei hat er auch immer wieder versucht, Spuren und Argumente dafür in der Vergangenheit zu finden und so eine gewisse Tradition zu schaffen; die Philosophie *David Hume*s war ihm dafür ein wichtiges Beispiel – im Kampf gegen diverse Formen der Metaphysik sowie für wesentliche Elemente der Demokratie.

*Kelsen*s abschließende Ausführungen in seiner Staatslehre 1925 sind durchaus verknüpfbar mit der eigentümlichen Argumentation von *David Hume* (wie wir weiter oben gesehen haben):

> „Wer sich in seinem politischen Wollen und Handeln auf göttliche Eingebung, auf überirdische Erleuchtung berufen kann, der mag das Recht haben, sein Ohr der Stimme des Menschen zu verschließen und seinen Willen als den Willen des absolut Guten auch gegen eine Welt von Ungläubigen, Verblendeten, weil anders Wollenden durchzusetzen. Darum konnte die Losung des Gottesgnadentums christlicher Monarchie sein: Autorität nicht

35 Hans Kelsen: Allgemeine Staatslehre. Berlin: Julius Springer 1925, 370.
36 A. a. O.

Majorität, jene Losung, die zum Angriffsziel für alles geworden ist, was für geistige Freiheit, für wunder- und dogmenbefreite, auf dem menschlichen Verstande und dem Zweifel der Kritik begründete Wissenschaft, politisch aber: für Demokratie ist. Denn wer sich nur auf irdische Wahrheit stützt, wer nur menschliche Erkenntnis die sozialen Ziele richten läßt, der kann den zu ihrer Verwirklichung unvermeidlichen Zwang kaum anders rechtfertigen als durch die Zustimmung wenigstens der Mehrheit derjenigen, denen die Zwangsordnung zum Heile gereichen soll. Und diese Zwangsordnung darf nur so beschaffen sein, daß auch die Minderheit, weil nicht absolut im Unrecht, nicht absolut rechtlos, jederzeit selbst zur Mehrheit werden kann.

Das ist der eigentliche Sinn jenes politischen Systems, das wir Demokratie nennen und das nur darum dem politischen Absolutismus entgegengestellt werden darf, weil es der Ausdruck eines politischen Relativismus ist."[37]

37 Ebd., 370 f.

14 Zur (Sozial-)Psychologie des Politischen: *Sigmund Freud*, Psychoanalyse und Politik

14.1 Zur Entstehung und Bedeutung der Psychoanalyse

> „Überschaut man nochmals die beschriebenen Widerstände gegen die Psychoanalyse, so muß man sagen, nur ihr kleinerer Anteil ist von der Art, wie er sich gegen die meisten wissenschaftlichen Neuerungen von einigem Belang zu erheben pflegt. Der größere Anteil rührt davon her, daß durch den Inhalt der Lehre starke Gefühle der Menschheit verletzt worden sind. Dasselbe erfuhr ja auch die Darwin'sche Deszendenztheorie, welche die vom Hochmut geschaffene Scheidewand zwischen Mensch und Tier niederriß."[1]
>
> *Sigmund Freud*

Die Psychoanalyse, insbesondere in ihrer von *Sigmund Freud* entwickelten Gestalt, wird üblicherweise als eine auf Individuen, und nicht auf Gesellschaftliches (und daher auch nicht auf Politisches) bezogene Art der Psychologie betrachtet. Allerdings fällt bei jeder Lektüre der Texte *Sigmund Freuds* der ständige Bezug der individuellen psychischen Vorgänge zu den sozialen Lebensbedingungen auf; ebenso wie zahlreiche Elemente durchaus politischer Analysen (oft dem Bereich „Kultur" zugeordnet).

Die Psychoanalyse, die Freud'sche Theorie, wird bis heute auf unterschiedliche Weisen entstellt, bekämpft und diffamiert. Gleichzeitig ist die Psychoanalyse, in welch veränderter und – gegenüber den Anfängen – verzerrter Form auch immer, weltweit verbreitet. Während die Psychoanalyse den einen als nicht-wissenschaftliche, eigentlich nutzlose, in ihrer therapeutischen Anwendung versagende (ja eher schädliche) Lehre erscheint, ist sie anderen eine gegen den „Ungeist des Positivismus" gerichtete „anti-materialistische" Seelenlehre. Während sie dogmatischen Marxisten eine individualistisch ausgerichtete, „typisch bürgerlich-dekadente", Wissenschaftsdisziplin war (und manchen heutigen Feministinnen eine männliche Dominanz verkündende Doktrin ist), hatte sie für viele konservativ-reaktionäre Gemüter stets den Charakter einer Wissenschaft, die angestammte Werte zersetzt, sichere Vorstellungen von „nor-

1 Sigmund Freud: Die Widerstände gegen die Psychoanalyse [1925]. In: Selbstdarstellung. Schriften zur Geschichte der Psychoanalyse. Hrsg. und eingeleitet von Ilse Grubrich-Simitis. Frankfurt/M.: Fischer Taschenbuch 1981, 232 f.

maler" Sexualität und von „natürlichen" Geschlechterrollen untergräbt und das menschliche Leben auf tierische Funktionen reduziert.

Nicht zuletzt aufgrund der höchst gegensätzlichen Auffassungen von Psychoanalyse, die heutzutage existieren, werden die Qualitäten, der innovatorische Charakter der neuen Theorie in ihren Anfängen (und die Arten der Widerstände gegen sie) kaum je adäquat wahrgenommen. *Freud* formulierte seine Theorie auf einer radikal empiristischen, materialistischen Grundlage, zu einer Zeit, zu der – gerade in Deutschland und in Mitteleuropa – die Trennung zwischen Geistes- und Naturwissenschaften ideologisch begründet und praktisch vollzogen wurde. Er agierte auf der Basis wissenschaftlicher Weltauffassung, empirisch-rationaler Welterklärung, er handelte also aufklärend, während rund um ihn bereits die abermalige Verdunkelung der Welt betrieben wurde.

Von der aufklärerischen Grundeinstellung *Sigmund Freuds* zeugt übrigens auch seine Beteiligung an der von *Theodor Gomperz* herausgegebenen zwölfbändigen Ausgabe der gesammelten Schriften von *John Stuart Mill*; *Freud* übersetzte hierfür die Schriften „Ueber Frauenemancipation", „Plato", „Die Arbeiterfrage" und „Der Socialismus"[2].

Liest man *Freuds* Darstellungen der Entstehung und frühen Entwicklung der Psychoanalyse nach, so fällt auf, wie sehr hier der Charakter neuzeitlicher Wissenschaftlichkeit hervorgehoben wird: Die tastenden Versuche rationaler Hypothesen- und Theoriebildung infolge sorgfältiger Beobachtung (und auch mancher Experimente); die Wichtigkeit der Mitteilungen, des Austauschs von Beobachtungen und Erfahrungen unter forschenden Gelehrten; die Notwendigkeit der Ausformung von zusammenhängenden Erklärungen und endlich einer einigermaßen geschlossenen Theorie – auf deren Grundlage dann weiter gehandelt, geforscht werden kann. Diese geschlossene Theorie wiederum ist, da sie auf empirischer Basis erstellt worden ist, auch aufgrund von neuen Erfahrungen prinzipiell korrigierbar.

Sigmund Freud erklärte zu den Anfängen der neuen Theorie:

> „Die Psychoanalyse beschäftigt sich bekanntlich mit der Aufklärung und der Beseitigung der sogenannten nervösen Störungen. Für dieses Problem mußte ein Angriffspunkt gefunden werden, und man entschloß sich, ihn im Triebleben der Seele zu suchen. Annahmen über das menschliche Triebleben wurden also die Grundlage unserer Auffassung der Nervosität."

2 John Stuart Mill's Gesammelte Werke. Autorisirte Uebersetzung unter Redaction von Professor Theodor Gomperz. Zwölfter Band. Leipzig: Fues's Verlag (R. Reisland) 1880.

Wobei Freud sich darüber im Klaren war:

> „Die Psychologie, die auf unseren Schulen gelehrt wird, gibt uns nur sehr wenig befriedigende Antworten, wenn wir sie nach den Problemen des Seelenlebens fragen. Auf keinem Gebiet sind aber ihre Auskünfte kümmerlicher als auf dem der Triebe.“[3]

Indem Freud den Bereich der Sexualtriebe als den der wesentlichen Ursachen für die beobachteten nervösen Störungen identifizierte, beging er eine grobe Verletzung des moralischen Anstandes. Immer wieder berichtete er darüber, wie es selbst seinen eigenen Anhängern und Schülern höchst unangenehm war, die Ursachen jener Krankheitssymptome, mit denen sie bei ihren Patientinnen und Patienten konfrontiert wurden, in der Sphäre der Sexualität entdecken zu müssen.

> „Leider sind auch die Ärzte in ihrem persönlichen Verhältnis zu den Fragen des Sexuallebens vor andern Menschenkindern nicht bevorzugt, und viele von ihnen stehen unter dem Banne jener Vereinigung von Prüderie und Lüsternheit, welche das Verhalten der meisten ‚Kulturmenschen‘ in Sachen der Sexualität beherrscht.“[4]

Interessant ist auch, wie die beobachtbaren Tatsachen, die empirischen Feststellungen, auf die Freud sich beruft, von ihm – wie er ebenfalls immer wieder betont hat – keineswegs als erstem Wissenschaftler aufgefunden worden sind.

> „Die Idee, für die ich verantwortlich gemacht wurde, war keineswegs in mir entstanden. Sie war mir von drei Personen zugetragen worden, deren Meinung auf meinen tiefsten Respekt rechnen durfte, von Breuer selbst, von Charcot und von einem Gynäkologen unserer Universität, Chrobak, dem vielleicht hervorragendsten unserer Wiener Ärzte. Alle drei Männer hatten mir eine Einsicht überliefert, die sie, streng genommen selbst nicht besaßen.“[5]

Doch *Freud* war es, der den empirischen Daten einen theoretischen Rahmen verschaffte, der Zusammenhänge herstellte und so aus einer Vielzahl von be-

3 Sigmund Freud: Eine Schwierigkeit der Psychoanalyse [1917]. In: Sigmund Freud: Darstellungen der Psychoanalyse. Frankfurt/M.: Fischer Taschenbuch 1983, 130.

4 Sigmund Freud: Über Psychoanalyse. Fünf Vorlesungen [1909]. In: Sigmund Freud: Darstellungen der Psychoanalyse. Frankfurt /M.: Fischer Taschenbuch 1983, 85.

5 Sigmund Freud: Zur Geschichte der psychoanalytischen Bewegung [1914]. In: Selbstdarstellung. Schriften zur Geschichte der Psychoanalyse. Hrsg. und eingeleitet von Ilse Grubrich-Simitis. Frankfurt/M.: Fischer Taschenbuch 1981, 149.

schreibbaren Einzelbeobachtungen gewisse Regel- und Gesetzmäßigkeiten formulierte. Eine der Besonderheiten der Psychoanalyse war die historisierende Vorgangsweise bei der Bestimmung von Erkrankungsursachen:

> „Die Assoziation des Kranken ging von der Szene, die man aufklären wollte, auf frühere Erlebnisse zurück und nötigte die Analyse, welche die Gegenwart korrigieren sollte, sich mit der Vergangenheit zu beschäftigen."[6]

Gerade der Versuch, *das* konkrete krankheitsverursachende Ereignis oder Erlebnis kenntlich zu machen und zu fixieren, führte dazu, dass immer weitere Geschichten erzählt, immer weitere Entdeckungen gemacht wurden.

> „Es zeigte sich, daß die Psychoanalyse nichts Aktuelles aufklären könne außer durch Zurückführung auf etwas Vergangenes, ja daß jedes pathogene Erlebnis ein früheres voraussetzt, welches, selbst nicht pathogen, doch dem späteren Ereignis seine pathogene Eigenschaft verleiht."[7]

Dass alles, was existiert, auch seine eigene Geschichte haben kann, war besonders im 19. Jahrhundert durchaus geläufig: die Geschichtswissenschaft zerfiel in zahlreiche Spezialdisziplinen, der Historismus blühte. Doch gerade die historisierende Betrachtungsweise im 19. Jahrhundert versuchte, die Geschichte weitgehend jeglicher Dynamik zu berauben: Geschichte war eine Abfolge von vergangenen Ereignissen, die daran beteiligten Personen längst tot und daher eben nicht mehr handlungsfähig; Geschichte war eine Ansammlung toter Fakten; und die Historiker sollten trachten, sich in Ereignisse und Personen der Vergangenheit einzufühlen, um zu erzählen, wie es eigentlich gewesen sei. In der Psychoanalyse werden Erzählungen, wird Geschichte, in eigentümlicher Weise dynamisiert, werden die Erinnerungen nutzbar gemacht zur Erkenntnis von Krankheitsursachen und zur Heilung der Krankheit. Die Psychoanalyse als Wissenschaft hatte und hat stets das Problem, dass weder die genaue Diagnose der psychischen Erkrankung, noch deren Therapie unabhängig von den jeweiligen Patientinnen und Patienten erfolgen kann. Dies war auch ein immer wiederkehrender Vorwurf gegen die Psychoanalyse (und wurde geradezu als ein Beweis für ihre Unwissenschaftlichkeit angesehen) – und wird andererseits auch als Vorwand für jeden Obskurantismus und jede anti-rationalistische und anti-kausale, aber dafür personenbezogene Behandlungsweise benutzt.

Sigmund Freud selbst war bemüht gewesen, die Psychoanalyse als eine streng kausale, rationale und empirische Wissenschaft zu konstituieren. Seine

6 Ebd., 146.
7 Ebd., 146 f.

Botschaft lautete nicht, das Unbewusste, die Seelenlandschaft, sei unerkennbar und daher der erzählerischen Beliebigkeit der Patienten, bzw. der interpretatorischen Willkür der behandelnden Ärzte zu überlassen; sondern: die Ursachen für psychische Störungen sind durchaus rational zu ergründen, und zwar im Rahmen diskursiver Prozesse. Psychoanalyse war also keine Vorwegnahme der Postmoderne und der Versuch, exakte Wissenschaft durch subjektive Willkür zu ersetzen, sondern begründete die Notwendigkeit planvoller Kooperation zwischen Ärzten und Patienten, Selbstreflexion des ärztlichen Handelns und die rationale Nachvollziehbarkeit bzw. Argumentierbarkeit von Diagnosen und Therapien.

So wie die moderne Physik um die vergangene Jahrhundertwende die mechanistischen Konzepte der Physik überwunden hatte, ohne deswegen kausales Denken, Rationalismus und Empirie preisgeben zu müssen, hatte die Freud'sche Psychoanalyse die Vorstellung untergraben, dass seelische Vorgänge im Rahmen vulgär-materialistischer, mechanistischer Konzeptionen erkennbar wären – ohne deswegen die wissenschaftliche Erkennbarkeit der seelischen Vorgänge leugnen zu wollen.

Freud beschreibt aber anschaulich den Schock, den die Einsicht, oder auch nur die Vermutung, auslöste, der Mensch verfüge nicht souverän über seine psychischen Vorgänge:

> „Du vertraust darauf, daß du alles erfährst, was in deiner Seele vorgeht, wenn es nur wichtig genug ist, weil dein Bewußtsein es dir dann meldet. Und wenn du von etwas in deiner Seele keine Nachricht bekommen hast, nimmst du zuversichtlich an, es sei nicht in ihr enthalten. ... Laß dich doch in diesem einen Punkt belehren! Das Seelische in dir fällt nicht mit dem dir Bewußten zusammen; es ist etwas anderes, ob etwas in deiner Seele vorgeht, und ob du es auch erfährst.“[8]

Es geht bei der Psychoanalyse, so wie bei jeder Wissenschaft, um eine gewisse agnostische Grundhaltung: wir müssen nicht über alle Vorgänge in der Welt Bescheid wissen, um die Welt erkennen und gestalten zu können; wir brauchen nicht zu Hilfskonstruktionen wie göttlichen Wesen, dunklen Naturkräften oder geheimnisvollen Einflüssen der Gestirne greifen, um noch nicht erkannte Vorgänge zu erklären. Weil nicht schon alles auf der Welt vorhandene restlos erklärt werden kann, braucht noch lange nicht metaphysisches Wirken angenommen zu werden. So bedeutet die Entdeckung des Unterbewussten auch nicht ein Hilflosmachen oder ein Hilfloswerden der Individuen gegenüber dunklen

8 Ebd., 136 f.

seelischen Vorgängen, sondern die Psychoanalyse unternimmt es vielmehr, das Unterbewusste so weit wie möglich – und so weit wie nötig – aufzuhellen.

> „Aber die beiden Aufklärungen, daß das Triebleben der Sexualität in uns nicht voll zu bändigen ist, und daß die seelischen Vorgänge an sich unbewußt sind und nur durch eine unvollständige und unzuverlässige Wahrnehmung dem Ich zugänglich und ihm unterworfen werden, kommen der Behauptung gleich, daß das *Ich nicht Herr sei in seinem eigenen Haus.*“[9]

Sigmund Freud hat in diesem Zusammenhang von der Kränkung der menschlichen Eigenliebe gesprochen, die es auch so schwer mache, die Einsichten der Psychoanalyse zu akzeptieren. Es ist aber auch eine Kränkung der Eigenliebe der Ärzte, nicht mehr allein über die Feststellung der Krankheit, über die Behandlungsmethoden und über den allfälligen Behandlungserfolg zu verfügen. Es geht in der Psychoanalyse um die Ermächtigung des Individuums, über die eigene Geschichte, über das eigene Geschick und (in einem gewissen Ausmaß) auch über das eigene Unterbewusste zu verfügen.

Gleichzeitig aber werden nicht individualistische Allmachtsfantasien genährt, es muss vielmehr Einsicht in die Beschränkungen des individuell Machbaren vermittelt werden; damit wiederum werden keineswegs Ohnmacht und Resignation propagiert, sondern eventuell die Überlegung angeregt, wie denn bestehende Einengungen der individuellen Handlungsfähigkeit zu überwinden seien.

Im Übrigen sind sowohl das Bewusstsein wie auch der Bereich des Unterbewussten gesellschaftlich präformiert, und das wird im Verlauf des psychoanalytischen Prozesses auch immer wieder sichtbar. Im psychoanalytischen Prozess erleben weder Patient noch behandelnder Arzt sich selbst als allein handlungsmächtig; sie sind aufeinander angewiesen. Weder vermögen die Patienten die je individuelle Eigenverantwortung an die Ärzte abzugeben, noch können die Ärzte in selbstherrlicher Weise über Diagnose und Therapie, also über die Patienten, verfügen.

Die Psychoanalyse – recht verstanden – ist keine bloße Individualpsychologie; sie bedeutet Aufklärung von Sektoren des Unterbewussten, Einsicht in Ursachen für psychische Störungen, einen Beitrag zur Behebung solcher Störungen, Stärkung des Ich – insgesamt aber einen Prozess der teilweisen Reorganisation der individuellen psychischen Strukturen; zugleich müssen Einsichten in die durchaus vorhandenen sozialen Ursachen für psychische Störungen vermittelt werden. Eingeübt werden müssen auch immer wieder von neuem – bei

9 Ebd., 137.

der Erkenntnis der Krankheitsursachen wie bei ihrer Behandlung – Prozesse der Kooperation, d. h. bewusst gestaltete soziale Prozesse.

Die *Freud*'sche Psychoanalyse war und ist in mehrfacher Weise wahrhaft skandalös. Bezogen auf die historische Situation ihrer Entstehung selbst, bedeutete sie – schon von der Methode her – eine Reihe von Tabuverletzungen. Das Aufdecken sexueller Momente bei den Ursachen nervöser Störungen galt als höchst unschicklich. Darüber hinaus aber birgt der planvoll historisierende Ansatz die ständige Gefahr in sich, dass weit mehr entdeckt werden könnte als ursprünglich angenommen. An die Stelle klarer, einfacher – und entsprechend leicht (oder eben überhaupt nicht) behandelbarer – Krankheitssymptome treten komplexe Faktoren und Faktorenbündel, die noch dazu selbst zum Zweck der Behandlung eingesetzt werden.

Überhaupt war die Psychoanalyse eine wahrhaft moderne wissenschaftliche Methode, die die einfachen und profitträchtigen Wissensmonopole der medizinischen Zunft zu untergraben drohte: der Arzt verfügte nicht allein über das Wissen um die Krankheit und ihre Behandlung (der schon in der frühen Neuzeit aufgenommene Kampf gegen Wissensmonopole, gegen die absolutistische Herrschaft weniger – vermeintlich – Wissender fand hier seine Fortsetzung). Es treten in der Psychoanalyse und Psychotherapie dynamische Elemente auf, die nur der gemeinsamen Kontrolle von Arzt und Patienten zu unterliegen vermögen, wobei für den Erfolg der Behandlung die Fähigkeit der Patienten zur Selbstbehandlung ausschlaggebend ist. Erfolgreiche Psychoanalyse als Therapie ist die eigenständige Fortsetzung des zwischen Arzt und Patienten gemeinsam initiierten Arbeitsprozesses in Form bewusster Lebensgestaltung. In einer Zeit, in der in den Wissenschaften eine strikte Trennung zwischen den Natur- sowie den Geistes- und Sozialwissenschaften vollzogen wurde, insistierte *Sigmund Freud* weiterhin auf Rationalität, Empirie und kausalem Denken. In einer Zeit, in der zwischen Geistigem und Materiellem, zwischen der Sphäre der Gelehrsamkeit und der Kunst und der Sphäre der Arbeit streng geschieden werden sollte, bestand er auf der Zusammenführung dieser Bereiche. In einer Zeit der Vernebelung und Betäubung durch historische Erzählungen betonte *Freud* die Notwendigkeit der präzisen Erinnerung und Beobachtung, der möglichst präzisen Rekonstruktion von Ereignissen und vor allem die Notwendigkeit der rationalen, die Ursachen und Gründe von Ereignissen erklärenden Interpretation.

Insgesamt ist die *Freud*'sche Psychoanalyse keine bloße Individualpsychologie, sondern wesentlich auch Gesellschaftsanalyse. Die wissenschaftliche Methode der Psychoanalyse konsequent und schöpferisch (also undogmatisch) auf andere Bereiche der Gesellschaft angewendet als auf die Psyche der Individuen, bedeutete ebenso Gesellschaftsanalyse in Form kollektiver Arbeit, wie auch die bewusste Gestaltung und Verbesserung der Gesellschaft als ein demokratisch zu organisierender, kollektiver politischer Prozess.

Allein die notwendigen Diskussionen, argumentativen Auseinandersetzungen und gesellschaftlich zu organisierenden politischen Entscheidungsprozesse bedeuteten in diesen Zusammenhängen die Entfesselung eines ungeheuren demokratischen Gestaltungspotenzials. Die *Freud*'sche Psychoanalyse war also von allem Anfang an von ihrer Methode her niemals unpolitisch, nur auf das isolierte, atomisierte Individuum bezogen, sondern barg immer schon ein enormes gesellschaftsumwälzendes Potenzial in sich.

Das erklärt auch, warum bis heute die Freud'schen Ansätze kaum konsequent weiterverfolgt, weiterentwickelt worden sind: viele Gegner der Psychoanalyse haben mehr von ihrem dynamischen, gesellschaftsverändernden Potenzial begriffen als so manche Anhänger. Die vielfältigen – möglichen – Auswirkungen der *Freud*'schen Psychoanalyse auf die Praxis der Medizin, auf die Organisierung der Wissenschaft, auf die Bereiche des individuellen und sozialen Lebens sind durch Gestaltung der Psychoanalyse als therapeutische Strömung, durch die Umgestaltungen der *Freud*'schen Lehren bis heute weitgehend neutralisiert worden.

14.2 *Sigmund Freud*, jüdische Identität und der Wiener Antisemitismus

> „Die Universität, die ich 1873 bezog, brachte mir zunächst einige fühlbare Enttäuschungen. Vor allem traf mich die Zumutung, daß ich mich als minderwertig und nicht volkszugehörig fühlen sollte, weil ich Jude war. Das erstere lehnte ich mit aller Entschiedenheit ab.
> Ich habe nie begriffen, warum ich mich meiner Abkunft, oder wie man zu sagen begann: Rasse, schämen sollte. Auf die mir verweigerte Volksgemeinschaft verzichtete ich ohne viel Bedauern. Ich meinte, daß sich für einen eifrigen Mitarbeiter ein Plätzchen innerhalb des Rahmens des Menschtums auch ohne solche Einreihung finden müsse. Aber eine für später wichtige Folge dieser ersten Eindrücke von der Universität war, daß ich so frühzeitig mit dem Lose vertraut wurde, in der Opposition zu stehen und von der ‚kompakten Majorität' in Bann getan zu werden. Eine gewisse Unabhängigkeit des Urteils wurde so vorbereitet."[10]

> „Endlich darf der Autor in aller Zurückhaltung die Frage aufwerfen, ob nicht seine eigene Persönlichkeit als Jude, der sein Judentum nie verbergen

10 Sigmund Freud: Selbstdarstellung [1925]. In: Selbstdarstellung. Schriften zur Geschichte der Psychoanalyse. Hrsg. und eingeleitet von Ilse Grubrich-Simitis. Frankfurt/M.: Fischer Taschenbuch 1981, 41.

wollte, an der Antipathie der Umwelt gegen die Psychoanalyse Anteil gehabt hat. Ein Argument dieser Art ist nur selten laut geäußert worden, wir sind leider so argwöhnisch geworden, daß wir nicht umhin können, zu vermuten, der Umstand sei nicht ganz ohne Wirkung geblieben. Es ist vielleicht auch kein bloßer Zufall, daß der erste Vertreter der Psychoanalyse ein Jude war. Um sich zu ihr zu bekennen, brauchte es ein ziemliches Maß von Bereitwilligkeit, das Schicksal der Vereinsamung in der Opposition auf sich zu nehmen, ein Schicksal, das dem Juden vertrauter ist als einem anderen."[11]

Sigmund Freud

Manche Historiker nehmen im Zusammenhang mit der Situation der Juden im Wien der vergangenen Jahrhundertwende eine seltsame Haltung ein: sie wissen genau (oder geben vor, genau zu wissen), wie das Denken, die Einstellungen und das Verhalten der Wiener Juden hätte geartet sein müssen. Sie gehen dabei gerne davon aus, dass die zeitgenössischen Juden entweder von Selbsthass beseelt gewesen wären (wie etwa *Karl Kraus*) oder aber gründlicher Selbsttäuschung über die Möglichkeiten der Emanzipation und bürgerlichen Gleichberechtigung der Juden erlagen, und sich darüber hinaus (wie im Falle *Freuds*) noch der Illusionen über den Charakter der Wissenschaft hingaben.[12] Es wird rückprojizierend aus der Gegenwart ein „korrektes" Verhalten für Juden in der Vergangenheit festgelegt. In geradezu rassistischer Manier werden Abweichungen von dieser „jüdischen Norm" denunziert: als Anpassung an die Antisemiten, als „feiges Assimilantentum", als mangelnde Religiosität, als mangelnder Glaube an die neue nationalistische Religion, den Zionismus.

In dieser Art von Geschichtsauffassung sind dann die um 1900 lebenden Juden über ihre Versäumnisse belehrt (und für ihre Versäumnisse bestraft) worden durch die nationalsozialistische Vernichtungspolitik. Die Anhänger dieser merkwürdigen Geschichtsauffassung berauben die Ermordeten im Nachhinein noch einmal ihrer Identität, ihrer Würde; berauben sie all dessen, wofür sie einst gelebt haben, wofür sie einst eingestanden sind. Was in solchen Vorstellungen liquidiert werden soll, ist die Möglichkeit einer wahrhaft säkularen jüdischen Existenz: das heißt die Möglichkeit, sich sowohl als Juden verstehen zu können, ohne dabei aber den Rassismus der Antisemiten, den insgeheim

11 Sigmund Freud: Die Widerstände gegen die Psychoanalyse [1925]. In: Selbstdarstellung. Schriften zur Geschichte der Psychoanalyse. Hrsg. und eingeleitet von Ilse Grubrich-Simitis. Frankfurt/M.: Fischer Taschenbuch 1981, 233.

12 Als Beispiel dafür möge dienen: Sander L. Gilman: "Karl Kraus's Oscar Wilde: Race, Sex, and Difference" und "Freud's Jewish Identity". In: Edward Timms and Ritchie Robertson (Eds.): Vienna 1900. From Altenberg to Wittgenstein. Edinburgh: Edinburgh University Press 1990, 12–27 und 174–177.

verinnerlichten Antisemitismus des neuen jüdischen Nationalismus oder eine nicht länger glaub- und lebbare Religiosität akzeptieren zu müssen. Was aber auch liquidiert werden soll, ist *jede* Vorstellung von einem vernünftigen und wahrhaft humanen, einem glücklichen, Zusammenleben der Menschen; jeglicher Gedanke an die Möglichkeit von Aufklärung, bewusster, planvoller Gestaltung und Verbesserung der Gesellschaft. Übrig bleiben dann nur angestammte Werte, völkisch-nationale Identitäten, wehrhafte Gemeinschaften und dumpfer religiöser Glaube.

Sigmund Freud gehörte weder zu denen, die in dem gütigen Monarchen eine besondere Schutzinstanz für die Juden sahen, noch gab er sich irgendwelcher besonderen Illusionen über den Antisemitismus hin; aber er suchte auch nicht Zuflucht in einem religiösen Glauben. Auch seine Versuche der wissenschaftlichen Erhellung der Welt waren nicht von einer Art naiver Wissenschaftsgläubigkeit beseelt, sondern von dem Wunsch, auch den Wissenschaftsbetrieb ein wenig umzugestalten, um rationalen Diskurs und das Einfließen neuer Ideen zu ermöglichen und insgesamt etwas mehr Vernunft in die Welt zu bringen.

Was an seinen Schriften nach wie vor tief beeindruckt, ist jene Kombination von unbeirrbarer rationaler Argumentation, ständiger Selbstreflexion und Klarheit des Denkens und der Sprache, die seine Gedankengänge auch für Laien verständlich und nachvollziehbar (und überhaupt zu einem Beispiel für Wissenschaftlichkeit) macht. In einem „Wien, 1. Mai 1873“ (dies war der Tag des 25-jährigen Regierungsjubiläums von Kaiser Franz Joseph) datierten Brief von *Freud* an *Emil Fluß* heißt es:

> „Lieber Freund!
> Wenn Sie nach 20 oder 30 Jahren irgendwo lesen sollten,
> ‚Der 1. Mai des Jahres 1873 gehörte zu den schönsten Tagen, die unser nördliches Klima gesehen. Das sprichwörtliche Glück seiner Majestät d.K. Franz Joseph I. hatte ihn auch bei dieser feierlichen Gelegenheit nicht verlassen. Im offenen Wagen von den größten Fürsten seiner Zeit begleitet, fuhr die ritterliche Erscheinung durch eine jubelnde, selige Menge‘ usw. im byzantinischen Hofstil, so glauben Sie dem nicht, sondern schenken meiner Versicherung Gehör, daß am 1. Mai 1873 eine halb sibirische Kälte herrschte, ein demokratischer Regen Wege und Auen durchnäßte, daß seine Majestät so wenig ritterlich aussieht als unser (denn er ist auch mein) Bürstenbinder, daß die fremden Prinzen nur aus Schnurrbärten und Ordenssternen zu bestehen scheinen und daß endlich niemand den apostolischen Hoheiten zugejohlt, außer einigen Gassenbuben, die auf den Bäumen saßen, während das brave Volk sich mit den Regenschirmen deckte und kaum die Hüte zog. Daß Ihr

> redlicher Freund und Schreiber dieses nicht unter den letzteren war, läßt sich leicht denken; so klein er sich auch oft empfindet, so groß erscheint er sich als denkender Mensch und rechtlicher Bürger jenem gekrönten Haufen gegenüber, dessen Dasein der beste Beweis gegen die Zweckmäßigkeitslehre ist, denn sie sind nicht einmal dazu gut, wozu die Drohnen im Bienenstaat; auch brauchen wir sie nicht dazu."[13]

Freud gehörte also zu jenen Intellektuellen, die keineswegs von besonderer Untertänigkeit oder gar von der Verehrung der Monarchie und des Adels beseelt waren.

Was die jüdische Identität anbelangt, so taugt *Freud* (wie viele seiner Zeitgenossen) nicht gut zu einer späteren Vereinnahmung für den Zionismus oder den religiösen Glauben (auch wenn es an solchen Versuchen nicht gefehlt hat); er ist ein Beispiel jener – zu seiner Zeit recht häufigen – säkularen jüdischen Identität: nicht orientiert an Religion oder gar Rasse, aber durchaus sich bekennend zu einer Tradition, deren positiven Elemente der moderne Mensch sich bewahren kann, nicht muss; weil im Übrigen die Möglichkeit der freien Wahl der Identität (als eine neuzeitliche Errungenschaft) bestehen soll.

So schrieb *Sigmund Freud* in einem Brief an seine Braut *Martha Bernays*, datiert vom 23. Juli 1882:

> „Und für uns beide glaube ich: wenn die Form, in der die alten Juden sich wohl fühlten, auch für uns kein Obdach mehr bietet, etwas vom Kern, das Wesen des sinnvollen und lebensfrohen Judentums, wird unser Haus nicht verlassen."[14]

Wir müssen uns immer wieder vor Augen halten, dass jene Einstellungen, die wir bei *Freud* und anderen Intellektuellen jüdischer Herkunft schriftlich dokumentiert finden, keineswegs marginale Minderheitenpositionen unter den jüdischen Zuwanderern in Wien waren, sondern weit verbreitete Denk- und Verhaltensweisen – die allerdings bei Handwerkern, kleinen Kaufleuten und Arbeitern eben nicht schriftlich fixiert, und uns daher auch nicht überliefert worden sind. (Daten über Religionsausübung und politisches Wahlverhalten weisen jedoch darauf hin, dass es sich wohl um die Einstellungen der überwiegenden Mehrheit der Wiener jüdischen Bevölkerung handelte.)

13 Sigmund Freud: Selbstdarstellung. Schriften zur Geschichte der Psychoanalyse. Hrsg. und eingeleitet von Ilse Grubrich-Simitis. Frankfurt/M.: Fischer Taschenbuch 1981, 115.

14 Sigmund Freud: Brautbriefe. Briefe an Martha Bernays aus den Jahren 1882–1886. Ausgewählt, hrsg. und mit einem Vorwort versehen von Ernst L. Freud. Frankfurt/M.: Fischer Taschenbuch 1988, 25.

In einem Brief aus Wien vom 6. Januar 1885 macht *Freud* seiner Braut Mitteilung von einigen ihn sehr berührenden Vorfällen:

> „In der Erregung der letzten Tage fand ich keine Ruhe, Dir zu schreiben. Das Spital ist in Aufruhr. Du wirst gleich hören, was es gibt. Am Sonntag war Koller auf dem Journal, derselbe, der das Cocain zu solchem Ruhm gebracht hat und in neuerer Zeit mir immer näher befreundet. Er gerät wegen eines geringfügigen sachlichen Ereignisses in Differenz mit dem für die Klinik Billroth amtierenden Ausheber und Operateur, und der sagt ihm plötzlich ‚Saujud'. Nun mußt Du wissen, in welcher Stimmung wir hier leben, in welcher Verbitterung – kurz, wir hätten es alle ebenso erwidert wie Koller – mit einem Schlag ins Gesicht. Der Gezüchtigte lief fort, verklagte K. beim Direktor, der aber ihn tüchtig auszankte und Koller ausdrücklich recht gab. Es war uns allen wie eine Befreiung, daß es so gekommen. Nun sind sie aber beide Reserveoffiziere, müssen sich also fordern und schlagen, und eben jetzt schlagen sie sich auf Säbel ... Ich bin zu unruhig, Dir mehr zu schreiben, ich schicke aber den Brief nicht ab, ehe ich Dir nicht Nachricht vom Ausgang des Duells geben kann. Es wäre soviel dazu zu sagen. – ...
>
> Es ist gut abgelaufen, Weibchen. Unser Freund ist ganz unverletzt, und der Gegner hat zwei tüchtige Hiebe abbekommen. Wir sind alle herzlich froh, ein stolzer Tag für uns. Wir werden Koller ein Geschenk zur bleibenden Erinnerung an den Sieg machen."[15]

Dieser Brief zeigt (wie übrigens zahlreiche andere Zeugnisse auch), dass keine Rede davon sein konnte, dass Juden sich Illusionen über den Antisemitismus machten, oder gar glaubten, durch Anpassung, Konversion oder dergleichen die Antisemiten gleichsam ruhigstellen zu können. Doch zum Unterschied von denen, die heutzutage genau wissen, wie das korrekte „jüdische" Verhalten damals hätte aussehen müssen, mussten die vom Antisemitismus real Bedrohten intelligent und erfindungsreich, mutig und listig zugleich sein, mussten sensibel sein, komplexe Verhältnisse durchschauen. Sie mussten Ichstärke entwickeln, ohne darüber größenwahnsinnig zu werden; sie konnten oft nur als relativ isolierte Individuen handeln und taten dies doch zugleich beispielhaft für viele; jene jüdischen Männer und Frauen waren erfüllt von einem bescheidenen und doch ungeheuren, alltäglichen, Heroismus.

Sigmund Freud hat diese Situation der Wiener Juden in seinem Werk und in seinen privaten Äußerungen immer wieder thematisiert, war sich also dessen sehr wohl bewusst. Doch im Wissen um die eigene Lage insistiert er auf der

15 Ebd., 88 f.

Notwendigkeit – und Möglichkeit – der rationalen Lebensgestaltung, der Überwindung der bestehenden üblen Verhältnisse.

14.3 Die Psychoanalyse und die Wiener Gesellschaft um 1900

> „Der Mensch, ob auch draußen erniedrigt, fühlt sich souverän in seiner eigenen Seele."[16]
>
> „Die wenigsten Menschen dürften sich klargemacht haben, einen wie folgenschweren Schritt die Annahme unbewußter seelischer Vorgänge für Wissenschaft und Leben bedeuten würde."[17]
>
> „Wir haben alle den interessanten Erklärungsversuch der Entstehung der Psychoanalyse aus dem Wiener Milieu vernommen ...
>
> Das Aperçu lautet, die Psychoanalyse, respektive die Behauptung, die Neurosen führen sich auf Störungen des Sexuallebens zurück, könne nur in einer Stadt wie Wien entstanden sein, in einer Atmosphäre von Sinnlichkeit und Unsittlichkeit, wie sie anderen Städten fremd sei, und stelle einfach das Abbild, sozusagen die theoretische Projektion dieser besonderen Wiener Verhältnisse dar."[18]
>
> *Sigmund Freud*

In der *Freud*'schen Psychoanalyse wird nicht länger die Fassade, die Falschheit und Heuchelei hingenommen. Jene spezifisch wienerische oder österreichische „Kultur des schönen Scheins" wird aufgelöst; es wird nach der Geschichte der Herausbildung des schönen Scheins ebenso gefragt, wie nach den Gründen und Ursachen: Geschichte und Kausalität stehen dann dem Schicksal und dem geschichtslosen Augenblick gegenüber.

Die wienerische oder österreichische Kultur des schönen Scheins (mit dem angeblichen Hang zum Wohlleben und der gleichzeitigen resignativen Depressivität und dem Hang zum Tode hin) ist ja weder Ausdruck echter Lebensfreude noch Ergebnis zivilisierender gesellschaftlicher Prozesse; hinter der barocken Fassade tut sich ein Abgrund an Falschheit, Hinterlist, Dummheit und Bösartigkeit auf – die barbarische Mentalität der gegenreformatorischen Kreuzzüge. Gemäß der Logik dieser Kreuzzugsmentalität müssen die Feinde, die Ungläubigen, die Ketzer, die von der vorherrschenden Norm Abweichenden ausgetilgt

16 Sigmund Freud: Eine Schwierigkeit der Psychoanalyse [1917]. In: Sigmund Freud: Darstellungen der Psychoanalyse. Frankfurt/M.: Fischer Taschenbuch 1983, 135.

17 Ebd., 138.

18 Sigmund Freud: Zur Geschichte der psychoanalytischen Bewegung [1914]. In: Selbstdarstellung. Schriften zur Geschichte der Psychoanalyse. Hrsg. und eingeleitet von Ilse Grubrich-Simitis. Frankfurt/M.: Fischer Taschenbuch 1981, 175.

werden; es gibt keine Koexistenz mit ihnen, jegliche Toleranz kann nur Schwäche sein.

In der Psychoanalyse wird nun eine Vorstellung von inneren Konflikten eingeführt, die zwar ausgetragen werden müssen, die jedoch keineswegs zu bewältigen sind durch das „Ausmerzen" der für feindlich, schädlich, abartig, krank … geltenden Elemente. Der Prozess der Psycho-Analyse ist ein *Arbeits*-Prozess, der eben weder in Wahnsinn noch in verbrannter Erde (in einer Wüste ohne Ketzer) enden soll, sondern in einer Seelenlandschaft, die etwas mehr, etwas besser erkannt worden ist – das Ich ist gestärkt worden durch das Erkennen der Ursachen der Störungen; wobei die Störungen eben Bestandteile der individuellen Psyche sind, denen nicht einfach durch Vernichtung (zum Beispiel mittels Elektroschocks) zu begegnen ist. Die Ursachen der nervösen Störungen sind durch Arbeit zu bewältigen, aber es muss mit all den vorhandenen Elementen der Psyche gelebt werden.

Gerade weil wir über das Unterbewusstsein nicht restlos verfügen können, ist auch die Koexistenz der „gesunden" und der „störenden" Elemente unserer Psyche notwendig; dazu kommt, dass die einzelnen psychischen Elemente einen funktionellen Wandel durchmachen können und oft in ihrer Funktion (als „krankmachende" oder „gesundheitsfördernde" Faktoren) nicht eindeutig bestimmbar, bzw. nicht auf Dauer fixierbar sind. Sich Einlassen auf psychoanalytische Prozesse bedeutet auch das Erlernen oder die Verbesserung der Fähigkeit, Komplexität, Vielfalt und Mehrdeutigkeit von Situationen und ihren Deutungsmöglichkeiten zu ertragen. Die *Freud*'sche Psychoanalyse liefert ein Modell des Umgangs mit Fremdartigem, mit Störendem nicht nach einem Freund-Feind-Schema und nach dem Prinzip der Vernichtung alles Fremden und Abweichenden, sondern gemäß den Prinzipien der Gestaltung auch gegensätzlicher Elemente durch Arbeit der Aufarbeitung und Abarbeitung von Problemen.

Das Entstehen der Psychoanalyse in einer Gesellschaft wie der wienerischen der späten Habsburgermonarchie bedeutete die Schaffung der Möglichkeit einer allmählichen Erhellung finsterer Verhältnisse. Die Methode der Psychoanalyse, übertragen auf Politik und Gesellschaft, bedeutete die Chance der Aufklärung der herrschenden Verhältnisse, ihrer Geschichte und ihrer weiter zurückliegenden Ursachen (d. h. der gegenreformatorischen Barbarei); und damit auch eine Chance der Verbesserung von Mitteleuropa. Zugleich wurde mit der Methode der Psychoanalyse die Kultur der Arbeit (die von der habsburgischen Gegenreformation zusammen mit der Kultur des Buches im 17. Jahrhundert so gründlich zerstört worden war) in Mitteleuropa wieder eingeführt – auf dem Wege der Wissenschaft.

So wurde Arbeit eingeführt in den Bereich des Geistigen, Seelischen; also in eine Sphäre, die im damals vorherrschenden Selbstverständnis vieler Künstler, Feuilletonisten und Gelehrter mit der Sphäre der Arbeit nichts zu schaffen haben sollte. Die Psychoanalyse wäre in einer anderen Gesellschaft als der der späten Habsburgermonarchie (die sich des Bekenntnisses zu ihren Anfängen nach außen hin längst zu entledigen trachtete und versuchte, milden Abendsonnenglanz zu verbreiten) und jener der dem Industrie-Kapitalismus nicht sehr nahestehenden Wiener Stadt kaum entwickelbar gewesen – oder eben allenfalls als eine heilpraktische Strömung unter vielen. In Wien wurde die Psychoanalyse von *Sigmund Freud* gegen alle vorhandenen Widerstände entwickelt als eine wissenschaftliche Methode, die in ihrem Wirkungsbereich die Wiederaufnahme der Verbindung der Kultur der Arbeit mit der Kultur des Buches bedeutete.

Die Einführung der Kategorie der *Arbeit* in den Bereich des Geistig-Seelischen bedingt aber eine Kultur der Wahrnehmung und Akzeptanz von Unterschieden und Gegensätzen, sowie der bewussten Auseinandersetzung damit. Es gibt dann wohl Elemente der Rationalität und des Irrationalen, des Bewussten und des Unbewussten – sie gehören jedoch zusammen, sind nicht trennbar und nicht auszulöschen. Zu nervösen Störungen führende Faktoren können zwar unterdrückt, ja sogar – scheinbar – vernichtet werden, hören damit aber nicht auf, krankmachend zu sein: sie können aber bestimmt, rational gedeutet und im Rahmen einer bewussten Lebensgestaltung zivilisiert werden. Die *Freud*'sche Psychoanalyse ist nicht der Kampf des Lichtes gegen die Finsternis, sondern die allmähliche Beleuchtung bisher dunkler Zonen, die bewusste Bearbeitung des allmählich sichtbar gemachten (herausgearbeiteten) Materials an Erinnerungen und Geschichte.

14.4 *Sigmund Freud* und „Der Mann Moses und die monotheistische Religion" im zeitgenössischen Kontext

> „Einem Volkstum den Mann abzusprechen, den es als den größten unter seinen Söhnen rühmt, ist nichts, was man gern oder leichthin unternehmen wird, zumal wenn man selbst diesem Volke angehört. Aber man wird sich durch kein Beispiel bewegen lassen, die Wahrheit zugunsten vermeintlicher nationaler Interessen zurückzusetzen, und man darf ja auch von der Klärung eines Sachverhalts einen Gewinn für unsere Einsicht erwarten."[19]
>
> „... und wird selbst zu bedeutsamen Ansichten über die Entstehung der monotheistischen Religionen im allgemeinen angeregt."[20]

19 Sigmund Freud: Der Mann Moses und die monotheistische Religion: Drei Abhandlungen. (1939[1943–38]). In: Kulturtheoretische Schriften. Frankfurt/M.: S. Fischer 1986, 459.

20 Ebd., 467.

> „Ganz nebenbei, warum hat keiner von all den Frommen die Psychoanalyse geschaffen, warum mußte man da auf einen ganz gottlosen Juden warten?“[21]
>
> *Sigmund Freud*

In einer Zeit, in der die als Juden definierten Einwohner Deutschlands vom nationalsozialistischen Regime in umfassender Weise diskriminiert, entrechtet und verfolgt wurden, beschäftigte sich *Sigmund Freud* mit Fragen des Ursprunges der jüdischen Religion und (damit zusammenhängend) mit Ursachen des wiederkehrenden Hasses gegen Juden. Er tat dies in der ihm eigenen Art wissenschaftlicher Arbeit. Die Texte, aus denen „Der Mann Moses“ zusammengesetzt ist, zeugen von der sorgfältig abwägenden, höchst skrupulösen, aber in der Sache selbst (der kritischen Durchdringung herkömmlicher Vorstellungen) unbeirrbaren Vorgangsweise. Dabei ist es kein Zufall, dass *Freud* in der frühen Fassung des „Mann Moses“ für die Bezeichnung der Textsorte den Begriff „Roman“ verwendet: Kunst dient ebenso wie Wissenschaft der Erkenntnis der Welt; und unterscheidet sich von Wissenschaft nur durch die besondere Form (Roman, Gedicht, Bild, Skulptur ...). So sind bei *Freuds* „Mann Moses“ die fantasievolle Erzählung als Ergänzung der einigermaßen gesicherten Fakten, die Wiedergabe und Interpretation literarischer Texte (der Bibel), das Referieren nichtfiktionaler Literatur und die Formulierung von wissenschaftlichen Hypothesen sowie begründeten Vermutungen ineinander verschränkt und bieten insgesamt neue Einsichten.

Freud war ein Meister der kleinen Form, des Essays (in der Tradition eines *Francis Bacon*), der vor den Leserinnen und Lesern die Versuchsanordnungen seiner Einsichten, Überlegungen, Schlussfolgerungen ausbreitet, sie nachvollziehbar und damit auch weiterer Denkarbeit zugänglich macht. Das Moses-Thema beschäftigt *Freud* während seines Lebens immer wieder; Moses war für ihn in einem gewissen Ausmaß eine Identifikationsfigur.[22]

Besonders intensiv auseinandergesetzt hat er sich mit der „Marmorstatue des Moses, in der Kirche von S. Pietro in Vincoli von Michelangelo aufgestellt“. „Denn“, erklärt er, „ ich habe von keinem Bildwerk je eine stärkere Wirkung erfahren.“

> „Wie oft bin ich die steile Treppe vom unschönen Corso Cavour hinaufgestiegen zu dem einsamen Platz, auf dem die verlassene Kirche steht, habe

21 Sigmund Freud und Arnold Zweig: Briefwechsel. Frankfurt/M.: Fischer Taschenbuch, 1984, 64.

22 Siehe dazu: Ilse Grubrich-Simitis: Freuds Moses-Studie als Tagtraum. Ein biographischer Essay. Frankfurt/M.: Fischer Taschenbuch 1994.

> immer versucht, dem verächtlich-zürnenden Blick des Heros standzuhalten, und manchmal habe ich mich dann behutsam aus dem Halbdunkel des Innenraumes geschlichen, als gehörte ich selbst zu dem Gesindel, auf das sein Auge gerichtet ist, das keine Überzeugung festhalten kann, das nicht warten und nicht vertrauen will und jubelt, wenn es die Illusion des Götzenbildes wieder bekommen hat."[23]

In dem 1914 publizierten Aufsatz über den *Moses* des *Michelangelo* nimmt *Sigmund Freud* eine besondere Deutung dieser Figur vor: die *Moses*-Skulptur zeigt nicht den Augenblick vor dem Zornesausbruch, sondern, im Gegensatz zur biblischen Überlieferung, den Augenblick der äußersten Anstrengung zur Bezähmung des jähen Zorns über das den Götzen anbetende Volk. *Michelangelo* hat damit sowohl eine Umgestaltung des biblischen Textes als auch der Figur des *Moses* vorgenommen (so wird dies jedenfalls von *Freud* gesehen).

> „Damit hat er etwas Neues, Übermenschliches in die Figur des *Moses* gelegt, und die gewaltige Körpermasse und kraftstrotzende Muskulatur der Gestalt wird nur zum leiblichen Ausdrucksmittel für die höchste psychische Leistung, die einem Menschen möglich ist, für das Niederringen der eigenen Leidenschaft zugunsten und im Auftrage einer Bestimmung, der man sich geweiht hat."[24]

Diese eigentümliche Interpretation der *Moses*-Skulptur des *Michelangelo* verweist zunächst auf eine enorme (selbst)zivilisierende Leistung eines Individuums, nämlich *Moses*, der in der Überlieferung als ein Mann des Zornes und der jäh aufflammenden Erregung dargestellt wird. Die Bezähmung der Leidenschaft, die Fähigkeit zur mühseligen Reorganisation der psychischen Strukturen, die Arbeit an sich selbst zu eben diesem Zweck erfolgen hier bei einer besonderen Person, nämlich dem menschlichen Stifter der jüdischen Religion. Und das, was beim *Moses* des *Michelangelo* als selbsterarbeitete zivilisatorische Errungenschaft eines Individuums[25] aufgezeigt wird, erscheint später als wichtiger Teil der außerordentlichen kollektiven zivilisatorischen Errungenschaften des jüdischen Volkes (und tendenziell der Menschheit überhaupt).

23 Sigmund Freud: Der Moses des Michelangelo. In: Der Moses des Michelangelo. Schriften über Kunst und Künstler. Frankfurt/M.: Fischer Taschenbuch 2004, 59.

24 Ebd., 80.

25 Im „Mann Moses" merkt Freud in einer Fußnote an: „'The first individual in human history', nennt ihn Breasted." Sigmund Freud: Der Mann Moses und die monotheistische Religion: Drei Abhandlungen. (1939[1943–38]). In: Kulturtheoretische Schriften. Frankfurt/M.: S. Fischer 1986, 471.

Sigmund Freud scheint mit seinen Abhandlungen zu „Der Mann Moses und die monotheistische Religion" der jüdischen Identität als Religionsgemeinschaft eine wesentliche Grundlage zu rauben. Gleichzeitig aber ist er um Einsichten in die Beschaffenheit und die Entstehungsbedingungen monotheistischer Religion bemüht und auch um Erklärungen für das Entstehen und die lange Bewahrung jüdischer Identität, so wie um Erklärungen für kollektive Formen des Judenhasses und für den modernen Antisemitismus.

In einem Brief an *Arnold Zweig*, vom 30. September 1934, schreibt *Freud*:

> „Angesichts der neuen Verfolgungen fragt man sich wieder, wie der Jude geworden ist und warum er sich diesen unsterblichen Haß zugezogen hat. Ich hatte bald die Formel heraus. Moses hat den Juden geschaffen, und meine Arbeit bekam den Titel: Der Mann Moses, ein historischer Roman. ... Das Zeug gliederte sich in drei Abschnitte, der erste romanhaft interessant, der zweite mühselig und langwierig, der dritte gehalt- und anspruchsvoll. An dem dritten scheiterte das Unternehmen, denn er brachte eine Theorie der Religion, nichts Neues zwar für mich nach ‚Totem und Tabu', aber doch eher etwas Neues und Fundamentales für Fremde."[26]

Betrachten wir kurz die ersten beiden Teile der Abhandlung über den „Mann Moses". Zunächst wird die Hypothese verfochten, dass *Moses* kein Jude, sondern ein vornehmer Ägypter gewesen sei; dafür werden verschiedene Begründungen angeführt, jedoch ebenso die Schwierigkeiten dieser Begründungen; und so schließt *Freud* den ersten Teil seiner Abhandlung mit den Sätzen:

> „Aufschlüsse so wichtiger Art kann man nicht allein auf psychologische Wahrscheinlichkeiten gründen. Wenn man das Ägyptertum Moses' als den einen historischen Anhalt gelten läßt, so bedarf man zumindest noch eines zweiten festen Punktes, um die Fülle der auftauchenden Möglichkeiten gegen die Kritik zu schützen, sie seien Erzeugnis der Fantasie und zu weit von der Wirklichkeit entfernt. Ein objektiver Nachweis, in welche Zeit das Leben Moses' und damit der Auszug aus Ägypten fällt, hätte etwa dem Bedürfnis genügt. Aber ein solcher fand sich nicht, und darum soll die Mitteilung aller weiteren Schlüsse aus der Einsicht, daß Moses ein Ägypter war, besser unterbleiben."[27]

26 Sigmund Freud und Arnold Zweig: Briefwechsel. Frankfurt/M.: Fischer Taschenbuch 1984, 102.

27 Sigmund Freud: Der Mann Moses und die monotheistische Religion: Drei Abhandlungen. (1939[1943–38]). In: Kulturtheoretische Schriften. Frankfurt/M.: S. Fischer 1986, 467.

Der erste Teil von *Freuds* „Mann Moses", „Moses, ein Ägypter", erschien Anfang 1937 in der Zeitschrift *Imago;* der zweite, „Wenn Moses ein Ägypter war...", ebenso in *Imago* Ende 1937. Diesen zweiten Teil seiner Abhandlung beginnt *Sigmund Freud* mit dem Hinweis, dass dies „wiederum nicht das Ganze und nicht das wichtigste Stück des Ganzen"[28] sei; und mit der Vermutung, dass, „wenn Moses ... ein Ägypter war", auch die „neue Religion die ägyptische war"[29].

Dem jedoch stünden schwerwiegende Einwände entgegen; die Religion der Ägypter kannte zahlreiche Gottheiten und war extrem jenseitsorientiert.

> „Kein Volk des Altertums hat soviel getan, um den Tod zu verleugnen, hat so peinlich vorgesorgt, eine Existenz im Jenseits zu ermöglichen, und dementsprechend war der Totengott Osiris, der Beherrscher dieser anderen Welt, der populärste und unbestrittenste aller ägyptischen Götter. Die altjüdische Religion hingegen hat auf die Unsterblichkeit voll verzichtet; der Möglichkeit einer Fortsetzung der Existenz nach dem Tode wird nirgends und niemals Erwähnung getan."[30]

Allerdings existierte im alten Ägypten eine religiöse Strömung, in der Abkehr vom Totenkult, konsequenter Monotheismus und Hinwendung zu einem Sonnenkult verschmolzen wurden: die Aton-Religion des Königs *Ikhnaton.*

> „Es bleibt möglich, daß die Religion, die Moses seinem Judenvolke gab, doch seine eigene war, *eine* ägyptische Religion, wenn auch nicht *die* ägyptische."[31]

Sigmund Freud zeigt nun im weiteren Fortgang der Abhandlung, unter Zuhilfenahme verschiedener geschichtswissenschaftlicher Arbeiten und biblischer Texte, wie es sein konnte, dass *Moses*, ein Ägypter, dem jüdischen Volk eine monotheistische, ägyptische Religion, und auch die (ebenfalls aus Ägypten stammende) Sitte der Beschneidung gebracht hatte. Darüber hinaus wird auf zwei besondere historische Einsichten im Zusammenhang mit *Moses* und der jüdischen Religion verwiesen: zum einen darauf, dass es einen zweiten *Moses* gegeben hat; „daß die jüdischen Stämme, aus denen später das Volk Israel hervorging, zu einem gewissen Zeitpunkt eine neue Religion angenommen haben. Aber dies Ereignis vollzog sich nicht in Ägypten, auch nicht am Fuße eines Berges auf der Sinaihalbinsel, sondern in einer Örtlichkeit, die Meribat-Quades

28 Ebd., 468.
29 Ebd., 469.
30 Ebd., 470.
31 Ebd., 471.

genannt wird, einer durch ihren Reichtum an Quellen und Brunnen ausgezeichneten Oase in dem Landstrich südlich von Palästina zwischen dem östlichen Ausgang der Sinaihalbinsel und dem Westrand von Arabien. Sie übernahmen dort die Verehrung eines Gottes Jahve, wahrscheinlich von dem arabischen Stamm der nahebei wohnenden Midianiter. ... Der Mittler zwischen Gott und Volk bei dieser Religionsstiftung wird Moses genannt."[32] Zum anderen verweist *Freud* auf „die Annahme, daß der ägyptische Moses von den Juden erschlagen, die von ihm eingeführte Religion aufgegeben wurde"[33].

Sigmund Freuds Auffassung von Religion kamen diese beiden historischen Annahmen sehr entgegen. Der Aufstand des jüdischen Volkes gegen *Moses*, den Religionsstifter aus Ägypten, entsprach dem (in „Totem und Tabu" dargestellten) Aufstand der Urhorde gegen den Urvater. Aber dieser Aufstand war auch als Widerstand gegen die zivilisatorischen Anforderungen der von *Moses* gebrachten göttlichen Gesetze zu verstehen.

Die Übernahme der eher barbarischen Wüsten-Gottheit verdrängt zunächst und für einige Zeit den Gott des *Moses*. Dann jedoch begannen die Propheten kontinuierlich und einigermaßen systematisch an die alte Moses-Religion und an ihre zivilisierenden und selbst-zivilisierenden Anforderungen zu erinnern; Jahwe aus der Wüste wurde durch den geistigen Gott des ägyptischen *Moses* ersetzt.

> „Da erhoben sich aus der Mitte des Volkes in einer nicht mehr abreißenden Reihe Männer, nicht durch ihre Herkunft mit Moses verbunden, aber von der großen und mächtigen Tradition erfaßt, die allmählich im Dunkeln angewachsen war, und diese Männer, die Propheten, waren es, die unermüdlich die alte mosaische Lehre verkündeten, die Gottheit verschmähe Opfer und Zeremoniell, sie fordere nur Glauben und ein Leben in Wahrheit und Gerechtigkeit ... Die Bemühungen der Propheten hatten dauernden Erfolg; die Lehren, mit denen sie den alten Glauben wiederherstellten, wurden zum bleibenden Inhalt der jüdischen Religion."[34]

Der Kampf um die göttlichen Gebote, um ihre Auslegung, um einen vergeistigten Gott jenseits der Wolken, war stets auch ein Kampf um die irdische Lebensgestaltung. Die Durchsetzung der Religion des ägyptischen *Moses* erzwang eine wiederkehrende, stetige, intellektuelle Auseinandersetzung mit der Art und Weise, wie gelebt werden sollte; wie das Verhältnis der Menschen zu den

32 Ebd., 483 f.
33 Ebd., 486.
34 Ebd., 500.

göttlichen Geboten und damit im Zusammenhang auch untereinander zu gestalten wäre.

Das Bilderverbot, das ja in der ägyptischen Aton-Religion nicht vorhanden gewesen war, tat ein Übriges zu einer Beförderung des Denkens, des sprachlichen Ausdrucks, der Abkehr von allen Formen der Bilder-Sprache und der Bilder-Schrift. Die Befolgung göttlicher Gebote, sittliches Leben, die Gestaltung des menschlichen Zusammenlebens erforderten so eine ständige gedankliche Auseinandersetzung und niemals die gedankenlose Befolgung von Befehlen, und seien es solche einer Gottheit. Auf diese besondere Art wurden Gehorsam gegenüber den göttlichen Geboten und Sittlichkeit bei den Individuen verinnerlicht und in der gesamten Gesellschaft als Kultur angeeignet. Das Volk der Juden wurde so in gewisser Weise die Keimzelle einer künftigen zivilisierten Menschheit, der exemplarische Typus einer sich permanent selbst zivilisierenden Gesellschaft – und dafür wurde es auch immer wieder verfolgt.

Der anti-zivilisatorische Aufruhr des jüdischen Volkes gegen den ägyptischen *Moses* und seine göttlichen Gebote ist gleichsam am Kollektiv des jüdischen Volkes wiederholt worden; so wie das jüdische Volk sich gegen *Moses* erhoben hatte, so wehrten sich die barbarischen Kräfte immer wieder gegen alle Versuche der Zivilisierung der Menschheit und machten die Juden, als (durch ihr bloßes kollektives Dasein mit ihrer eigentümlichen Diesseits-Religion) unbequeme Erinnerer an die Möglichkeiten humanen Zusammenlebens, für „Häresien", Aufklärung und Revolutionen (ebenso wie für neue Ökonomien) verantwortlich.

Der Gott des ägyptischen *Moses* ist ein Gott jenseits der Wolken, der nicht mehr in das menschliche Alltagsgeschehen eingreift; seine Gebote sollen nicht bloß deswegen befolgt werden, weil auf Verstöße göttliche Strafen folgen. Sondern deswegen, weil nur so ein gutes Leben für die Menschen hier und jetzt, und in Zukunft möglich ist. Die Menschen sollen gut sein, damit sie lange leben und es ihnen wohlergehe auf Erden. Dadurch, dass der Glaube des jüdischen Volkes kein Jenseits, kein Totenreich, aber auch keine Drohung einer unmittelbaren göttlichen Intervention beinhaltete, hat er die Menschen zu sich selbst gebracht und gezwungen, immer wieder Theorie und Praxis des individuellen und sozialen Lebens zu überdenken und bewusst zu handeln.

Was immer es mit Vorstellungen vom Messias, vom Jüngsten Tag und Tag des Jüngsten Gerichts an sich haben mag, die alltägliche Denkarbeit und die Arbeit an sich selbst, an der eigenen Ich-Organisation und an der Gestaltung der Gesellschaft können den Menschen nicht durch den Verweis auf dies mögliche Endereignis der menschlichen Geschichte erspart werden. Das ist das Unangenehme, das Verstörende, das Ungemütliche an der mosaischen Religion, an dieser Religion des Diesseits.

Sigmund Freud spricht das alles nur in Form der Darstellung historischer Mythen und vermuteter Ereignisse aus.

> „An religiösen Mythenbildungen wird man nicht den Anspruch stellen dürfen, daß sie auf logischen Zusammenhalt große Rücksicht nehmen. Sonst hätte das Volksempfinden berechtigten Anstoß an dem Verhalten einer Gottheit finden können, die mit den Ahnherren einen Vertrag mit gegenseitigen Verpflichtungen schließt, sich dann jahrhundertelang um die menschlichen Partner nicht kümmert, bis es ihr plötzlich einfällt, sich den Nachkommen von neuem zu offenbaren. Noch mehr befremdend wirkt die Vorstellung, daß ein Gott sich mit einem Male ein Volk ‚auswählt', es zu seinem Volk und sich zu seinem Gott erklärt. Ich glaube, es ist der einzige solche Fall in der Geschichte der menschlichen Religionen. Sonst gehören Gott und Volk untrennbar zusammen, sie sind von Anfang an eines; man hört wohl manchmal davon, daß ein Volk einen anderen Gott annimmt, aber nie, daß ein Gott sich ein anderes Volk aussucht. Vielleicht nähern wir uns dem Verständnis dieses einmaligen Vorgangs, wenn wir der Beziehungen zwischen Moses und dem Judenvolke gedenken. Moses hat sich zu den Juden herabgelassen, sie zu seinem Volk gemacht; sie waren sein ‚auserwähltes Volk'."[35]

Die Leserinnen und Leser des *Freud*'schen „Mann Moses" mögen die Aussagen des Textes selbst weiterdenken und mögen dabei eventuell zu aktualisierenden Schlussfolgerungen gelangen. *Freud* selbst schließt die zweite Abhandlung damit, dass er die Meinung äußert, er werde nicht mehr dazu kommen, den Gesamt-Text zum Moses-Komplex fertig-, und Zusammenhänge mit „Totem und Tabu" herzustellen.[36]

Das war 1937. Im Jahr 1938, nach der Okkupation Österreichs durch das nationalsozialistische Deutschland, musste *Freud* emigrieren. Er hatte in England den „Mann Moses" durch den dritten Teil ergänzt und zu einem Buch komplettiert, das im August 1938 in Holland gedruckt wurde. Der dritte Teil der Moses-Studien, „Moses, sein Volk und die monotheistische Religion", rekapitulierte wesentliche Gehalte der bisher veröffentlichten Teile und stellte deutliche Zusammenhänge mit bisherigen Studien zu Religion und Kultur her; außerdem wurden Überlegungen zu den Ursachen des Judenhasses eingebracht.

Es gab zwei Vorbemerkungen; eine: [Wien]Vor dem März 1938; die zweite: [London] Im Juni 1938. In der ersten Vorbemerkung heißt es:

35 Ebd., 494 f.
36 Ebd., 502.

> „Wir leben hier in einem katholischen Land unter dem Schutz dieser Kirche, unsicher, wie lange er vorhalten wird."

Und weiter heißt es:

> „Wenn unsere Arbeit uns zu einem Ergebnis führt, das die Religion auf eine Menschheitsneurose reduziert und ihre großartige Macht in der gleichen Weise aufklärt wie den neurotischen Zwang bei den einzelnen unserer Patienten, so sind wir sicher, den stärksten Unwillen der bei uns herrschenden Mächte auf uns zu ziehen."[37]

Daher schließt er vorläufig eine Veröffentlichung des Textes aus, wenn er auch weiter daran arbeitet. Das klerikal-faschistische Regime in Österreich bedeutet zwar noch Schutz gegenüber dem Nationalsozialismus, ist aber zugleich äußerst bedrohlich gegenüber nichtkonformen Anschauungen. In der zweiten Vorbemerkung heißt es dann:

> „Ich lebte damals unter dem Schutz der katholischen Kirche und stand unter der Angst, daß ich durch meine Publikation diesen Schutz verlieren und ein Arbeitsverbot für die Anhänger und Schüler der Psychoanalyse in Österreich heraufbeschwören würde. Und dann kam plötzlich die deutsche Invasion; der Katholizismus erwies sich, mit biblischen Worten zu reden, als ein ‚schwankes Rohr'."[38]

Die Emigration nach England bringt einen deutlichen Wandel des sprachlichen Tonfalls mit sich – befreit von der bedrückenden Atmosphäre der Bedrohungen durch den Austrofaschismus und den Nationalsozialismus (auch wenn *Freud* sich durchaus bewusst war, dass er auch hier die Empfindungen der „Frommen" verletzen würde; sie verfügten in England jedenfalls über keine diktatorischen Machtinstrumente).[39]

> „Ich fand die freundlichste Aufnahme in dem schönen, freien, großherzigen England. Hier lebe ich nun, ein gern gesehener Gast, atme auf, daß jener Druck von mir genommen ist und ich wieder reden und schreiben – bald hätte ich gesagt: denken darf, wie ich will oder muß. Ich wage es, das letzte Stück meiner Arbeit vor die Öffentlichkeit zu bringen."[40]

37 Ebd., 504.

38 Ebd., 506.

39 „Ich schreibe hier mit Lust am dritten Teil des Moses", heißt es in einem Brief Freuds an Arnold Zweig (London, 28. 6. 1938). Sigmund Freud und Arnold Zweig: Briefwechsel. Frankfurt/M.: Fischer Taschenbuch 1984, 172.

40 Sigmund Freud: Der Mann Moses und die monotheistische Religion: Drei Abhandlungen. In: Kulturtheoretische Schriften. Frankfurt/M.: S. Fischer 1986, 506.

Dieses immer wieder zurückgehaltene letzte Stück war der „Rest, der das eigentlich Anstößige und Gefährliche enthielt, die Anwendung auf die Genese des Monotheismus und die Auffassung von Religion überhaupt“[41], „die Analogie zwischen neurotischen Vorgängen und den religiösen Geschehnissen“[42].

Freud erläutert wichtige Einsichten der Psychoanalyse in Bezug auf die Ich-Organisation:

> „Im Laufe der individuellen Entwicklung wird ein Anteil der hemmenden Mächte in der Außenwelt verinnerlicht, es bildet sich im Ich eine Instanz, die sich beobachtend, kritisierend und verbietend dem übrigen entgegenstellt. Wir nennen diese neue Instanz das Über-Ich. Von nun an hat das Ich, ehe es die vom Es geforderten Triebbefriedigungen ins Werk setzt, nicht nur auf die Gefahren der Außenwelt, sondern auch auf den Einspruch des Über-Ichs Rücksicht zu nehmen und wird umso mehr Anlässe haben, die Triebbefriedigung zu unterlassen. Während aber der Triebverzicht aus äußeren Gründen nur unlustvoll ist, hat der aus inneren Gründen, aus Gehorsam gegen das Über-Ich, eine andere ökonomische Wirkung. Es bringt außer der unvermeidlichen Unlustfolge dem Ich auch einen Lustgewinn, eine Ersatzbefriedigung gleichsam. Das Ich fühlt sich gehoben, es wird stolz auf den Triebverzicht wie auf eine wertvolle Leistung.“[43]

Und er führt dann aus, wie ein dieser psychoanalytischen Einsicht vergleichbarer Prozess sich in der jüdischen Geschichte vollzog:

> „Die Religion, die mit dem Verbot begonnen hat, sich ein Bild von Gott zu machen, entwickelt sich im Laufe der Jahrhunderte immer mehr zu einer Religion der Triebverzichte. ... Die Propheten werden nicht müde zu mahnen, daß Gott nichts anderes von seinem Volke verlange als gerechte und tugendhafte Lebensführung, also Enthaltung von allen Triebbefriedigungen, die ... als lasterhaft verurteilt werden.“[44]

Die Religion des ägyptischen Moses schuf die Voraussetzungen für eine enorme kulturelle Errungenschaft: die dauerhafte Gewährleistung einer Ich-Organisation, die den Anforderungen eines zivilisierten gesellschaftlichen Zusammenlebens der Individuen entsprach; und sie begründete eine kollektive Identität der Juden, auch ohne eigenstaatliche Organisation.

41 Ebd., 550.
42 Ebd., 540.
43 Ebd., 562.
44 Ebd., 564.

Was *Sigmund Freud* im „Mann Moses" erzählt, ist nämlich die Entstehung einer besonderen monotheistischen Religion, die ohne Staat (!) Sittlichkeit hervorbringt, und zwar auf Dauer. Mehr noch: Sittlichkeit, soziale Identität und kollektive Überlebensfähigkeit innerhalb von Gesellschaften, in denen zunehmend aggressiv gegen die Juden agiert wurde, nämlich in den christlich dominierten Gesellschaften des mittelalterlichen und frühneuzeitlichen Europa. *Sigmund Freud* konzentriert sich auf die Erklärung der Entstehung und ansatzweise der Dauerhaftigkeit der jüdischen Identität als einer schon in der Form der Religion eigentümlich „säkularen" Identität: Die Orientierung an Diesseitigkeit, Sittlichkeit, Intellektualität, die Überwindung von Primitivität, Rohheit und Gewalt schaffen auch ein bemerkenswertes zivilisatorisches Potenzial, aber damit zugleich oft auch die Ursachen für Hass und Verfolgung.

> „Die tieferen Motive des Judenhasses wurzeln in längst vergangenen Zeiten, sie wirken aus dem Unbewußten der Völker, und ich bin darauf gefaßt, daß sie zunächst nicht glaubwürdig erscheinen werden. Ich wage die Behauptung, daß die Eifersucht auf das Volk, welches sich für das erstgeborene, bevorzugte Kind Gottvaters ausgab, bei den andern bis heute noch nicht überwunden ist, so als ob sie dem Anspruch Glauben geschenkt hätten. Ferner hat unter den Sitten, durch die sich die Juden absonderten, die der Beschneidung einen unliebsamen, unheimlichen Eindruck gemacht, der sich wohl durch die Mahnung an die gefürchtete Kastration erklärt und damit an ein gern vergessenes Stück der urzeitlichen Vergangenheit rührt. Und endlich das späteste Motiv dieser Reihe, man sollte nicht vergessen, daß alle diese Völker, die sich heute im Judenhaß hervortun, erst in späthistorischen Zeiten Christen geworden sind, oft durch blutigen Zwang dazu getrieben. Man könnte sagen, sie sind alle ‚schlecht getauft', unter einer dünnen Tünche von Christentum sind sie geblieben, was ihre Ahnen waren, die einem barbarischen Polytheismus huldigten. Sie haben ihren Groll gegen die neue, ihnen aufgedrängte Religion nicht überwunden, aber sie haben ihn auf die Quelle verschoben, von der das Christentum zu ihen kam. Die Tatsache, daß die Evangelien eine Geschichte erzählen, die unter Juden und eigentlich nur von Juden handelt, hat ihnen eine solche Verschiebung erleichtert. Ihr Judenhaß ist Christenhaß ..."[45]

Bemerkenswert ist vor allem, dass im Christentum selbst jede Menge magischer, barbarischer Elemente bewahrt und überliefert worden sind und somit die Abwehr der mosaischen jüdischen Religion immer auch die Abwehr der

45 Ebd., 539.

Erinnerung an einen „reinen", „vergeistigten", diesseitsorientierten Monotheismus gewesen ist. Es ist wohl auch kein Zufall, dass die Funktion der Propheten im Christentum von den radikalen Reformatoren und diversen „Häretikern" wahrgenommen worden, und dabei die Bezugnahme auf ausgewählte Texte des sogenannten Alten Testaments stets sehr wichtig gewesen ist.

Das Christentum als eine weitere monotheistische Religion hat die besondere Kulturleistung des jüdischen Monotheismus auf Dauer nicht erbracht, insbesondere nicht in seiner römisch-katholischen Version (allenfalls in einigen radikalreformatorischen Ausprägungen, die stets auch einen weiteren Säkularisierungsschub mit sich brachten und so strukturelle Affinitäten zur mosaischen Religion aufwiesen).

Die Ich-Schwäche des Individuums und die durchaus mangelhafte Erzeugung kollektiver Identität durch das Christentum bauen nicht nur keine ausreichenden Aggressionshemmungen auf, sondern konstituieren im Gegenteil sogar andauernde Enthemmungs- und Aggressionspotenziale in Form von Kreuzzugsmentalitäten, realen Kreuzzügen, gewaltsamen Missionierungen, Unterdrückung und Ausrottung von Abweichlern. Die Juden wurden dabei immer wieder angegriffen, entrechtet, gedemütigt, enteignet, gequält und ermordet. Sie sind ein lebendiges Beispiel dafür gewesen, dass eine monotheistische Religion auch anders, zivilisierter, sein könnte als das Christentum.

Das jüdische Volk ist, historisch gesehen, nicht von Anfang an derart zivilisiert, aber die Prozesse der „Vergeistigung" ohne Jenseitsglauben führten zur allmählichen Durchsetzung jener Religion der Sittlichkeit, des Triebverzichts, der inneren Identitätsstiftung (die nicht der aggressiven und vernichtenden Handlungen gegen andere bedarf) und der Diesseitigkeit, die dann in ihren wesentlichen Elementen auch ein Vorbild für die radikalen protestantischen Reformatoren gewesen ist. Aber all das war für das angestammte Christentum eher noch eine Bestätigung des Hasses gegen die Juden, denn diese wurden so eben mit Recht als permanenter Stachel im Fleisch, als ein Herd potenzieller Häresien angesehen.

Was *Freud* im „Mann Moses" auch gezeigt hat, sind die wiederkehrenden möglichen Identitätsstörungen und -zerstörungen einer bereits etablierten Kultur; die möglichen Rückschritte: was schon ist, kann wieder zunichte gemacht werden; was einmal war, wieder aufgenommen werden (die Elemente des Vernünftigen, ebenso wie die der Barbarei); so gezeigt am Beispiel des Untergangs der Religion des ägyptischen Moses und ihrer mühseligen Wiederherstellung. Daraus ist zu lernen, dass zivilisatorische Fortschritte durchaus wieder rückgängig gemacht werden können.

Darum ist es so wichtig, über die Bedingungen des Zustandekommens zivilisatorischer Fortschritte Bescheid zu wissen und für die Erhaltung und Tradierung der Errungenschaften einzutreten; sie sind Ergebnisse mühseliger kultureller Arbeit, Arbeit am Ich und Arbeit an der Gesellschaft.

Sigmund Freud hat uns im „Mann Moses" eine Summe von theoretischen Erklärungen und Erklärungsansätzen für die Entstehung, das Überdauern, die Bedeutung einer monotheistischen Religion, der jüdischen; und über das Verhalten einer anderen, des Christentums, hinterlassen. Es ist ein gewaltiger Steinbruch, in und an dem weiter gearbeitet werden muss.

14.5 „Der Mann Moses und die monotheistische Religion" im Zusammenhang mit anderen religionskritischen Schriften *Sigmund Freuds*: Aufklärung, Materialismus und Moderne

> „… und mit dem Glauben an einen einzigen Gott wurde wie unvermeidlich die religiöse Intoleranz geboren, die dem Altertum vorher – und noch lange nachher – fremd geblieben."[46]
> *Sigmund Freud*

> „Die verschiedenen in der römischen Welt herrschenden Kulte galten sämtlich dem Volk als gleich wahr, den Philosophen als gleich falsch und der Obrigkeit als gleich nützlich.
> Toleranz bescherte also nicht nur gegenseitige Nachsicht sondern sogar religiöse Eintracht.
> Der Aberglaube des Volkes wurde weder durch Beimischung theologischer Erbitterung angestachelt, noch von den Fesseln eines spekulativen Systems gehemmt. Der fromme Polytheist, obschon den Landesriten innig verhaftet, ließ gleichwohl in unbedingtem Glauben die verschiedenen Religionen der Erde gelten."[47]
> *Edward Gibbon*

> „Sie wissen, daß der Kampf des wissenschaftlichen Geistes gegen die religiöse Weltanschauung nicht zu Ende gekommen ist, er spielt sich noch in der Gegenwart unter unseren Augen ab."[48]

> „Es ist nun einmal so, daß die Wahrheit nicht tolerant sein kann, keine Kompromisse und Einschränkungen zuläßt, daß die Forschung alle

46 Ebd., 471.

47 Edward Gibbon: Verfall und Untergang des römischen Imperiums. München: Dtv 2004, Band 1, 45.

48 Sigmund Freud: Neue Folge der Vorlesungen zur Einführung in die Psychoanalyse [1933 (1932)]. Studienausgabe. Band I. Frankfurt/M.: S. Fischer 1969, 596.

> Gebiete menschlicher Tätigkeit als ihr eigen betrachtet und unerbittlich kritisch werden muß, wenn eine andere Macht ein Stück davon für sich beschlagnahmen will."[49]
>
> „Was immer Wert und Bedeutung der Religion sein mögen, sie hat kein Recht, das Denken irgendwie zu beschränken, also auch nicht das Recht, sich selbst von der Anwendung des Denkens auszunehmen."[50]
>
> *Sigmund Freud*

Insgesamt kann in den Abhandlungen über den „Mann Moses" exemplarisch gesehen werden, in welcher Art und Weise *Sigmund Freud* Wissenschaft betrieben hat; wie psychoanalytische Verfahren, oder zumindest Elemente der Psychoanalyse, auf Historisches angewendet werden können; wie biblische Erzählung mit diversen Forschungsergebnissen und fantasievollen Überlegungen verknüpft werden.

Der Anfang der neuen Erkenntnis ist der Bruch mit herkömmlichen Ansichten, mit einer vermeintlich gesicherten Wahrheit: Moses, ein Ägypter?

Was dabei durchaus zu verstören vermag, ist eine gewisse Unvollkommenheit der Texte, Wiederholungen, wiederkehrende Zusammenfassungen etc.; aber diese Unvollkommenheit der Texte, diese offene Darlegung der Entstehung der Fragestellungen und Schlussfolgerungen, diese Ausbreitung der Bruchstücke von Gedanken und ihren Zusammenhängen machen eine besondere Qualität des „Mann Moses" aus. Diese Textgestalt verweist auch auf eine besondere Qualität der Psychoanalyse: dass sie die Beteiligten zwingt, den vorgegebenen Stoff, das Leben bewusst zu bearbeiten, sich mit den Problemen gründlich, und das heißt auch wiederholend auseinanderzusetzen. Nicht bereits fertige Lösungen, sondern Bruchstücke von Lösungen, sowie von weiteren Problemen werden den Leserinnen und Lesern präsentiert und bedürfen der weiteren denkenden Bearbeitung.

Jede religionswissenschaftliche Betrachtungsweise ist, vom Standpunkt der Religion her betrachtet, Frevel, beginnender Unglaube, Lästerung. Denn: eine gewisse Distanz zum Untersuchungsgegenstand der Wissenschaft ist stets Voraussetzung und jede weitere Untersuchung religiöser Schriften und Vorgänge steigert eher diese Distanz. Gleichgültig, wie die nähere Betrachtung von Religionen im Einzelnen beschaffen ist, sie kann dem religiösen Glauben nicht wirklich förderlich sein. Schlimmer noch, wenn die wissenschaftliche Untersuchung von Religionen in vergleichender Weise vollzogen wird, weil die dadurch erfolgende Relativierung der einzelnen Glaubensbekenntnisse diese in

49 Ebd., 588.
50 Ebd., 597.

ihrer stets behaupteten Einzigartigkeit abwertet und als einen von mehreren ähnlichen Fällen zeigt.

Wenn nun gar Religion in Parallele zu psychischen Störungen analysiert wird, dann ist dies eine noch ärgere Herabsetzung. Und auch hier gibt es eine abermalige Steigerung, nämlich die Darstellung in einer Analogie zu einer überwindbaren psychischen Störung; oder in Analogie zu der Überwindung einer primitiveren Stufe der Entwicklung des Individuums und der Gesellschaft.

Für *Sigmund Freud* ist Religion kein System, das in Konkurrenz zur Wissenschaft zu stehen und zu bestehen vermag. Religion mochte historisch von Nutzen gewesen sein für den Aufbau und die Stärkung der menschlichen Ich-Organisation; doch diese historische Funktion konnte entweder auf Dauer nicht durchgehalten werden, oder die Individuen bedürfen nicht mehr der Stützung ihrer Psyche durch Religion. Das ich-starke moderne Individuum mag auch ohne Religion durch säkulare Erziehung zustande gebracht werden. Die Darstellung der Entwicklung der jüdischen Religion verweist auf eine erstaunliche Diesseitsorientierung und auf eine Bekämpfung aller Formen von Magie, von Opferungen, von Jenseitsvorstellungen.

Das „Verbot, sich ein Bild von Gott zu machen, also der Zwang, einen Gott zu verehren, den man nicht sehen kann"[51], die Vorstellung von einem Gott, der eigentlich nicht mehr in diese Welt eingreift, erzwingt bereits eine radikale Diesseitigkeit, einen Materialismus noch im Kleide der Religion. Die mit alldem verbundene Internalisierung von Sittlichkeit, auch als Zwang des ständigen Denkens über das richtige Handeln, bedeutet eine forcierte und nicht mehr ohne Weiteres verzichtbare Intellektualität und auch eine Tendenz der Säkularisierung, lange bevor diese in der europäischen Moderne begonnen worden ist.

Die jüdische Religion des ägyptischen *Moses* hat die vergeistigte Gottheit jenseits der Wolken nicht mehr unbedingt notwendig zur Garantie des sittlichen Handelns der Individuen – diese tragen die Gesetze bereits in sich selbst. Der jüdische Monotheismus hatte insofern schon die Keime seiner Weiterentwicklung in sich selbst, als seine kulturellen Auswirkungen beispielhaft für die gesamte Menschheit sein konnten. Der Prophet *Amos* hat schon darauf hingewiesen, dass tendenziell alle Menschen (guten Willens und guter Lebenspraxis) den Bund mit Gott eingehen könnten. So gesehen bedürfte es nicht einmal mehr der Unterwerfung unter einen besonderen Gott: die denkende Einhaltung und allfällige Weiterentwicklung der (Sitten-)Gesetze reicht aus für die menschliche Gesellschaft.

51 Sigmund Freud: Der Mann Moses und die monotheistische Religion: Drei Abhandlungen. In: Kulturtheoretische Schriften. Frankfurt/M.: S. Fischer 1986, 559.

Mir scheint wichtig, den folgenden Aspekt an der *Freud*'schen Darstellung der Entwicklung des jüdischen Monotheismus in der Tradition des ägyptischen Moses und der Propheten noch einmal besonders hervorzuheben: dass hier permanente Selbst-Kultivierung und Selbst-Zivilisierung ohne staatlichen Zwang, als Verinnerlichung der zunächst von außen kommenden göttlichen Gebote vor sich gehen.

Daher stammt wohl auch *Freuds* Hoffnung auf eine zivilisierte globale Gesellschaft:

> „Es ist unsere beste Zukunftshoffnung, daß der Intellekt, der wissenschaftliche Geist, die Vernunft, mit der Zeit die Diktatur im menschlichen Seelenleben erringen wird. Das Wesen der Vernunft bürgt dafür, daß sie dann nicht unterlassen wird, den menschlichen Gefühlsregungen und was von ihnen bestimmt wird die ihnen gebührende Stellung einzuräumen. Aber der gemeinsame Zwang einer solchen Herrschaft der Vernunft wird sich als das stärkste einigende Band unter den Menschen erweisen und weitere Einigungen anbahnen. Was sich ... einer solchen Entwicklung widersetzt, ist eine Gefahr für die Zukunft der Menschheit.“[52]

14.6 „Der Mann Moses und die monotheistische Religion" als Zeugnis einer säkularen jüdischen Kultur

> „Ein Volk, das die Natur für seinen Gott hält, kann kein freies Volk sein; erst dann, wenn es Gott für einen Geist über der Natur hält, wird es selbst Geist und frei ...“[53]
>
> *G.W.F. Hegel*

> „Man kann auch die Möglichkeit nicht abweisen, daß manche Charakterzüge, die die Juden in die frühe Vorstellung ihres Gottes eintrugen, indem sie ihn eifervoll, streng und unerbittlich hießen, im Grunde von der Erinnerung an Moses hergenommen waren, denn in Wirklichkeit hatte nicht ein unsichtbarer Gott, hatte der Mann Moses sie aus Ägypten herausgeführt.“[54]
>
> *Sigmund Freud*

52 Sigmund Freud: Neue Folge der Vorlesungen zur Einführung in die Psychoanalyse [1933 (1932)]. Studienausgabe. Band I. Frankfurt/M.: S. Fischer 1969, 598.

53 G.W.F. Hegel: Philosophie der Weltgeschichte. Band 1. Hamburg: Meiner 1955, 125.

54 Sigmund Freud: Der Mann Moses und die monotheistische Religion: Drei Abhandlungen. In: Kulturtheoretische Schriften. Frankfurt/M.: S. Fischer 1986, 482.

„Der Mann Moses und die monotheistische Religion“ ist eine Summe von Schriften, die die Aufklärung über Religion und Religionen konsequent fortsetzt und auf die Entstehung des jüdischen Monotheismus anwendet. Zugleich wird deutlich, dass der Ruhestörer, der „gottlose Jude“ *Sigmund Freud* für eine säkulare jüdische Identität eintritt, die ohne positive Religiosität und ohne Bekenntnis zu völkisch-nationalen Vorstellungen auszukommen vermag.[55]

Freud ist ein Kronzeuge für die Lebensweise und Einstellungen der Masse der Wiener Juden Ende des 19. und im ersten Drittel des 20. Jahrhunderts. Die überwiegende Mehrheit der Wiener Juden – Handwerker, Proletarier, kleine Gewerbetreibende, „self-employing workers“ – hat keine schriftlichen Zeugnisse von ihrer Lebensweise hinterlassen und ist durch den Massenmord der Nationalsozialisten physisch und in der erinnerten Kultur ausgelöscht worden. So entsteht heutzutage oft der Eindruck (und er wird auch immer wieder geradezu systematisch erweckt), als ob die Wiener Juden in ihrer überwiegenden Mehrheit Zionisten und/oder eifrig religiös gewesen wären; und die in großer Zahl gelebte säkulare jüdische Identität (oft in enger Verbindung mit der Arbeiterbewegung und mit aufklärerischen Bestrebungen) wird vergessen und verdrängt.

In *Sigmund Freuds* Äußerungen über *Moses*, den Ägypter, und die jüdische Tradition spiegeln sich auch die spezifischen Lebensweisen, die Kultur der Wiener jüdischen Bevölkerung.

Gerade Wien war ja um 1900 eine Metropole des Deutschnationalismus, diverser rassistischer Lehren und des Kampfes gegen Juden, Slawen, Italiener. Dabei gehörte die Agitation gegen „jüdische Intellektualität“, gegen das „wurzellos Geistige“ der jüdischen Existenz zu den wichtigen Elementen des Antisemitismus. Diese Agitation wurde in der damaligen Zeit selbst von manchen jüdischen Gruppierungen und einzelnen Intellektuellen innerhalb und außerhalb der zionistischen Bewegung (in Form von Programmen der „Produktivierung“) übernommen.[56]

Es ist nun besonders auffällig, dass *Freud* die stereotypen Anwürfe gegen jüdische Intellektualität nicht mitmacht; sondern im Gegensatz dazu hervorhebt, wie in der Tradition des ägyptischen Moses und der Propheten die Vergeistigung der Gottheit, das Bilderverbot, die Forcierung eigenständigen Denkens verbunden mit der Durchsetzung einer die Individuen und die Beziehungen der Men-

55 Die Sozialwissenschaftlerin Marie Jahoda hat gegen Ende des 20. Jahrhunderts, bei einem ihrer letzten öffentlichen Auftritte in Wien, einer Diskussion im Rathaus erklärt, es müsse für Juden die Möglichkeit einer säkularen Existenz jenseits von herkömmlicher Religion und Zionismus geben.

56 Siehe dazu: Tamar Bermann: Produktivierungsmythen und Antisemitismus. Wien: Europaverlag 1973.

schen untereinander zivilisierenden Ethik (die wesentlich auch eine Arbeitsethik ist) zur Ausbildung einer religiösen (und später auch säkularen) jüdischen Identität führen, die über Jahrtausende bewahrt werden konnte. *Freud* ist nicht bereit, ein antiintellektuelles Konzept von einem „muskularen Judentum" (vergleichbar dem Konzept eines „muskularen Christentums" im viktorianischen England) zu vertreten: auch die säkulare jüdische Identität soll jedenfalls die Errungenschaften der religiösen Identität bewahren. An einer Stelle im „Mann Moses" verweist er darauf: „Der Vorrang, der ... im Leben des jüdischen Volkes geistigen Bestrebungen eingeräumt war, hat natürlich seine Wirkung getan; er half, die Rohheit und die Neigung zur Gewalttat einzudämmen, die sich einzustellen pflegen, wo die Entwicklung der Muskelkraft Volksideal ist."[57]

Sigmund Freud war auch nicht bereit, in finsteren Zeiten auf die Analyse von Zuständen und historischen Prozessen und die Erklärung ihres Zustandekommens zu verzichten; er war nicht bereit, angesichts der vielfältigen Bedrohungen durch Klerikalfaschismus und Nationalsozialismus, auf primitivere Bewusstseinsstufen zurückzufallen, auf positive Religiosität oder auf politische Ersatzreligionen.

Gerade mit dem „Mann Moses" blockiert *Freud* einen jeglichen Rückfall in positive Religiosität. Die Entmythologisierung, die kritische Aufklärung über das Zustandekommen religiösen Glaubens macht es schwer bis unmöglich, diesem Glauben in vernünftiger Weise anzuhängen. Es bleibt nur Diesseitigkeit und die Tätigkeit im Diesseits; und es gibt auch keine positive Deutung der faschistischen Barbarei dahingehend, dass sie sinnstiftend für neue jüdische Identität sein könnte, und keinen Anlass für eine Besinnung auf religiöse Orthodoxie oder auf politische Ersatzreligionen wie den Zionismus.

Diese Erinnerung an die Wirklichkeit jüdischer Religiosität und Geschichte argumentiert die Möglichkeit einer säkularen jüdischen Identität. Es braucht die eigene Herkunft und Geschichte nicht verleugnet werden; es bedarf keiner Übernahme antisemitischer Schemata, keiner Identifikation mit den Aggressoren. Es gibt eine jüdische Geschichte und Tradition, die in sich selbst bereits eine Tendenz der Säkularisierung enthalten hat, und deren kulturelle Errungenschaften rekonstruiert und von den Individuen mit einem vernünftigen Stolz angenommen werden können.

So hat *Sigmund Freud* mit dem „Mann Moses" keineswegs jüdische Identität untergraben, sondern vielmehr in eigentümlicher Weise identitätsstiftend gewirkt, indem er zeigte, wie der jüdische Monotheismus in eine dauerhafte säkulare Kultur transformiert worden war.

57 Sigmund Freud: Der Mann Moses und die monotheistische Religion: Drei Abhandlungen. In: Kulturtheoretische Schriften. Frankfurt/M.: S. Fischer 1986, 561.

15 *Helene Bauer*, Analyse und politische Gestaltung der Gesellschaft

15.1 Wissenschaft, Politik, Sozialismus

> "Man has been ... enslaved by the odious inventions of kingly tyranny and priestcraft; and the natural consequence of his degradation of mind has been that in all the relations of domestic life he has become as great a tyrant as the king or priest; recompensing himself for the loss of public freedom by being a private despot. ...
> But you, my countrywomen, possessed as I know you are of minds capable of the very highest improvement, shake off that lethargy which has so long benumbed your faculties – exert your reasoning power; read, reflect, inquire. Prove yourselves worthy of being not only conducted, but *conductors* of the great march towards truth and freedom."
> *["A female materialist and republican", 1825]*[1]

> „Ein Element des Erfolges besitzt sie [die Arbeiterpartei], *die Zahl.* Aber Zahlen fallen nur in die Waagschale, wenn Kombination sie vereint und Kenntnis sie leitet."[2]
> *Karl Marx*

Helene Bauer hatte sich individuell emanzipiert und war auch für die politische und soziale Revolution in Polen, in der Habsburgermonarchie und in der neuen Republik Österreich eingetreten. In ihren Schriften lieferte sie bemerkenswerte (und häufig noch immer aktuelle) Beiträge zur Beschreibung und Analyse gesellschaftlicher Verhältnisse, zur Kritik der Ökonomie und verschiedener sozialwissenschaftlicher Auffassungen und zur Einschätzung der zeitgenössischen Politik. Sie verkörperte in ihrer Person die reichhaltige intellektuelle Tradition verschiedener Stränge des zentral- und osteuropäischen Radikalismus und der Arbeiterbewegung; sowie den Aufbruch von jüdischen Frauen aus Osteuropa, die nach Westen gingen, sich durch Bildung und eigenständige Arbeit von ihrem Herkunftsmilieu lösten und einen individuellen sozialen Aufstieg erreichten.[3]

1 Zitiert nach: Paul Foot: Red Shelley. London: Bookmarks 1988, 236.

2 Karl Marx: Inauguraladresse der Internationalen Arbeiter-Assoziation [1864]. In: Karl Marx/Friedrich Engels: Werke. Band 16. Berlin: Dietz 1981, 12.

3 Zur Biografie, siehe Artikel in: Brigitta Keintzel/Ilse Korotin(Hg.): Wissenschafterinnen in und aus Österreich. Wien: Böhlau 2002.

Sie war eine ungemein belesene und gebildete Frau; weit belesener und gebildeter als so mancher der „großen Männer" des Austromarxismus. Sie bildete immer wieder Gesprächszirkel, an denen auch junge Intellektuelle Anteil hatten[4]; im Zusammenhang damit, aber auch mit ihrem intensiven Engagement in der Arbeiterbildung, sind ihre Fähigkeiten der Vermittlung von Kenntnissen wie der steten Anregung zu intellektueller Betätigung hervorgehoben worden.[5]

Beachtlich und bewundernswert ist die Vielfalt der Themen, mit denen sich *Helene Bauer* auseinandergesetzt hat; beginnend mit ihrer nach wie vor wertvollen Arbeit „Die Entwicklung des Warenhandels in Österreich" [1906][6] bis hin zu den zahlreichen Publikationen im theoretischen Diskussionsorgan der österreichischen Sozialdemokratie *Der Kampf*. Dabei ging es um Fragen der Gestaltung der Arbeitsprozesse, um die Planung der Wirtschaft, um sozialistische Bildungspolitik in der neuen Republik ebenso wie um die Entwicklung und Krisen der Weltwirtschaft, die Probleme der Sowjetunion, um den Imperialismus und um die kritische Auseinandersetzung mit neueren – mehr oder weniger marxistisch orientierten – Arbeiten zur Situation des Kapitalismus und der Arbeiterbewegung; und nicht zuletzt um eine Kritik der zeitgenössischen ökonomischen Theorien und in den Sozialwissenschaften produzierten Ideologien.

So stellt sie zum Beispiel die grundsätzliche Frage:

> „Kann es im Geltungsbereich der Wirtschaftstheorie, wenn sie sich auf die Feststellung der rein empirischen Tatbestände und die begriffliche Bearbeitung ihrer Zusammenhänge beschränkt, eine ‚bürgerliche' und eine ‚sozialistische' Lehre geben, ohne daß die eine notwendig falsch wäre, wenn die andere richtig ist?"[7]

Und sie weist darauf hin, dass die klassische bürgerliche Ökonomie und die wissenschaftlichen Auffassungen von *Karl Marx* sich durchaus noch in einem Kontinuum bewegen:

> „Der Abstand zwischen Marxens ökonomischen Lehren und den bürgerlichen Volkswirten ist in der Tat, soweit es sich um die Aufdeckung und Dar-

4 Friedrich Stadler: Studien zum Wiener Kreis. Frankfurt/M.: Suhrkamp 1997, und die darin enthaltenen Erwähnungen Helene Bauers.

5 Bruno Kreisky: Zwischen den Zeiten. Erinnerungen aus fünf Jahrzehnten. Berlin: Siedler 1986, 338.

6 Helene Landau: Die Entwicklung des Warenhandels in Österreich. Ein Beitrag zur Wirtschaftspolitik des Absolutismus. Wien und Leipzig: Braumüller 1906.

7 Helene Bauer: Bürgerliche und sozialistische Wirtschaftstheorie. In: *Der Kampf* (Februar 1926), 63.

stellung der wirtschaftlichen Erscheinungen in ihrer ursächlichen Verknüpfung handelt, viel kleiner, als allgemein angenommen wird."[8]

Doch mit der Entstehung und Entwicklung der Arbeiterbewegungen, der organisierten Interessenvertretungen der arbeitenden Klassen entstehen neue Anforderungen an die bürgerliche Wissenschaft; gefordert sind nun oft mehr die Wirklichkeit verschleiernde und verzerrende „wissenschaftliche" Aussagen denn die exakte Beschreibung und Analyse der Wirklichkeit; gefordert ist mehr Ideologie denn Wissenschaft.

> „Der ‚arbeitende Arme' ist zum klassenbewußten Kämpfer geworden ...
>
> Nun verging dem Bürgertum die Freude an dem wissenschaftlichen Nachlaß Smiths und Ricardos, der von Marx und Engels übernommen und weiterentwickelt wurde. Die bürgerliche Wissenschaft rückte von der Arbeitswertlehre immer weiter ab, um schließlich unter dem Lawinensturz historischer und deskriptiver Detailarbeiten jedes theoretische Forschen nach den gesellschaftlichen Quellen des Privatprofits zu begraben."[9]

In der Kritik der „österreichischen Schule der Nationalökonomie" (deren Vertreter als Vorfahren des heutigen Neoliberalismus betrachtet werden können) hat *Helene Bauer* festgestellt:

> „Die neue Lehre schien allen Erfordernissen zu entsprechen, die in einer durch soziale Kämpfe tief durchwühlten Zeit das sich in der Defensive fühlende Bürgertum an eine soziale Theorie stellen konnte. Die in sich ruhende, nach dem Gebrauchswert ausgerichtete Wirtschaft, in der die Preise als Rechenform des Wertes ... abgeleitet werden, in der die im Kampfe mit der Natur schaffende Arbeit der geselligen Menschen, die durch ihre Technik ihr Sein gestalten, aufgelöst wird in eine Bedingung des Seins neben der Technik und der Natur, löst zugleich die menschliche Gesellschaft in lose Wirtschaftssubjekte auf. Klassengegensätze, Interessenskonflikte verschwinden, die Geschichte wird ihres revolutionären Inhalts beraubt und die bürgerliche Gesellschaft wird wieder ewig, wie zur Zeit Smiths und Ricardos!"[10]

Und sie hat die soziale Funktion und den sozialen Nutzen der neuen Lehre dahingehend zusammengefasst:

8 A. a. O..
9 Helene Bauer: Bankerott der Grenzwerttheorie. In: *Der Kampf* (März 1924), 106.
10 Ebd., 107.

> „Der Grenzwert wurde bald als das beste Gegengift gegen den Marxismus die einzige offizielle, ‚die' Wertlehre der Universitäten."[11]

Was *Helene Bauers* Arbeiten immer wieder auszeichnet, ist ihre Fähigkeit, soziale Phänomene in ihrer Vielfalt und ihren unterschiedlichen Verursachungen wahrzunehmen. Sie legt die sozialen Ursachen, die ökonomischen Grundlagen für beobachtete Vorgänge und Verhältnisse dar; zugleich aber schildert sie auch die bestehenden gesellschaftlichen Verhältnisse keineswegs als unveränderbar, als der menschlichen Gestaltbarkeit entzogen. So beklagt sie nicht etwa nur, wie z. B. „Macht" alle menschlichen Beziehungen durchdringt und dies zugleich nur resignierend hingenommen werden kann; sondern sie gibt Ursachen für die bestehenden schlechten Verhältnisse an und somit Voraussetzungen für ihre Veränderung zum Besseren hin. Es existieren für *Helene Bauer* Strukturen, Regelmäßigkeiten, „Gesetzmäßigkeiten" in der Gesellschaft, doch sie betrachtet sie nicht als ewig und unveränderbar; vielmehr zeigt sie immer wieder die gesellschaftliche Bedingtheit einzelner wissenschaftlicher Auffassungen, wie der wissenschaftlichen Weltauffassung insgesamt auf.

Weder die Wissenschaft von der Natur, noch die von der Gesellschaft, erzeugt ewige, unveränderliche Gesetze. Die Formulierung von Gesetzmäßigkeiten in Natur und Gesellschaft diente ursprünglich nicht dazu, die Welt für die Menschen als *nicht* gestaltbar erscheinen zu lassen, sondern – im Gegenteil – die Welt der Erkennbarkeit und Gestaltbarkeit durch die Menschen zugänglich zu machen.

Sozialwissenschaft ist bei *Helene Bauer* noch nicht zu bloßer Meinung, zur kleinen Erzählung, verkommen und auch nicht zu geisteswissenschaftlicher Beliebigkeit oder zur Verkündigung vorgeblich naturgesetzlicher Dauerhaftigkeiten. Wissenschaft dient bei ihr (im Sinne von *Ernst Mach* und *Friedrich Adler*) der Orientierung in der Welt und der planvollen Gestaltung der Welt.[12] Immer wieder werden daher die materiellen Ursachen (und das sind allemal auch die Interessen von sozialen Gruppierungen) für bestehende gesellschaftliche Verhältnisse wie für die wissenschaftlichen Aussagen darüber aufgezeigt. Die gesellschaftliche Bedingtheit wissenschaftlicher Erkenntnisse bedingt die Notwendigkeit einer ständigen kritischen Reflexion wissenschaftlicher Aussagen über Natur und Gesellschaft. (Nicht in Form einer eigenen philosophischen Disziplin, der Erkenntnistheorie oder einer allgemeinen Wissenschaftstheorie, sondern als theoretischer Reflexionsprozess in den verschiedenen Erkenntnisfeldern der Wissenschaft.)

11 A. a. O..

12 Siehe: Johann Dvořák: Politik und die Kultur der Moderne in der späten Habsburger-Monarchie. Innsbruck, Wien: Studien-Verlag 1997, 5. Kapitel.

Das leistet *Helene Bauer* immer wieder für den Bereich der Sozialwissenschaften. In ihren Aufsätzen zeigt sich die Fähigkeit, komplexe Sachverhalte konzentriert und zugleich verständlich darzustellen. Diese nicht hoch genug zu lobende didaktische Fähigkeit der Stoffkonzentration, der populären und dabei keineswegs simplifizierenden Darstellung wissenschaftlicher Aussagen mag spätere Leserinnen und Leser dazu verleiten, die Verständlichkeit von Texten als Mangel an Wissenschaftlichkeit zu deuten. Doch die ungeheure Verdichtung von höchst disparaten Erkenntnissen, die Anwendung der didaktischen Prinzipien der Stoffkonzentration und des Exemplarischen führen zu verständlichen Darstellungen komplizierter gesellschaftlicher Vorgänge – der Anschein der Einfachheit ist Ergebnis höchster Kunstfertigkeit.

Helene Bauer gehörte zu denjenigen, die keineswegs die Auffassung vertraten, der Sozialismus wäre das ganz Andere und käme irgendwann in ferner Zukunft. Schon hier und jetzt gibt es die Verbesserung des Daseins, der teilweisen Vorwegnahme des künftigen Guten. Dies ist die wahrhaft materialistische Grundeinstellung, ein freudvoller, lebens- und genussbejahender Marxismus. Die künftige sozialistische Gesellschaft ist nicht eine des allgemeinen Mangels, der Gleichheit in Armut, sondern der Gleichheit im allgemeinen Wohlstand. Die Vorstellung von der künftigen sozialistischen Gesellschaft wird nicht als Dogma verkündet; ihre Ansätze sind aus der historischen Erfahrung und dem gegenwärtigen Denken und Handeln heraus ersichtlich. Daher finden wir bei *Helene Bauer* immer wieder die Verbindung von Theorie und Empirie, von wissenschaftlicher Erkenntnis und gesellschaftsgestaltender, gesellschaftsverbessernder politischer Praxis. Bei ihr tauchen auch Elemente eines älteren Radikalismus der Arbeiterbewegung auf: Individualismus und kollektives Denken und Handeln sind keine Gegensätze; der Staat ist kein neutrales Instrument zur allgemeinen Wohlfahrt des Volkes, sondern in seinem Handeln entscheidend durch Klasseninteressen bestimmt und somit durch die Interessen der herrschenden Klassen. Der Kampf um Staat und Recht, um die politische Gestaltung von Staat und Recht, ist stets zu führen und darf nicht aufgegeben werden. Um ihn führen zu können, sind wissenschaftliche Analysen, theoretische Einschätzungen notwendig. Die Beeinflussung von Staat und Recht im Sinne der spezifischen Interessen der arbeitenden Klassen ist nicht erst möglich und notwendig in der Epoche eines Endkampfes des Proletariats, sondern muss beständig unternommen werden. (Dabei kann und soll es durchaus zu klassenübergreifenden Bündnissen kommen, können eventuell zeitweise hegemoniale Blöcke über Klassengrenzen hinweg gebildet werden.)

Die sozialistische Gesellschaft als eine Gesellschaft der von Not und Zwängen befreiten, glücklich leben könnenden Individuen braucht nicht nur erträumt und herbeispekuliert zu werden, sie ist in Bruchstücken bereits erfahrbar gewesen und auch gegenwärtig erfahrbar. Allerdings bedarf es der Erkenntnis, des Wissens und des organisierten politischen Handelns, um sie zu verwirklichen; sie kommt nicht von selber, ist nicht der Endpunkt einer einer gleichsam automatischen Entwicklung, eines sicheren Fortschritts – sie muss von Menschen bewusst geschaffen werden.

> „Marx ... hat geglaubt, daß die Befreiung der Arbeiterklasse nicht das Werk einer durch nichts veränderlichen Akkumulations- und Mehrwertrate, sondern das Werk der Arbeiterklasse selbst sein wird.“[13]

15.2 Gesellschaftswissenschaft, Ehe, Familie, Frauenfragen

> „Das Wirtschaftsfeld der Gegenwart, das wir mit dem Schlagwort ‚Kapitalismus‘ bezeichnen, ist reich gegliedert in ein Nebeneinander und Durcheinander von alten, neuen und neuesten Formen, die auch in den kleinsten Staatswesen als ein buntes Gemisch von Kulturkreisen gleichzeitig bestehen. Aus dieser Vielgestaltigkeit der sozialökonomischen Basis ergibt sich eine Vielgestaltigkeit der Lebensordnungen, also auch eine Vielheit der Ehen, die nach ihrem Sinn und Gehalt stark variieren, aber alle noch dem ‚Heute‘ zugezählt werden müssen.“[14]
>
> „Frei ist nur, wer sich mit Freien verbindet.“[15]
>
> *Helene Bauer*

Im Jahr 1927 erschien in der Zeitschrift *Der Kampf* ein Aufsatz von *Helene Bauer* mit dem Titel „Ehe und soziale Schichtung“[16]. Darin setzt sie sich mit verschiedenen, gleichzeitig vorkommenden sozialen Typen von Ehe und Familie auseinander. Dabei erinnert sie zunächst an die Vorstellung, dass Fortschritt und Entwicklung im Gefolge der kapitalistischen Wirtschaftsweise alle Bereiche der Gesellschaft erfassten und umwälzten – und so auch Ehe und Familie. Es ist jedoch keineswegs darauf zu setzen, dass der Kapitalismus im Rahmen einer gleichsam natürlichen Entwicklung tatsächlich *alle* Lebensverhältnisse umwälzt. Es existieren jede Menge „Ungleichzeitigkeiten“, d. h., gewisse Lebensverhältnisse, soziale Institutionen und Strukturen bleiben z. T. unverändert bestehen, während andere sehr wohl weitgehend verändert werden. Es gibt keine „Naturnotwendigkeit“ für eine einigermaßen gleichzeitige Umwälzung aller Lebensbereiche im Kapitalismus.

13 Helene Bauer: Ein neuer Zusammenbruchstheoretiker. In: *Der Kampf* (Juni 1929), 280.
14 Helene Bauer: Ehe und soziale Schichtung. In: *Der Kampf*. Juli 1927, 319.
15 Ebd., 323.
16 Ebd., 319–324.

Das bedeutet, dass wir uns nicht auf den Fortschritt als einen mechanischen Vorgang in der Gesellschaft verlassen können, sondern die Veränderung zum Besseren hin von den daran interessierten Menschen bewusst und planvoll betrieben werden muss. Dazu ist es notwendig, Analysen der einzelnen Lebensbereiche vorzunehmen und sich nicht mit Pauschaleinschätzungen von Veränderung und Fortschritt zu begnügen. Dabei müssen auch immer wieder bisherige wissenschaftliche Aussagen über gesellschaftliche Zustände kritisch untersucht und auf ihre soziale Funktion und Interessenbedingtheit überprüft werden.

> „Erst im mühsamen Kampf gegen die suggestive Beeinflussung des soziologischen Blicks durch das Zeitalter der Erfindungen und den triumphalen Einzug des maschinellen Großbetriebes konnte sich die Erkenntnis durchsetzen, daß die umwälzende Praxis des Kapitals haltmachen muß vor Lebensformen, die durch ihr anders geartetes Wollen – trotz ihrer scheinbaren Schwäche – gegen seinen Zugriff geschützt sind. ...
>
> Die Entwicklung ist für uns kein Strom mehr, der Lebensfähiges mit sich fortreißt, Unbrauchbares überflutet und wegspült, sondern ein Entstehen von Neuem, das sich an das Alte anreiht, das kämpfend den Boden gewinnt, und das ein Stück des Gewonnenen sogleich an Jüngstsprießendes abgeben muß. Jahrzehnte und Jahrtausende stoßen zusammen: Alles, was bereits feste Konturen erhalten hat, was erstarrt erscheint, wird noch Vergangenheit genannt, während nach der Allbeherrscherin Zukunft gespäht wird in dem phantastischen Chaos dessen, was mit uns entstanden ist, und der Vollendung erst zueilt. Aber wir beginnen schon zu verstehen, daß es eine Gegenwart gibt, in der Gewordenes und Werdendes zu gleichem Recht besteht, daß wir nicht zwischen dem Gestern und dem Morgen leben, sondern in einem Heute von buntester Mannigfaltigkeit der Lebensgestaltung.“[17]

Wenn *Helene Bauer* den Gedanken der Ungleichzeitigkeit sozialer Vorgänge und Institutionen einführt, so müssen wir uns vergegenwärtigen, dass dies damals ein höchst ungewöhnlicher, origineller Gedanke war, der eigentlich erst Jahrzehnte später in den Sozialwissenschaften Verbreitung fand (und inzwischen schon wieder verdrängt worden ist).

Sechs verschiedene soziale Typen von Ehe und Familie skizziert *Helene Bauer* in der Folge: die „bäuerliche Ehe“; die „Ehe in den städtisch-kleinbürgerlichen Kreisen“; die Ehe „bei den oberen Zehntausend“; die Ehe „bei den neuen städtischen Schichten, bei dem Beamtentum und bei den freien Berufen“; „ein

17 Ebd., 319.

neuer Ehetypus", der der „geistig und ökonomisch unabhängige[n] Frau" entspricht; und schließlich die proletarische Ehe und Familie. Auch das ist nicht gerade selbstverständlich gewesen; die Institution der Familie wurde (und wird) ja gerne als eine ewige, unwandelbare ausgegeben und dazu passen soziale Differenzierungen nicht sehr gut.

> „Die bäuerliche Ehe ist, allen Feuilletons über die ‚Frau von Heute' zum Trotz, so wenig vom Wandel ergriffen wie das bäuerliche Eigentum und die bäuerliche Arbeitsweise. Haus und Hof sind Lebens- und Erwerbsgrundlage der Ehe und halten in gleicher Weise Mann wie Frau gefangen. Für beide ist die ‚Wirtschaft', mit allem, was sie an Freud und Leid bietet, das gemeinsame Objekt und Ziel der Arbeit, der Sorge, der Hoffnung."[18]

Die „bäuerliche Ehe" ist in ihrer Beschaffenheit nur deswegen keinem Wandel unterworfen, weil die ländlich-bäuerliche Wirtschaftsweise sie strukturiert und keineswegs der freie Wille der Ehepartner und auch nicht bloß religiöse Vorstellungen und staatlich-rechtliche Regulierung.

> „‚Bäuerin' ist kein Titel, sondern Arbeitswürde und Lebensinhalt, die mit einem Fleck Erde schnell so innig zusammenwachsen, daß kein Menschenwille sie auseinanderzureißen vermag. Und der Fleck Erde, jenseits dessen Grenzen schon eine fremde Welt beginnt, gehört der Ehe, dem Bündnis mit dem Manne, der sein Leben ebenso wie die Frau ihr Leben der gemeinsamen Wirtschaft einverleibt hat, und losgelöst von seinem Besitze aufhört ‚Bauer' zu sein. Die Ehe wurzelt hier tief in dem Boden und wird so von ihrer ökonomischen Basis aus dauernd und untrennbar und bietet den Lebensirrungen und Wirrungen keine Möglichkeit eines friedlichen Auswegs. Die Untrennbarkeit der bäuerlichen Ehe liegt nicht in der äußerlichen Regelung durch Staat oder Kirche, sondern in der bäuerlichen Lebensordnung, an deren innerstem Wesen politische und soziale Revolutionen bis jetzt fast spurlos abgeglitten sind."
>
> „Auch die radikale Eherechtsreform Sowjetrußlands kann am Gewicht der bäuerlichen Ehe nichts ändern, weil sie die sozialökonomischen Grundlagen des Familienlebens auf dem flachen Lande nicht ändert. Ob die Gesetzgebung die Ehetrennung erleichtert oder unmöglich gemacht, es wird die Trübung der Ehe auf dem Lande, wenn sie nicht durch Zwang zur gemeinsamen Arbeit überwunden werden kann, nur tragisch ausgetragen und im

18 Ebd., 319.

> Strafgericht einen Epilog finden können. Denn freiwillig weicht von Haus und Hof weder der Bauer noch die Bäuerin."[19]

Auch in den städtisch-kleinbürgerlichen Kreisen, in denen Werkstätten und kleine Handelsläden betrieben werden, ist die Ehe eine ökonomische Not- und Zwangsgemeinschaft; daher hat auch die „kleinbürgerliche Frau ... nie Anteil an der Frauenbewegung genommen, hat nie selbständige Forderungen an die Gesellschaft gestellt".

> „Die Arbeitskraft der Frau ist hier in einem so hohen Maß Bedingung des wirtschaftlichen Bestandes der Familie und Ergänzung der Erwerbstätigkeit des Mannes, daß in der Verschmelzung von Geschlechts- und Wirtschaftsgemeinschaft die kleinbürgerliche Ehe gleich der bäuerlichen zu einem sozialen Gebilde wird, dessen Auflösung der Zerstörung oder Verkrüppelung von etwas Organischem gleicht. In der engen Verknüpfung von Erwerb, Haushalt und Eigentum wird sie in gemeinsamer Arbeit ständig erlebt und erzeugt auch eine ehebejahende Ideologie, die in der Lebensordnung der kleinbürgerlichen Schichten ihren starken ökonomischen Unterbau besitzt. Die Ehe ist hier eine Aufgabe für beide Ehepartner, die trotz aller Schwierigkeiten, die sich aus den individuellen Eigenheiten ergeben, erfüllt werden muß, weil eine Ehestörung leicht die materiellen Grundlagen der Familie mitzerstört."[20]

An dieser Stelle folgt ein Satz, der eine konzentrierte Abhandlung über die soziale Funktion (und zugleich eine vernichtende Kritik) der *Alfred Adler*'schen Individualpsychologie enthält:

> „Die Individualpsychologie, die Ehestörungen in den Bereich der Heilpädagogik mit einschließt und in dem Versuch, von dem Ehepartner loszukommen, ein für Neurotiker symptomatisches Versagen erblickt, das durch Erziehung zur Ehe und Eheberatung gebannt werden könne, erscheint mit ihrer prinzipiellen Bejahung der Ehe und Verlegung ihrer Problematik in das Gebiet der Psychose als eine wissenschaftliche Verklärung der Lebensnotwendigkeit der kleinbürgerlich-bäuerlichen Schichten, die durch die Ehe und in der Ehe ihre soziale Existenz behaupten."[21]

19 Ebd., 320.
20 Ebd., 320 f.
21 Ebd., 321.

So gesehen ist die Individualpsychologie *Alfred Adlers* (jedenfalls was Ehe und Familie anbelangt) keine wissenschaftliche Erkenntnis der Wirklichkeit, sondern ideologischer Kitt für fragwürdig werdende soziale Institutionen.

Der nächste Ehe- und Familientypus, den *Helene Bauer* beschreibt, ist die Ehe „bei den oberen Zehntausend, wo die Ehe dem Manne die legitimen Erben verbürgt und der Frau zu dem ererbten Besitz den entsprechenden sozialen Rahmen verschafft."

> „Die Gestaltung des Eherechtes ist für die Ehepartner gleichgültig. Reiche Geldmittel helfen hinweg über so manche Probleme der ehelichen Gemeinschaft, sie helfen auch hinweg über die gesetzlichen Schranken, wenn die Ehe trotz der Bewegungsfreiheit, die das Geld verschafft, doch zur Last wird, der man sich entledigen will. Die Trennung der Ehe ist bloß eine Ordnung von finanziellen Angelegenheiten, bei der sonst nichts in die Brüche zu gehen braucht, weil die spärlichen Funktionen, die hier innerhalb der Familie zu liegen scheinen, ohnehin ehefremden Personen anvertraut sind."[22]

Noch gibt es keine Illusionen über die angeblich gar nicht klassenspezifischen Schicksale der Frauen; es gibt noch nicht die Verbreitung der Meinung, dass Frauen als Frauen in gleicher Weise von Männern unterdrückt werden und darunter leiden – egal, ob sie im Schloss, in der Villa oder im Kellerloch wohnen, in der Landwirtschaft oder in der Fabrik arbeiten, tatsächlich Haushaltsführung und Kindererziehung besorgen müssen oder höchstens einem Haushalt vorstehen. Daher heißt es auch unverblümt beschreibend:

> „Die Frau führt hier ein Luxusdasein und verhilft durch ihr sozial passives Verhalten den Männern ihrer Schicht zur Illusion, Familienerhalter zu sein. Ihr liegt es ob, das Geld in Schönheit auszugeben, und die Unbekümmertheit, mit der sie es tut, scheint darauf hinzuweisen, daß sie sich über die Art, in der es gewonnen wird, nicht täuscht. Sie glaubt zu einem Anteil an den Einkünften des Familienerhalters ebenso berechtigt zu sein, wie dieser zu dem Anteil an dem Schaffen der Werktätigen. Sie schmarotzt am Schmarotzertum und ihre politische Abwesenheit zeigt, daß sie ihr Dasein nicht als reformbedürftig erachtet.
>
> Das Bekenntnis zur Ehe ist hier ein Stück Tradition, mit der man nicht gerne bricht – ohne Not. Konservatismus, durch den man andere binden will, und Freiheit, die das Geld verschafft, lassen in den begüterten Kreisen

22 A. a. O..

> Ehe und Eherecht nicht als Problem aufkommen, zu dessen Lösung Staat oder Gesellschaft berufen wären.“[23]

Erst in jenen Ehen, in denen die Ehefrau „Hausfrau und Mutter“ ist, ohne ansonsten zum Einkommen der Familie beizutragen, kann die soziale Stellung der Frau problematisch werden; der Ehemann verdient (ohne im Übrigen wirklich reich zu sein) genug, um den Lebensunterhalt der Frau und der Kinder gewährleisten zu können – dies bedeutet aber auch die völlige Abhängigkeit vom „Ernährer“ der Familie.

> „Die Problematik der Ehe beginnt erst da, wo die traditionell übernommenen Wertungen mit den neuen Lebensbedingungen in Widerspruch geraten, also nicht bei den alten, sondern bei den neuen städtischen Schichten, bei dem Beamtentum und bei den freien Berufen. Hier wird die Frau zum ersten Male in der Geschichte in eine materielle Abhängigkeit vom Manne zurückgedrängt. Der Weg zur Ware, zum Markte, also auch zu Selbständigkeit, führt übers Geldeinkommen – aber das Einkommen fließt nur dem Manne zu, nur durch seine Arbeit und aus seinen Händen kann sie es empfangen! Der Erwerb wird zugleich vom Haushalt getrennt, die geistig-fachliche Atmosphäre des Mannes, die Fülle seiner beruflichen und gesellschaftlichen Bindungen der Hausfrau unzugänglich und fremd. Die Anerkennung ihrer Hauspflichten klingt hier hohl, sie fühlt die geistige Kluft zwischen den Männern und den Frauen ihrer sozialen Schicht, sieht die Geringschätzung der Akademiker Menschen ohne Hochschulbildung gegenüber und weiß auch, für welch geringen Lohn die Hausgehilfin, die ‚Stütze‘, die Arbeit im Hause erledigt. Aber die Hausgehilfin erhält sich selber, ihre Arbeit verschafft ihr ein selbständiges Einkommen, über das sie auch frei verfügen kann, während die Hausfrau mit dem Ehering bloß das Recht, erhalten zu werden, bekommt, das Recht, auf das auch ihre Kinder Anspruch haben.“

Hier wird sehr klar der Zustand der sogenannten Hausfrauen-Ehe beschrieben, die bis heute immer wieder als Prototyp des gesunden Familienlebens verklärt wird. Die Frauen existieren hier nicht nur in völliger ökonomischer Abhängigkeit vom Ehemann, sie sind darüber hinaus in ihrem Hausfrauendasein weitgehend abgeschieden von allen anderen gesellschaftlichen Vorgängen. Die Sphäre der beruflichen Arbeit, der Lohnarbeit, ist abgeschottet von der Sphäre der unbezahlten Hausarbeit, aber auch von der Sphäre der Bildung. Die gesellschaftliche Isolation der Hausfrau ist schädlich für sie selbst und für die Erziehung der

23 A.a.O..

Kinder; der Mangel an Verfügbarkeit über Geld und der Mangel an geistigen Anregungen ebenso wie an Kommunikation mit gleichen auf einem gehobeneren intellektuellen Niveau führen zu ständigen Depravierungs-Phänomenen. Noch die elendste Lohnarbeit verschafft mehr Zugang zur Reichhaltigkeit gesellschaftlicher Vorgänge, denn die Isoliertheit des bloßen Hausfrauendaseins, das jahrelang nur die Kommunikation mit aufwachsenden Kleinkindern, von ihrer beruflichen Tätigkeit belasteten Ehemännern oder in ähnlichen Situationen befindlichen anderen Hausfrauen kennt. Hier muss der allgemeine Zugang zur Gesellschaft überhaupt erst wieder errungen werden. Daher entdeckt *Helene Bauer* in diesem Typ der kleinbürgerlich-städtischen Familie Ursprünge der neuen Frauenbewegung.

> „Die bürgerliche Frau, deren Haus mit der Schulreife der Kinder leer geworden ist, das vermögenslose Mädchen aus der guten Familie, das den mütterlichen Kampf um das Wirtschaftsgeld lange mitangesehen hat, das von der freien Liebeswahl ausgeschlossen blieb, schufen die Frauenbewegung. Es galt für die bürgerliche Frau eine direkte Beziehung zur Gesellschaft, von der sie die Erwerbslosigkeit trennt, zu erringen und ihr all die Mittel zugänglich zu machen, die innerhalb ihrer sozialen Schicht als ein Zeichen der Vollwertigkeit gelten."[24]

In dem Maße, in dem sich junge Mädchen und Frauen, etwa über höhere Bildung, von ihren herkömmlichen Abhängigkeiten zu emanzipieren begannen, ökonomische und – damit verbunden – bewusstseinsmäßige Eigenständigkeit erlangten, begann die allmähliche Ausformung eines neuen Ehe- und Familientypus:

> „Die Frau wurde Lehrerin, Ärztin, und jetzt steht ihr der Weg zu allen freien Berufen offen. Die Ehe, die bei den Bauern, bei den städtisch-kleinbürgerlichen Schichten zwei an demselben Werk gemeinsam arbeitende Menschen vereinigt, verbindet in der Stadt schon öfter zwei geistige Arbeiter mit gesondertem Wirkungsfeld, gesonderten Berufsinteressen, durch die auch gesonderte Geselligkeits- und Freundschaftsbindungen entstehen. Die geistige Scheidewand beginnt zu weichen – sie gleichen sich einander unter Bedingungen an, die ihre Ehe langsam der irdischen Schwere berauben."[25]

24 Ebd., 321 f.
25 Ebd., 322.

So ist festzustellen:

> „Im sozialen Raum reiht sich ein neuer Ehetypus den bereits bestehenden an: Die geistig und ökonomisch unabhängige Frau wurzelt schon unmittelbar in der Gesellschaft und übernimmt ihr gegenüber Verpflichtungen, an denen der Mann keinen Anteil mehr hat. Sie repräsentiert nach außen nur sich selbst. Je mehr Möglichkeiten ihr geboten werden, in außerhäuslichem Wirkungskreis ihre schöpferische Arbeitslust zu befriedigen, eine desto geringere Rolle kann die Ehe in ihrem Lebensplan einnehmen. Statt ihr Leben ihrer Ehe anzupassen, wird sie nun trachten, ihre Ehe einem Leben anzupassen, das nun seinen Schwerpunkt nach außen verlegt hat.“[26]

Der neue Ehe- und Familientypus bedeutet nicht nur eine Veränderung der gesellschaftlichen Stellung der Frauen durch höhere Bildung und eigenständiges – mittels beruflicher Arbeit erworbenes – Einkommen, sondern neue Lebensmöglichkeiten für Frauen und Männer und Kinder.

> „Die Anpassung vollzieht sich unter ständigem Konflikt zwischen Tradition und neuem Leben, aber die Vorstellungswelt der heranwachsenden Jugend dieser Kreise enthält schon im voraus ein Bild der Mutter, deren nicht den Kindern gewidmete Stunden ebenso unverrückbar sind wie die des Vaters, die ebenso wie der Vater nach den Vorfällen im Kinderzimmer sich bloß erkundigt, statt sie mitzuerleben. Hier wird schon die Tradition der guten Mutter und Hausfrau abgerissen, fadenscheinig und die Formgestaltung der Ehe freier von Bindungen an Werte, die nicht eigenem Lebensschicksal entsprießen.“[27]

Auffällig ist bei *Helene Bauers* Darstellung wiederum die Verbindung von beobachtbaren Tatsachen mit einem Sinn für einfühlende Wahrnehmung und der Vorwegnahme möglicher künftiger Entwicklungen; es werden die Chancen der Veränderung sozialer Beziehungen und Verhältnisse verdeutlicht und zugleich auch die Notwendigkeit des individuellen Engagements, die Mühsal bei der allmählichen Überwindung des Herkömmlichen und Bestehenden. Hierbei zeigt sich, was engagierte Wissenschaft zu leisten vermag: mit der Beobachtung der Fakten, mit der theoretischen Erklärung dieser Fakten und schließlich mit der Prognose bezüglich möglicher Entwicklungen, verbunden mit den Hinweisen darauf, dass diese Entwicklungen von den Individuen gewollt und insgesamt durch begleitende politische Maßnahmen gesellschaftlich abgestützt werden müssen.

26 A. a. O..
27 A. a. O..

„Diese Ehe hat noch ihre Form nicht gefunden – aber ihr Inhalt ist jetzt schon erkennbar: sie ist eine erotisch-kameradschaftliche Bindung zwischen Gleichen, deren einziger Zweck in der Werterhöhung des Lebens liegen kann. Erfüllt sie diesen Zweck nicht, dann wird sie nutzlos für die Ehepartner und für die Kinder, denen sie die Harmonie der Umwelt, das einzige, was die nicht im Hause wurzelnde Elternschaft ihren Kindern noch bietet, nicht mehr sichern kann. Diese Ehe ist in Wirklichkeit schon aufgelöst, wenn sie nur von einem Ehepartner nicht mehr gewollt wird, und es gibt hier niemand, zu dessen Schutz die formale Aufrechterhaltung des Ehebündnisses durch staatliche Gewalt notwendig wäre. Die Frau wird hier ebensowenig wie der Mann durch die Ehetrennung hinausgeschleudert aus einem Heim, das ihr die Welt bedeutet, sie verliert weder ihren Arbeits- und Geltungsbereich, noch ihre soziale Stellung und kann unbelastet durch eine schlechte Ehe Mutter bleiben – wenn sie nicht vorzieht, die Kinder einer Gemeinschaftserziehung zuzuführen. Mit dem Ende dieser Ehe wird ein Traum vom Glück zu Ende geträumt, aber persönliches Glück ist keine Angelegenheit der staatlichen Verwaltung.“[28]

Hier werden die Individuen durch die Analyse der Vorgänge im Mikro-Bereich der Gesellschaft in Bezug auf die bewusste Gestaltung ihres Alltagslebens gestärkt, sie werden auf die Schwierigkeiten aufmerksam gemacht aber zugleich auch auf die Möglichkeiten der Gestaltung des eigenen Glücks.

Helene Bauer stellte auch die besondere Situation der Arbeiterfamilien und der proletarischen Frauen dar (und das ist bis heute vorbildhaft geblieben und in den Sozialwissenschaften kaum je wieder erreicht worden):

„Die proletarische Hausfrau, auch da, wo sie keine Mitverdienerin ist, leidet nicht unter dem Gefühl der Minderwertigkeit, das gewiß mitbestimmend wurde für das Eindringen der bürgerlichen Frau in das öffentliche Leben. Die Würde ihrer Leistungen macht sie sowohl dem Manne wie den Kindern, die aus ihren Händen alles empfangen, was die Sorge ums tägliche Leben bieten kann, innerlich sicher. Sie geht verdienen, um den Ihrigen zu helfen, aber wenn ihre Kräfte nicht mehr ausreichen oder wenn der Verdienst des Mannes es erlaubt, wird sie zur ‚Frau im eigenen Haushalt‘.“[29]

Es wird hier die Wirklichkeit abgebildet, aber keine Mythologisierung der proletarischen Familie betrieben; es werden die konkreten materiellen Bedingun-

28 Ebd., 322 f.
29 Ebd., 323.

gen ihres Daseins angegeben und damit aber auch die Bedingungen der weiteren Gestaltung dieser Familie.

Die bereits vorhandenen emanzipatorischen Elemente im Leben der proletarischen Hausfrau können nämlich durchaus wieder in die kleinbürgerlich-reaktionäre Lebensweise zurückgebildet werden, wenn nicht doch dauerhafte (und das heißt allemal ökonomische) Eigenständigkeit durch eigenes Einkommen geschaffen wird.

> „Die Frau im kleinen Haushalt bildet einen besonderen Typus, der dem ‚Gestern' zugehörig erscheint und doch durch die moderne Entwicklung erzeugt wird. Die moderne Industrie schafft eine breite Schicht hochqualifizierter Arbeiterschaft, deren Lohn als zureichend für die Erhaltung der Familie empfunden wird, nicht weil er zu hoch, sondern weil er höher als das Durchschnittseinkommen dieser Klasse ist. Die Verwaltungsaufgaben des modernen Staates, der Gemeinden rufen eine zahlreiche Klasse von mittleren Beamten ins Leben, deren Haushalt die ganze Arbeitskraft der Frau in Anspruch und ihr dafür einen Schutz vor den Unfällen des Lebens zu bieten scheint. Und hier gedeiht auch die Frau, die all ihre seelischen und physischen Kräfte an die Familie abgibt, die schutzbedürftig und unselbständig bleibt, während sie andere beschützt und freimacht, die sich ohne Krücke der Ehe nicht fortbewegen kann. Sie ist viel stärker als der Ehepartner an die Ehe gebunden und deswegen auch ihm gegenüber – viel schwächer. Ihre Hingabe an die Ehe schafft Rechte und Verpflichtungen und hier gilt's: Frei ist nur, wer sich mit Freien verbindet."[30]

Ohne eine enorme Steigerung der Frauenerwerbsquote, ohne eine wesentliche Verbesserung der Arbeits- und Entlohnungsbedingungen für die Frauen, ohne eine deutliche Verbesserung des durchschnittlichen Bildungsniveaus der Frauen (d.h. Zugang zu höherer Bildung) ist an eine wirkliche Verbesserung der Lage der Frauen in der Ehe und außerhalb der Ehe nicht zu denken; zugleich aber enthält selbst die kapitalistische Gesellschaft bereits viele Elemente der wirklichen und möglichen Verbesserung der bestehenden Situation.

> „Die Entfaltung des modernen Lebens schafft Daseinsbedingungen für die proletarische und halbproletarische Hausfrau ..., aber sie läßt auch für die Frau aus den proletarischen und kleinbürgerlichen Kreisen neue Arbeitsgebiete entstehen. Die erwerbende Frau ist hier nicht mehr ausschließlich angewiesen auf die schwere und monotone Arbeit in der Fabrik, der gegenüber

30 A. a. O..

> auch der bescheidenste eigene Haushalt ihr als eine erhoffte frohe Zukunft erscheinen mußte. Die Verkäuferin im Warenhaus, die Angestellte in den Büros, die Bankbeamtin tauscht schon ungern den Platz, der ihr die Möglichkeit der Vorrückung, die Aussicht auf eine Vetrauensstellung bietet und dadurch auch ihren beruflichen Ehrgeiz weckt gegen die Arbeit im eigenen Haushalt, der sie nach ein paar beruflich zugebrachten Jahren sich schon psychisch und körperlich entfremdet fühlt. Sie verzichtet nicht mehr ohne äußeren Zwang auf ihre Erwerbs- und Arbeitsstelle, flüchtet vor der Ehe und vor dem Kinde."[31]

Immer wieder fällt bei *Helene Bauer* auf, wie sie ökonomische Analyse mit einfühlsamer Sozialpsychologie und Ansätzen gesellschaftsverändernder Politik zu verknüpfen weiß. Hier wird nicht einem plumpen Ökonomismus das Wort geredet, jedoch schon gar nicht werden die materiellen Bedingungen einfach wegspekuliert und durch Elemente des Psychischen ersetzt; es geht eben nicht nur um Befindlichkeiten, um Seelenleben, um Gefühle und Beziehungen, sondern um die materiellen Voraussetzungen eines sinnvollen, glücklichen Lebens – für Frauen und für Männer. Dies ist nur möglich, wenn die Ehe eine freiwillige Gemeinschaft von einigermaßen gleichen (weil unabhängig voneinander Einkommen beziehenden), und von daher auch freien, Menschen ist. Ist dies nicht der Fall und verbindet sich das Zustandekommen des Haushaltseinkommens mit dem unentwickelten Gefühlshaushalt und der quasifeudalen Attitüde des Ehemannes, dann ist die Frau entweder ziemlich hilflos ausgeliefert und mag sich mit diesem Zustand abfinden oder sie muss um ihre Stellung kämpfen, sich bewusst und eigenständig behaupten, was nur geht, wenn sie auch über ein eigenes Einkommen verfügt.

> „Ihre Eheverdrossenheit entspringt dem Gefühl, daß der von einer guten Mutter erzogene Mann, der weiter bemuttert werden will, kein richtiger Ehepartner sei für eine erwerbende Frau, der keine Hausgehilfin und keine Erzieherin die Illusion einer guten Hausfrau und Mutter verleihen, daß sie seine Ehehoffnungen enttäuschen muß, wenn sie die eigene Persönlichkeit bewahren will."[32]

Im Unterschied zur immer wiederkehrenden Behauptung, dass Arbeiterbewegung, Sozialismus und Frauenemanzipation eher wenig bis nichts miteinander zu tun gehabt hätten, ja sogar im Widerspruch zueinander stünden, wird bei

31 A. a. O..
32 Ebd., 323 f.

den Ausführungen *Helene Bauers* deutlich, dass es klare Analysen der gesellschaftlichen Stellung der Frauen und entschlossene Parteinahmen für ihre Interessen gegeben hat; allerdings unter ebenso klarer Angabe der verschiedenen Ursachen für die Situation der Frauen und der differenzierten Lösungsstrategien für die bestehenden Probleme.

Über die neue berufstätige Frau („aus den proletarischen und kleinbürgerlichen Kreisen") heißt es daher:

> „Sie verteidigt auch in der Ehe mit Zähigkeit ihr Recht auf selbständige Existenz, und da sie mutiger als die bürgerliche Frau gegen die Fesseln der Konvention, entschlossener als die Fabrikarbeiterin gegen die doppelte Last der Erwerbs- und Hausarbeit ankämpft, zwingt sie die Gesellschaft, in der Problematik ihrer Ehe ein gesellschaftliches Problem zu sehen."[33]

Nur wenn eine verbreitete Wahrnehmung, ein allgemeines Bewusstsein, von Veränderungen und krisenhaften Erscheinungen in bestimmten sozialen Bereichen existiert, kann eventuell daran gegangen werden, als *gesellschaftliche* erkannte Probleme auch *gesellschaftlich* zu lösen, und sie nicht in die Privatsphäre der Individuen abzuschieben. Den Sozialwissenschaften kommen (oder: kämen) dabei wichtige und unverzichtbare Erkenntnis- und Vermittlungsaufgaben zu. So gelangt *Helene Bauer* abschließend zu den folgenden Feststellungen:

> „Die Ehe, die schicksalhaft Mann und Frau an gemeinsame Aufgaben bindet, die Ehe, die einzeln in der Gesellschaft wurzelnde und dadurch selbständige Menschen aneinandergesellt, die Ehe, die nur durch das Heim die Frau mit der Gesellschaft verbindet oder mit ihren kleinen Sorgen nur noch die schaffende Frau belastet, das alles sind Ehen von heute. Sie differieren nicht bloß nach dem Grade der Gebundenheit der beiden Ehepartner an die Ehe, nach dem wirtschaftlichen und sozialen Gewicht der Ehe für die Frau, nach dem Grade der Verantwortung des Mannes der Frau gegenüber, sondern in vielleicht noch stärkerem Maße nach der Summe der Konflikte, die die moderne Erwerbstätigkeit und die Entthronung der Hauswirtschaft in die Ehe hineintragen. In der breiten Raumspanne zwischen dem fest umrissenen Gebilde der bäuerlichen Wirtschaftsehe und dem losen Ehegefüge der zwei geistigen Arbeiter, öffentlichen Beamten, Angestellten, verschwinden die alten Bindungen, entstehen neue, weichen vor Verpflichtungen und Rechten, die dann hohl und nichtig werden, da bloß für einen, dort schon für beide

33 Ebd., 324.

> Ehepartner. Die Hauswirtschaft wird zum Haushalt, zum Heim, und um das Heim herum entsteht eine Ehe, die schon bloß Wille ist und bloß durch den Willen zur Treue ihren Bestand erhält."[34]

Keineswegs sind Ehe und Familie „ewige" und „unveränderbare" soziale Institutionen; sie sind es, empirisch betrachtet, nicht und sie sollen es auch nicht sein. Allerdings unterliegen soziale Institutionen auch keineswegs einem gleichsam natürlichen Wandel, der durch die Veränderungen der äußeren Umstände einfach herbeigeführt wird; sozialer Wandel, Veränderungen und Krisen werden von den betroffenen Individuen erfahren, aber nicht unbedingt von ihren – sozialen – Ursachen her verstanden. Dabei können die Individuen, die die Veränderungen und krisenhaften Erscheinungen (aber auch die mit der ungeheuerlichen Stabilität einer Institution verbundenen Belastungen) erleiden müssen, mit „ihren" Problemen allein gelassen werden – oder aber sie können gesellschaftliche Unterstützung bei der Lösung der eigentlich gesellschaftlichen (und eben nicht privaten) Probleme erhalten. Dazu jedoch ist politisches Handeln notwendig, bewusste, planvolle Gestaltung gesellschaftlicher Räume: durch Schaffung von sozialen Einrichtungen, wie Kinderkrippen und Kindergärten, ganztägigen Schulen für alle (und nicht nur für die Kinder der Wohlhabenden); durch Schaffung gemeinschaftlicher Einrichtungen (wie Küchen und Wäschereien) zur Unterstützung und Entlastung der Einzelhaushalte; durch Veränderungen der Lebensweisen (der Arbeitszeiten und Arbeitsbedingungen, der innerfamiliären Arbeitsteilung); durch rechtliche Maßnahmen.

> „Die berufliche und soziale Gliederung der modernen Gesellschaft bildet einen Tatbestand, der jedem Erwachsenen wohlbekannt ist: daß sich aus ihm notwendig eine Vielheit der Ehe- und Familiengestaltung ergeben muß, wird weder von der Gesellschaft noch von der Gesetzgebung, noch leider von vielen, die einen aufreibenden, zermürbenden Kampf freiwillig auf sich nehmen, um einen Kompromiß zwischen den überlieferten Formen und eigenen Lebensbedingungen zu finden, zur Kenntnis genommen. Aber dieses Nichtwissen, dieses Nichtwissenwollen erleichtert den einen eine Gesetzgebung, die noch dem Zunftgeist entspricht, dem modernen Leben entgegenzuhalten, und erschwert den anderen, die alte Ideologie zu bannen, die ihr Ringen nach Gestaltung verwirrt und hemmt, wenn sie auch dem sozialen Gewicht der Ehe innerhalb anderer Schichten noch voll entspricht."[35]

34 A. a. O..
35 A. a. O..

Vor mehr als einem dreiviertel Jahrhundert waren alle Einsichten und Erkenntnisse bezüglich der differenzierten sozialen Lage verschiedener Typen von Ehe und Familie, hinsichtlich der unterschiedlichen Situationen der Frauen, und der sich daraus ergebenden vielfältigen sozialpolitischen und rechtlichen Maßnahmen vorhanden – heutzutage dagegen wird ein idealisierter Einheitstyp von Ehe und Familie beschworen, durch vorgeblich wissenschaftliche Einsichten (insbesondere der Psychologie) begründet und soll durch politische Maßnahmen gerettet oder hergestellt werden.

Die wissenschaftlichen Erkenntnisse bei *Helene Bauer* hingegen ermöglichen die Entwicklung höchst komplexer und differenzierter politischer Strategien und Taktiken: Es gibt keinen Einheitstyp, sondern es existieren höchst unterschiedliche soziale Typen von Ehe und Familie auf unterschiedlicher ökonomischer Grundlage, je nach Zugehörigkeit zu verschiedenen sozialen Klassen. Aus der Wahrnehmung der beträchtlichen Unterschiede der einzelnen sozialen Typen von Ehe und Familie ergeben sich unterschiedliche Interessenlagen der Männer und Frauen (und auch der Kinder) in Bezug auf staatliche Interventionen, auf die Notwendigkeit rechtlicher Regelungen, auf Veränderungen der ökonomischen Grundlagen, und auf begleitende Maßnahmen wie die Schaffung von Einrichtungen der gemeinschaftlichen Erziehung (von Kinderkrippen über Kindergärten bis zu Ganztagsschulen).

15.3 Zur Aktualität der Arbeiten von *Helene Bauer*

> "*Reason* is the *pace*; Encrease of *Science* the *way*; and the Benefit of mankind, the *end*."[36]
>
> *Thomas Hobbes*

Zusammenfassend kann festgestellt werden, dass die Bedeutung *Helene Bauers* sich keineswegs auf den Bereich sozialdemokratischer Bildungsarbeit und Parteipublizistik beschränken lässt. Sie hat vielmehr als Sozialwissenschaftlerin Einsichten, Erkenntnis von nach wie vor geltender und großer Bedeutung erarbeitet und vermittelt. Ihre kritische Auseinandersetzung mit zeitgenössischen wissenschaftlichen Anschauungen und mit diversen ideologischen Konstrukten gründen methodisch in einem *modernen* Materialismus, wie er in den Anfängen der neuzeitlichen Wissenschaft von *Bacon, Hobbes, Locke* und *Hume* und im 19. Jahrhundert von *Marx, Engels, Mach* und *Friedrich Adler* vertreten wur-

36 Thomas Hobbes: Leviathan. Edited with an introduction by C.B. Macpherson. Harmondsworth: Penguin 1968, 116.

de. Ihr Denken ist teilweise auch parallel zu dem so mancher Vertreter der wissenschaftlichen Weltauffassung des Wiener Kreises zu sehen (z. B. *Otto Neurath*, *Edgar Zilsel*) – auch wenn es hier zu gelegentlichen Differenzen (etwa mit *Otto Neurath*) gekommen ist.

Wesentlich sind bei *Helene Bauer* die Verknüpfung von Theorie und Empirie sowie der Zusammenhang zwischen wissenschaftlicher Arbeit und der organisierten gesellschaftsverändernden Praxis demokratischer Politik, mit dem Ziel der Überwindung des Kapitalismus. Ob bestimmte Einsichten tatsächlich *wissenschaftlichen* Charakter haben, ist inhaltlich zu bestimmen und nicht daran zu messen, ob diese Einsichten in reputierlichen wissenschaftlichen Publikationsorganen gedruckt erschienen sind.

In *Helene Bauer* ist eine Sozialwissenschaftlerin von Rang wahrzunehmen; eine Vertreterin einer „österreichischen Schule" der Ökonomie, Soziologie und Politik, die mit Austromarxismus viel zu eng beschrieben ist. Sie war nicht bloß die Vertreterin eines regionalen Marxismus, sondern diskutierte auf dem höchsten damals existierenden Niveau der Wissenschaft. Zum Teil hat sie auch erst später – etwa mit *Antonio Gramsci* – aufgekommene Auffassungen (z. B. von den Ungleichzeitigkeiten im Kapitalismus) schon früh vertreten und so vorweggenommen.

Es erging ihr allerdings damals wie so vielen anderen Intellektuellen, denen durch die diversen Faschismen Arbeits-, Publikations- und Kommunikationsmöglichkeiten geraubt wurden, und deren Denken dadurch wenig bekannt geworden und oft dauerhaft ausgelöscht worden ist. Es liegt an den nachfolgenden Generationen, diese Zerstörungen durch die (oft mühselige) Rekonstruktion älterer, aber oft – wie im Falle von *Helene Bauer* – durchaus noch aktueller wissenschaftlicher Werke, wiedergutzumachen; um dort anzuknüpfen und weiterzuarbeiten, wo Austrofaschismus und Nationalsozialismus die theoretische Tätigkeit und politische Praxis gewaltsam abgebrochen haben.

Literaturhinweise

Zu Kapitel 1

Euchner, Walter: John Locke zur Einführung. Hamburg: Junius, 1996.
Locke, John: Two Treatises of Government. Edited with an Introduction and Notes by Peter Laslett. Cambridge: Cambridge UP, 1997.
Locke, John: Zwei Abhandlungen über die Regierung. Hrsg. u. eingeleitet von Walter Euchner. Frankfurt/M.: Suhrkamp, 1998.
McLean, Ian and Alistair McMillan (eds.): The Concise Oxford Dictionary of Politics. Oxford: Oxford UP, 2009.
Paine, Thomas: Die Rechte des Menschen. In der zeitgenössischen Übertragung von Dorothea Margareta Forkel. Bearbeitet und eingeleitet von Theo Stemmler. Frankfurt/M.: Suhrkamp, 1973.
Smith, Adam: Untersuchung über Wesen und Ursachen des Reichtums der Völker. Hrsg. und eingeleitet von Erich Streissler. Aus dem Englischen übersetzt von Monika Streissler. Tübingen: Mohr Siebeck [UTB], 2005.
Smith, Adam: The Wealth of Nations. Books I–III. With an Introduction by Andrew Skinner. Harmondsworth: Penguin, 1997.
Smith, Adam: The Wealth of Nations. Books IV–V. Edited with an Introduction and Notes by Andrew Skinner. Harmondsworth: Penguin, 1999.

Zu Kapitel 2

Comte, Auguste: Plan der wissenschaftlichen Arbeiten, die für eine Reform der Gesellschaft notwendig sind. München: Hanser, 1973.
Comte, Auguste: Rede über den Geist des Positivismus. Übersetzt, eingeleitet und herausgegeben von Iring Fetscher. Hamburg: Meiner, 1994.
Wood, Ellen Meiksins: Citizens to Lords. A Social History of Western Political Thought. From Antiquity to the Middle Ages. London, New York: Verso, 2008.
Wood, Ellen Meiksins: Liberty and Property. A Social History of Western Political Thought from Renaissance to Enlightenment. London, New York: Verso, 2012.
Wood, Ellen Meiksins: The Social History of Political Theory. Ellen Meiksins Wood. London, New York: Verso, 2008. 1–27.
Wood, Neal: Reflections on Political Theory. A Voice of Reason from the Past. Houndmills, Basingstoke, Hampshire: Palgrave, 2002.

Zilsel, Edgar: Die Physik und das Problem der historisch-soziologischen Gesetze. In: Die Sozialen Ursprünge der Neuzeitlichen Wissenschaft. Frankfurt/M.: Suhrkamp, 1976.

Zu Kapitel 3

Wood, Ellen Meiksins, and Neal Wood: Class Ideology and Ancient Political Theory. Socrates, Plato and Aristotle in Social Context. Oxford: Basil Blackwell, 1978.

Zilsel, Edgar: The Social Origins of Modern Science. Dordrecht, Boston, London: Kluwer, 2000.

Zu Kapitel 4

Gibbon, Edward: The History of the Decline and Fall of the Roman Empire. Edited by David Womersley. London: Penguin, 1994.

LeGoff, Jaques: Die Geburt des Fegefeuers. Stuttgart: Klett-Cotta, 1984.

Minois, Georges: Die Hölle. Zur Geschichte einer Fiktion. München: Dtv, 1996.

Wollschläger, Hans: Die bewaffneten Wallfahrten gen Jerusalem. Göttingen: Wallstein, 2006.

Zu Kapitel 5

Blok, Lodewijk, and Klaus Vetter: Die Unabhängigkeitserklärung der Niederlande von 1581. In: *Zeitschrift für Geschichtswissenschaft* Heft 8 (1986): 708–20.

Hill, Christopher: The English Bible and the Sevententh-Century Revolution. Harmondsworth: Allen Lane, 1993.

Polisensky, J.V.: The Thirty Years War. London: New English Library, 1974.

Sturmberger, Hans: Aufstand in Böhmen. München, Wien: Oldenbourg, 1959.

Sturmberger, Hans: Georg Erasmus Tschernembl. Religion, Libertät und Widerstand. Graz, Köln: Böhlau, 1953.

Zu Kapitel 6

Bacon, Francis: The Advancement of Learning. Edited with an Introduction by G.W. Kitchin. London: Dent, 1965.

Bacon, Francis: The Major Works. Edited with an Introduction and Notes by Brian Vickers. Oxford: Oxford UP, 2002.

Bacon, Francis: Neu-Atlantis. Stuttgart: Reclam, 1982.

Bacon, Francis: Das Neue Organon. Hrsg. von Manfred Buhr. Berlin: Akademie-Verlag, 1962.

Bacon, Francis: Neues Organon. Lateinisch-deutsch. Hrsg. u. m. einer Einleitung von Wolfgang Krohn. Hamburg: Meiner, 1990.

Comenius, Johann Amos: Große Unterrichtslehre. Einleitung, Übersetzung und Kommentar von Gustav Adolf Lindner. Wien und Leipzig: A. Pichler's Witwe & Sohn, 1912.

Comenius, Johann Amos: Orbis Sensualium Pictus [1658]. Dortmund: Harenberg, 1978.

Eckstein, Friedrich, ed.: Comenius und die Böhmischen Brüder. Ausgewählt und eingeleitet von Friedrich Eckstein. Leipzig: Insel, o.J.

Farrington, Benjamin: Francis Bacon. Philosopher of Industrial Science. New York: Collier Books, 1961.

Hill, Christopher: Intellectual Origins of the English Revolution Revisited. Oxford: Clarendon Press, 1997.

Hill, Christopher: Puritanism and Revolution. London: Panther Books, 1969.

Milton, John: The Major Works. Edited with an Introduction and Notes by Stephen Orgel and Jonathan Goldberg. Oxford: Oxford UP, 1990.

Sprat, Thomas: The History of the Royal Society. Edited by Jackson I. Cope and Harold Whitmore Jones. London: Routledge & Kegan Paul, 1966.

Webster, Charles: The Great Instauration. Science, Medicine and Reform 1626–1660. London: Duckworth, 1975.

Woodhouse, A.S.P.: Puritanism and Liberty. Being the Army Debates (1647–1649) from the Clarke Manuscripts with Supplementary Documents. London: Dent, 1974.

Zu Kapitel 7

Bowle, John: Hobbes and His Critics. London: Frank Cass, 1969.

Collins, Jeffrey R.: The Allegiance of Thomas Hobbes. Oxford: Oxford University Press, 2005.

Hobbes, Thomas: Behemoth or The Long Parliament. Edited by Ferdinand Tönnies. Second Edition with a New Introduction by M.M. Goldsmith. London: Frank Cass, 1969.

Hobbes, Thomas: Behemoth or The Long Parliament. Edited by Paul Seaward. Oxford: Clarendon Press, 2010.

Hobbes, Thomas: Leviathan. 3 Volumes. Edited by Noel Malcolm. Oxford: Clarendon Press, 2012.

Hobbes, Thomas: Leviathan. Aus dem Englischen übertragen von Jutta Schlösser. Mit einer Einführung und hrsg. von Hermann Klenner. Hamburg: Meiner, 1996.

Hobbes, Thomas: Leviathan. Edited with an Introduction by C.B. Macpherson. Harmondsworth: Penguin, 1968.

Hobbes, Thomas: Leviathan. Hrsg. und eingeleitet von Iring Fetscher. Übersetzt von Walter Euchner. Frankfurt/M.: Suhrkamp, 1992.

Hobbes, Thomas: Leviathan. Hrsg. und mit einem Essay „Leviathan und Behemoth oder Vernunft und Aufruhr" von Hermann Klenner. Aus den Englischen übersetzt von Walter Euchner. [Mit einem Anhang: Marx und Engels über Thomas Hobbes]. Leipzig: Reclam, 1978.

Martel, James R.: Subverting the Leviathan. Reading Thomas Hobbes as a Radical Democrat. New York: Columbia UP, 2007.

Mintz, Samuel I.: The Hunting of Leviathan. Seventeenth-Century Reactions to the Materialism and Moral Philosophy of Thomas Hobbes. Cambridge: Cambridge UP, 1970.

Parkin, Jon: Taming the Leviathan. The Reception of the Political and Religious Ideas of Thomas Hobbes in England 1640–1700. Cambridge: Cambridge UP, 2007.

Rogers, G.A.J., ed.: Leviathan. Contemporary Responses to the Political Theory of Thomas Hobbes. Bristol: Thoemmes Press, 1995.

Simmons, A. John: Theories of the State. The Cambridge Companion to Early Modern Philosophy. Edited by Donald Rutherford. Cambridge: Cambridge UP, 2006. 250–73.

Zu Kapitel 8

Hume, David: A Dissertation on the Passions. The Natural History of Religion. A Critical Edition. Ed. by Tom L. Beauchamp. Oxford: Clarendon University Press, 2009.

Hobbes, Thomas: An Enquiry Concerning Human Understanding. A Critical Edition by Tom L. Beauchamp. Oxford: Clarendon Press, 2006.

Hobbes, Thomas: Die Naturgeschichte der Religion. Übersetzt und hrsg. von Lothar Kreimendahl. Hamburg: Meiner, 2000.

Hobbes, Thomas: Political Essays. Edited by Knud Haakonssen. Cambridge: Cambridge UP, 2006.

Hobbes, Thomas: Politische und ökonomische Essays. Mit einer Einleitung hrsg. von Udo Bermbach. Hamburg: Meiner, 1988.

Hobbes, Thomas: Ein Traktat über die menschliche Natur. 2 Bände. Übers., mit Anm. u. Reg. vers. von Theodor Lipps. Mit neuer Einführung hrsg. von Reinhard Brandt. Hamburg: Meiner, 1989.

Hobbes, Thomas: A Treatise of Human Nature. A Critical Edition. 2 Volumes. Edited by David Fate Norton and Mary J. Norton. Oxford: Clarendon Press, 2007.

Hobbes, Thomas: Eine Untersuchung über den menschlichen Verstand. Mit einer Einleitung hrsg. von Jens Kulenkampff. Hamburg: Meiner, 2005.
Jodl, Friedrich: Leben und Philosophie David Hume's. Halle: C.E.M. Pfeffer, 1872.
Streminger, Gerhard: David Hume. Reinbek: Rowohlt, 1992.

Zu Kapitel 9

Butler, Marilyn, ed.: Burke, Paine, Godwin, and the Revolution Controversy. Cambridge: Cambridge UP, 1988.
Paine, Thomas: Collected Writings. Edited by Eric Foner. New York: The Library of America, 1995.
Paine, Thomas: Rights of Man, Common Sense and Other Political Writings. Edited with an Introduction and Notes by Mark Philp. Oxford: Oxford UP, 2008.

Zu Kapitel 10

Lettner, Gerda: Das Rückzugsgefecht der Aufklärung in Wien 1790–1792. Frankfurt/M.: Campus, 1988.
Reinalter, Helmut, ed.: Joseph von Sonnenfels. Wien: Verlag der Österreichischen Akademie der Wissenschaften, 1988.
Sonnenfels, Joseph von: Briefe von Sonnenfels. Als Beitrag zu seiner Biographie. Mit einer Einleitung und Anmerkungen hrsg. von Hermann Rollett. Wien: Wilhelm Braumüller, 1874.
Sonnenfels, Joseph von: Grundsätze der Polizey. München: C.H. Beck, 2003.
Sonnenfels, Joseph von: Über den Geschäftsstil. Die ersten Grundlinien für angehende osterreichische Kanzleybeamten. Wien: Verlegt bei Joseph Edlen von Kurzbek, 1784.
Sonnenfels, Joseph von: Über die Liebe des Vaterlandes [1771]. Königstein/Taunus: Scriptor, 1979.
Wangermann, Ernst: Von Joseph II. zu den Jakobinerprozessen. Wien: Europa Verlag, 1966.

Zu Kapitel 11

Beer, Max: A History of British Socialism. Vol. 1. London: Bell and Sons, 1929.
Butler, Marilyn: Romantics, Rebels and Reactionaries. English Literature and Its Background 1760–1830. Oxford: Oxford UP, 1989.
Byron, George Gordon: The Major Works. Oxford: Oxford UP, 2008.
Engels, Friedrich: Die Lage der arbeitenden Klassen in England [1845]. In: Karl Marx/Friedrich Engels: Werke. Band 2. Berlin: Dietz, 1990.

Gammage, R.C.: History of the Chartist Movement 1837–1854. London: Merlin, 1976.
Lovett, Williams and John Collins: Chartism. A New Organization of the People. Leicester: Leicester University Press, 1969.
Marx, Karl: The Chartists. In: The Chartists. Political Writings. Vol. 2. Harmondsworth: Penguin, 1973. 262–71.
Shelley, Percy Bysshe: The Major Works. Oxford: Oxford University Press, 2009.
Shelley, Percy Bysshe: Shelley's Revolutionary Year. London: Redwords, 1990.
Springer, Anton Heinrich: Geschichte des Revolutionszeitalters (1789–1848). In öffentlichen Vorlesungen an der Prager Universität übersichtlich dargestellt. Prag: Verlag von Friedrich Ehrlich, 1849.
Thompson, Dorothy: The Chartists. New York: Pantheon Books, 1984.
Thompson, Edward P.: The Making of the English Working Class. London: Penguin, 2013.
Vester, Michael: Die Entstehung des Proletariats als Lernprozeß. Die Entstehung antikapitalistischer Theorie und Praxis in England 1792–1848. Frankfurt/M.: Europäische Verlagsanstalt, 1970.

Zu Kapitel 12

Marx, Karl: Der achtzehnte Brumaire des Louis Bonaparte. Kommentar von Hauke Brunkhorst. Frankfurt/M.: Suhrkamp, 2007.
Marx, Karl: Inauguraladresse der Internationalen Arbeiter-Assoziation [1864]. In: Karl Marx/Friedrich Engels: Werke. Band 16. Berlin: Dietz, 1981.
Marx, Karl: Instruktionen für die Delegierten des Provisorischen Zentralrats zu den einzelnen Fragen [1866]. In: Karl Marx/Friedrich Engels: Werke. Band 16. Berlin: Dietz, 1981.
Marx, Karl: Das Kapital. Erster Band. In: Karl Marx/Friedrich Engels: Werke. Band 23. Berlin: Dietz, 1970.
Marx, Karl: Thesen über Feuerbach. In: Karl Marx/Friedrich Engels: Werke. Band 3. Berlin: Dietz, 1959.
Marx, Karl und Friedrich Engels: Die deutsche Ideologie [1845/46]. In: Karl Marx; Friedrich Engels: Werke. Band 3. Berlin: Dietz, 1959.
Marx, Karl: Manifest der Kommunistischen Partei. Mit einem Nachwort von Iring Fetscher. Stuttgart: Reclam.

Zu Kapitel 13

Ehs, Tamara, ed.: Hans Kelsen. Eine politikwissenschaftliche Einführung. Wien: Facultas, 2009.
Ehs, Tamara, ed.: Hans Kelsen und die Europäische Union. Erörterungen moderner (Nicht-)Staatlichkeit. Baden-Baden: Nomos, 2008.

Ehs, Tamara: Hans Kelsen und politische Bildung im modernen Staat. Wien: Manz, 2007.

Jabloner, Clemens and Friedrich Stadler: Logischer Empirismus und Reine Rechtslehre. Beziehungen zwischen dem Wiener Kreis und der Hans Kelsen-Schule. Wien, New York: Springer, 2001.

Kelsen, Hans: Aufsätze zur Ideologiekritik. Mit einer Einleitung hrsg. von Ernst Topitsch. Neuwied am Rhein und Berlin: Luchterhand, 1964.

Kelsen, Hans: Society and Nature. A Sociological Inquiry. London: Kegan Paul, 1946.

Kelsen, Hans: Vergeltung und Kausalität. Eine soziologische Untersuchung. Mit einer Einleitung von Ernst Topitsch. Wien, Köln, Graz: Böhlau, 1982.

Kelsen, Hans: Verteidigung der Demokratie. Abhandlungen zur Demokratietheorie. Ausgewählt und hrsg. von Matthias Jestaedt und Oliver Lepsius. Tübingen: Mohr Siebeck, 2006.

Kelsen, Hans: Was ist Gerechtigkeit? Wien: Deuticke, 1975.

Zu Kapitel 14

Freud, Sigmund: Abriss der Psychoanalyse. Hrsg. [und mit einem Nachwort] von Hans-Martin Lohmann. Stuttgart: Reclam, 2010.

Freud, Sigmund: Abriß der Psychoanalyse. Einführende Darstellungen. Einleitung von F.-W. Eickhoff. Frankfurt/M.: Fischer Taschenbuch, 1994.

Freud, Sigmund: Darstellungen der Psychoanalyse. Frankfurt/M.: Fischer Taschenbuch, 1983.

Freud, Sigmund: Der Mann Moses und die monotheistische Religion. Drei Abhandlungen. Hrsg. [und mit einem Nachwort]von Jan Assmann. Stuttgart: Reclam, 2010.

Freud, Sigmund: Massenpsychologie und Ich-Analyse. Die Zukunft einer Illusion. Einleitung von Reimut Reiche. Frankfurt/M.: Fischer Taschenbuch, 2005.

Freud, Sigmund: Der Moses des Michelangelo. Schriften über Kunst und Künstler. Einleitung von Peter Gay. Frankfurt/M.: Fischer Taschenbuch, 2004.

Freud, Sigmund: Selbstdarstellung. Frankfurt/M.: Fischer Taschenbuch, 1981.

Freud, Sigmund: Das Unbehagen in der Kultur. Und andere kulturtheoretische Schriften. Einleitung von Alfred Lorenzer und Bernard Görlich. Frankfurt/M.: Fischer Taschenbuch, 2004.

Freud, Sigmund und Arnold Zweig: Briefwechsel. Hrsg. von Ernst L. Freud. Frankfurt/M.: Fischer Taschenbuch, 1984.

Hollitscher, Walter: Sigmund Freud. An Introduction. A Presentation of His Theory, and a Discussion of the Relationship Between Psycho-Analysis and Sociology. London: Kegan Paul, 1947.

Mitchell, Juliet: Psychoanalysis and Feminism [1974]. Harmondsworth: Penguin, 1990.

Zu Kapitel 15

Bauer, Helene: Bankerott der Grenzwerttheorie. *Der Kampf* (März 1924).
Bauer, Helene: Bürgerliche und Sozialistische Wirtschaftstheorie. *Der Kampf* (Feb 1926).
Bauer, Helene: Ehe und soziale Schichtung. *Der Kampf* (Juli 1927).
Bauer, Helene: Ein neuer Zusammenbruchstheoretiker. *Der Kampf* (Juni 1929).
Dvorak, Johann: Politik und die Kultur der Moderne in der späten Habsburger-Monarchie. Innsbruck, Wien: Studien-Verlag, 1997.
Keintzel, Brigitta and Ilse Korotin, eds.: Wissenschafterinnen in und aus Österreich. Wien: Böhlau, 2002.
Landau, Helene: Die Entwicklung des Warenhandels in Österreich. Ein Beitrag zur Wirtschaftspolitik des Absolutismus. Wien und Leipzig: Braumüller, 1906.